Metodologia de Pesquisa e
Produção de Conhecimento

Dados Internacionais de Catalogação na Publicação (CIP)
(Câmara Brasileira do Livro, SP, Brasil)

Gaio, Roberta (organizadora)
   Metodologia de pesquisa e produção de conhecimento / Roberta Gaio. – Petrópolis, RJ : Vozes, 2008.
   Bibliografia.
   ISBN 978-85-326-3695-9
   1. Conhecimento 2. Pesquisa 3. Pesquisa - Metodologia I. Título.

08-06175   CDD-001.42

Índices para catálogo sistemático:
1. Metodologia da pesquisa e produção do conhecimento   001.42
2. Pesquisa : Metodologia   01.42

Roberta Gaio
(organizadora)

Metodologia de Pesquisa e Produção de Conhecimento

Petrópolis

© 2008, Editora Vozes Ltda.
Rua Frei Luís, 100
25689-900 Petrópolis, RJ
Internet: http://www.vozes.com.br

Todos os direitos reservados. Nenhuma parte desta obra poderá ser reproduzida ou transmitida por qualquer forma e/ou quaisquer meios (eletrônico ou mecânico, incluindo fotocópia e gravação) ou arquivada em qualquer sistema ou banco de dados sem permissão escrita da Editora.

Diretor editorial
Frei Antônio Moser

Editores
Ana Paula Santos Matos
José Maria da Silva
Lídio Peretti
Marilac Loraine Oleniki

Secretário executivo
João Batista Kreuch

Editoração: Dora Beatriz V. Noronha
Projeto gráfico: AG.SR Desenv. Gráfico
Capa: Bruno Margiotta

ISBN 978-85-326-3695-9

Este livro foi composto e impresso pela Editora Vozes Ltda.

SUMÁRIO

Prefácio – João Batista Andreotti Gomes Tojal, 7
Apresentação – Roberta Gaio, 13

PARTE I
CIÊNCIAS E CONHECIMENTO, 17
Ciência e Saúde, 19
Rafael Herling Lambertucci, Enrico Fuini Puggina, Rui Curi e Tania Cristina Pithon-Curi

Ciência e Educação, 33
Rosa Gitana Krob Meneghetti

Ciência e Cultura: a Educação das Ciências da Natureza sob a dimensão sociocultural, 42
Célia Margutti do Amaral Gurgel

PARTE II
PRODUÇÃO DE CONHECIMENTO E REFLEXÕES CONTEMPORÂNEAS, 57
Produção de Conhecimento em Corporeidade, 59
Terezinha Petrucia da Nóbrega

Produção de Conhecimento e Lazer, 71
Nelson Carvalho Marcellino

Produção Científica e Performance Humana, 79
Ídico Luiz Pellegrinotti e Silvia Crepaldi Alves

Produção de Conhecimentos para a abertura das escolas às diferenças: a contribuição do Leped/Unicamp, 88
Maria Teresa Eclér Mantoan

Produção Científica e Informação, 105
Maria de Fátima G.M. Tálamo e Roberto Brito de Carvalho

Gênero – Educação: uma contribuição ao diálogo
Saberes e sabores a interrogar a Ciência, 117
Tânia Mara Sampaio

Motricidade Humana e Pesquisa: um possível olhar para a investigação da corporeidade, 133
Wagner Wey Moreira, Eline Porto, Ida Carneiro Martins, Simone S.M. Guimarães, Michele Carbinatto e Regina Simões

PARTE III
O CAMINHO DA PRODUÇÃO DE CONHECIMENTO, 145
Métodos e técnicas de Pesquisa: a metodologia em questão, 147
Roberta Gaio, Roberto Brito de Carvalho e Regina Simões

Produção Científica: toques e retoques, 172
Roberta Gaio, Denis Terezani e Flávia Fiorante

Currículo resumido dos Autores e Autoras, 217

PREFÁCIO

Publicar uma obra coletiva gera sempre um olhar diferenciado do leitor, pois é inevitável que este busque entender a justificativa existente para a sua construção, ou seja, o que motivou essa publicação e qual a lógica que sustenta a inserção de diferentes capítulos que abordam das mais variadas maneiras a temática principal.

No caso presente, ao se observar o título da publicação, já nos parece clara a intenção de abordar, a partir das mais variadas dimensões e condições existentes na sociedade, a construção do conhecimento que, em alguns casos, pode-se considerar como ciência, mas na maioria das vezes trata-se de elaboração e aplicação de conhecimentos científicos.

Portanto, saber fazer ciência e produção do conhecimento pode até mesmo dar a entender a mesma coisa; contudo, essa situação se diferencia pela área científica utilizada e pelo método aplicado.

Assim, em três partes que procuram definir a seqüência decidida pela organizadora da obra, são abordadas, na primeira, a questão sobre "Ciências e conhecimento" através de áreas como: Saúde, Educação e Cultura; na segunda, a "Produção de conhecimento e reflexões contemporâneas" sobre questões relacionadas mais à Educação Física e Educação; finalmente, na terceira, "O caminho da produção do conhecimento".

Mesmo quando se aborda Saúde, existe a preocupação dos autores centrada na conceituação e aplicação da atividade física, dos exercícios físicos como instrumento e fator importante para a prevenção e tratamento de patologias devido aos vários benefícios que proporciona para órgãos e diferentes sistemas no organismo, sendo, portanto, de suma importância para a manutenção da saúde e tratamento de diversas patologias.

Já no capítulo que aborda os aspectos da Educação enquanto ciência, apesar de não se tratar de questões relacionadas à Educação Física, fica evidenciada a possibilidade de que o leitor possa por conta própria proceder as diferentes aproximações, uma vez que se refere à produção do conhecimento, fator importante quando se atua com pessoas em situação de esforço, pois, após as ações de anamnese e da avaliação bem executadas, cabe desenvolver o processo de práxis humana, composto pela seqüência de ações representada pelo pensar-fazer-pensar decorrente de uma formação adequada obtida em cursos que proporcionam a investigação e experimentação, portanto, dialogando com suas possibilidades e competências para projetar suas atitudes profissionais futuras.

Completando essa primeira parte, ao se observar o capítulo que aborda a questão da Ciência e Cultura, pode-se realizar uma aproximação entre conhecimento, cultura e preparação profissional, pois se o conhecimento é uma das formas de Ciência, o método científico nada mais é que o reflexo das necessidades próprias de todo profissional para que consiga encontrar soluções e respostas adequadas para problemas que lhe são apresentados pela sociedade, portanto, lidar com questões humanas, ambientais e sociais depende do nível de informações que se consiga acumular e sistematizar visando demonstrar qualidade, competência e responsabilidade ética enquanto participante de toda complexidade do humano.

Na segunda parte é abordada a questão da produção do conhecimento, tendo como referência alguns conceitos e temáticas utilizadas no universo da Educação Física, não exclusivamente, mas que se referem a ações do profissional dessa área frente a questões que enfrenta no seu dia-a-dia, ou seja, no âmbito de suas preocupações e construção da capacitação para o labor ativo junto ao ser humano nos momentos de busca de superações e vivências.

A produção do conhecimento em corporeidade trata do entendimento do ser humano enquanto indivisível possuidor de toda a sua complexidade, devendo a partir desse conhecimento o profissional de Educação Física e a Escola deixarem de proceder a dicotomização em corpo-mente, conforme pregava anteriormente a visão cartesiana, para uma condição mais adequada proposta por diversos autores utilizados e citados pela autora, bem como pelo filósofo português Manuel Sérgio que estabelece uma visão de integralidade do ser humano de corpo-mente-natureza-sociedade e desejo.

Devido a proximidade da temática, procedi fora da ordem em que se apresenta no livro a análise do capítulo "Motricidade Humana e a Pesquisa: um possível olhar para a investigação da corporeidade". Existe hoje uma expectativa bastante grande no que se refere às mudanças paradigmáticas em diferentes campos, fora o tecnológico, e a proposta da Ciência da Motricidade Humana de Manuel Sérgio veio colocar a Educação Física nessa busca, pois tratar do corpo passou a ser a motivação para que se efetuasse um início da produção do conhecimento na área da Educação Física, que há alguns anos vem tentando sair de uma ultrapassada visão cartesiana de corpo-mente para pesquisar uma re-significação do corpo em direção à indivisibilidade do ser humano procedendo a uma importante construção com a adoção da corporeidade. Contudo, a Motricidade Humana representa todo o envolvimento do ser humano na constante busca de superações, de vivências e de transcendências a partir do movimento intencional e objetivo, condição que merece todo tipo de pesquisas no que se refere à integralidade e complexidade do humano, conforme bem fica demonstrado nesse capítulo.

Quando é elaborada a questão referente a Produção do Conhecimento e lazer, o autor faz referências interessantes sobre um duplo aspecto educativo que geralmente se observa quando se estuda o Lazer e sua aplicação, ou seja: o lazer enquanto veículo e objeto de educação. Esclarece que na Educação Física, quando se pretender tratar das questões relativas ao lazer, não se deva restringir as possibilidades de que se proceda a sua dicotomia entre teoria/prática, devendo dessa forma os profissionais de Educação Física desenvolverem esforços no sentido de realizar sistematicamente estudos multi e interdisciplinares no campo do lazer, pois somente dessa forma desenvolverão capacidade para que passem de simples executores de atividades para gestores de ações socioesportivas de lazer.

Ao tratar da Performance Humana, podendo mesmo ser considerada como desempenho, os autores traçam algumas considerações e procedem a recomendações aos profissionais de Educação Física, uma vez que cabe a eles a intervenção com a utilização de metodologias e procedimentos relacionados às atividades físicas, exercícios físicos, treinamentos e demais práticas adequados a cada tipo de performance, principalmente as relacionadas com o compromisso com a vida e que interferem na interação desse ser humano com valores biológicos, psicológicos e sociais. Portanto, a performance humana está compromissada com a produção de conhecimentos visando a definição de objetivos, protocolos e metodologias adequadas para o bem-estar e para a qualidade de vida da sociedade.

O capítulo sobre Produção Científica e Informação me pareceu bastante oportuno, pois nos dias atuais a informação ocupa lugar de destaque na sociedade, principalmente nos meios socioeducacionais, em que o conhecimento necessita circular de forma segura e contextualizada, uma vez que é marcante a pluralidade de área e especificidades envolvidas na sua produção. Assim, o capítulo trata de dois conjuntos de regras que visam dar conta dessa necessidade de fazer circular a informação entre grupos e segmentos envolvidos em pesquisas, ou seja: regras distributivas que possam proporcionar a sustentabilidade e desenvolvimento da estrutura do conhecimento gerado e as regras contextualizadoras que visam integrar os fluxos de informação, fazendo, portanto, a ligação entre pesquisadores e áreas de pesquisa, necessidade extrema na produção do conhecimento.

A abertura de escolas às diferenças é hoje uma necessidade e exigência da sociedade, uma vez que o conhecimento é fruto da coordenação e composição de idéias, de vivências e de informações. Dessa forma, o capítulo aqui analisado procura contribuir para essa questão de produção do conhecimento focalizando idéias e práticas educativas, buscando demonstrar as possibilidades para que ocorram mudanças do processo pedagógico que vem sendo aplicado nas escolas, visando que ocorra uma adequação aos interesses e necessidades de seus novos donos, conforme esclarecem os autores, os alunos. No capítulo é feita a proposição sobre a necessidade de que exista a reorganização da instituição Escola e propõe algumas características e passos para a sua reconstrução, advogando que se adote a atitude de cabeça aberta, e que se coloque a mão na massa, concluindo que essa conversão de atitudes e procedimentos permitirá à escola medidas de avanços em relação a questões importantes como: inclusão e compreensão de que os alunos, hoje, aprendem das mais diferentes maneiras e nos mais diferentes tempos.

Identificar aportes das concepções de gênero na perspectiva de compor os instrumentos de análise na área da Educação bem como seus desdobramentos para a interlocução com outras áreas e campos do conhecimento, a exemplo da Educação Física e do lazer, são o objetivo do capítulo denominado: Gênero – Educação: uma contribuição ao diálogo – saberes e sabores a interrogar a Ciência. Dessa forma, a autora pretendeu instaurar a discussão sobre paradigmas que orientam a socialização do saber acumulado e a produção de novos conhecimentos principalmente no tocante à diferença que se estabelece entre gêneros, esclarecendo que não se expressam apenas no aspecto biológico, mas são culturalmente construídas e ensinadas por meio de muitas instituições e práticas aprendidas e interiorizadas, tornando-se mesmo quase que naturais. Assim, aborda a questão do gênero em diferentes perspectivas como construção histórico-cultural; estabelecimento das relações sociais de poder; como conteúdo de debate epistemológico; aborda os desdobramentos para a Educação, Educação Física e lazer, enfim, procede a uma vasta discussão visando à análise das relações sociais de poder que possam levar à desnaturalização de processos socialmente construídos.

Na terceira parte, a organizadora do livro, Profª Drª Roberta Gaio, em conjunto com outros pesquisadores, oferece uma contribuição para a discussão estabelecida sobre Ciência e conhecimento, abordando num primeiro capítulo os métodos e técnicas de pesquisa, ou seja: a metodologia em questão no qual define que fazer ciência requer comprometimento com a busca de soluções científicas de problemas para o atendimento à sociedade, no caso específico os autores referem-se à necessidade de um olhar crítico e reflexivo sobre a realidade social, psicológica, tecnológica, cultural, econômica, política e demais formas que representam a existencialidade do ser humano. Discorrem sobre a reconstrução do conhecimento destacando as questões de quantidade e qualidade como meios de referência; depois, ao tratar da pesquisa, referem-se a diferentes métodos e técnicas para seu desenvolvimento, indicando sempre a necessidade de que se adote os mais adequados às especificidades do problema pesquisado e concluem o capítulo convidando o leitor para saborear o saber oferecendo uma série do que denominaram de dicas para uma prática na formação de educadores.

No outro capítulo, a Profª Roberta Gaio, agora em companhia de outros diferentes autores, procede a "toques e retoques" sobre a produção científica. Destacam a indispensabilidade de que a formação no ensino superior se dê através da utilização do tripé que sustenta a universidade, isto é: ensino, pesquisa e extensão. Informam que neste capítulo que encerra a construção do livro a pretensão foi apresentar considerações sobre produção científica, tendo como pano de fundo a prática pedagógica em Educação e Educação Física. Abordam a questão da experimentação que deve ser oferecida ao acadêmico e discorrem sobre a diversidade do trabalho científico, citando a apresentação e reflexão como pontos importantes. Avançam ao referirem-se à necessidade da existência de ética nos processos de pesquisa, afirmando a necessidade de se respeitar para valorizar a investigação. Como no capítulo anterior, fazendo valer a vocação de docentes que demonstram preocupação com a adequada formação do futuro profissional, apresentam algumas dicas, isto é, toques e retoques para docentes que exercem a missão de orientar os trabalhos de conclusão de curso e para os discentes que se encontram em fase de produção do primeiro trabalho científico formal. Encerram declarando que a pretensão foi apresentar uma ferramenta prática visando estimular, instigar, auxiliar e também criar dúvidas quanto à produção do conhecimento científico como missão indispensável para a resolução de questões e problemas que geralmente surgem na vida do profissional e da sociedade.

Portanto, após a análise que procedi sobre os diferentes capítulos que compõem esta obra, motivado pela necessidade e curiosidade para que pudesse melhor consubstanciar este *prefácio*, declaro que não tenho dúvidas de que este livro organizado pela Profª Drª Roberta Gaio incrementado pelas competentes contribuições produzidas pelos diversos autores que ajudaram a lhe dar forma e conteúdo, representa uma obra interessante e importante que merece ser adquirida, lida e considerada por todos que atuam como profissionais de Educação, de Educação Física e de lazer e ainda e principalmente por aqueles profissionais que exercem a função de docente no Ensino Superior junto aos cursos de graduação.

João Batista Andreotti Gomes Tojal
Profissional de Educação Física,
Doutor em Motricidade Humana,
Vice-presidente do Conselho Federal de Educação Física – Confef
Presidente da Comissão de Ética do Confef

APRESENTAÇÃO

A universidade é o espaço privilegiado para se discutir Ciência, produzir conhecimento e promover a divulgação de dados e informações técnico- científicas que possam contribuir para com a melhoria da qualidade de vida dos seres vivos, em especial dos humanos, seja na perspectiva social, cultural, ambiental, educacional, biológica, econômica, entre outras.

Assim, a vontade de produzir um livro que abordasse as temáticas **Metodologia da Pesquisa e Produção do Conhecimento** surgiu a partir do encontro de alguns profissionais de disciplinas responsáveis em fomentar alunos e alunas de diversos cursos de graduação e pós-graduação, a enfrentar o desafio de buscar conhecimento em múltiplas fontes, investigar temáticas relevantes, conhecer métodos e técnicas para a realização de pesquisas, elaboração de relatórios, artigos, monografias, dissertações ou teses.

Esse livro tem o desígnio de oferecer subsídio para discutir o sentido da pesquisa, como e por que fazê-la, contribuindo com o amadurecimento científico dos e das discentes, frente à tarefa de se tornarem pesquisadores e pesquisadoras, ou de simplesmente fazerem investigações.

Os textos contidos na primeira parte da obra apresentam uma reflexão sobre **Ciência e Conhecimento**. A idéia de reunir textos com essa proposta resultou numa ampla discussão sobre Saúde, Educação e Cultura.

Na área da Saúde, Rafael Lambertucci, Enrico Puggina, Rui Curi e Tânia Pithon-Curi argumentam que o papel da ciência nesse cenário é produzir conhecimento para instruir a população mundial sobre os riscos de se manter hábitos não-saudáveis, como o sedentarismo e a má alimentação. Apresentam também a existência de uma vasta produção científica na área que comprova os benefícios da atividade física regular, em especial para o tratamento de algumas patologias, tais como: asma, doença pulmonar obstrutiva, osteoporose, hipertensão arterial, obesidade, diabetes, entre outras.

Quanto à Educação, Rosa Meneghetti discute ciência a partir dessa área de conhecimento mostrando que, por seu caráter amplo e dinâmico, essa transita tanto no campo das normas e valores, os quais orientam as ações humanas, quanto no campo da investigação, do qual se abastece e no qual se renova como área de conhecimento.

Em relação à Cultura, Célia Gurgel apresenta – A Educação das Ciências da natureza sob a dimensão sociocultural – discutindo em que termos a abordagem sociocultural no processo ensino-aprendizagem dessas ciências pode contribuir para o desenvolvimento de um currículo que traduza com maior complexidade as relações entre ciência, tecnologia e sociedade.

Já a segunda parte da obra – **Produção de Conhecimento e Reflexões Contemporâneas** – tem como meta estimular leitores e leitoras a experimentar temáticas contemporâneas, como Corporeidade, Lazer, Performance Humana, Diversidade Humana, Informação, Teorias de Gênero e Motricidade Humana, trazendo à baila atos e fatos acontecidos junto a laboratórios de pesquisa e grupo de estudos existentes em universidades brasileiras.

Refletindo sobre Produção de Conhecimento em Corporeidade, Terezinha Petrucia da Nóbrega nos contempla com um discurso sobre o corpo, a partir de uma visão complexa de ser humano, numa tarefa que envolve paradoxos, como percebemos nas reflexões sobre as condições de elaboração de uma teoria da corporeidade a partir da referência do corpo vivido e das transformações contemporâneas no conhecimento e na sociedade.

Na seqüência, leitores e leitoras podem saborear as palavras de Nelson Carvalho Marcelino sobre Produção do Conhecimento e Lazer, entender que a partir dos anos de 1950 o lazer passa a ser objeto de estudo sistemático nas modernas sociedades urbano-industriais e, nos dias atuais, esse assunto ainda polêmico é de interesse de pesquisadores e pesquisadoras, pois são 84 grupos de pesquisa registrados na base Lattes do CNPq.

O texto de Ídico Luiz Pellegrinotti e Silvia Cristina Crepaldi Alves nos estimula a entender que a ciência da performance humana está comprometida com a construção de conhecimentos no sentido de definição de objetivos, protocolos e metodologias de intervenções adequadas para o bem-estar e qualidade de vida. Eles afirmam que é no diálogo entre os saberes que cada ciência assume sua responsabilidade para a melhoria da plenitude da vida na Terra, num mundo que será melhor se houver respeito com a diversidade dos conhecimentos.

Maria Teresa Eclér Mantoan nos contempla com a apresentação do Laboratório de Estudos e Pesquisas em Ensino e Diversidade, o Leped, como é mais conhecido, e nos leva a viajar por suas concepções, idéias e práticas educativas, rumo a uma escola inclusiva.

Já Maria de Fátima Tálamo e Roberto Brito de Carvalho, no texto intitulado Produção Científica e Informação, apresentam um relato histórico sobre Ciência, Informação e Educação, estimulando-nos a pensar como o conhecimento encontra-se, na sociedade contemporânea, mapeado por diferentes codificações, tais como congressos científicos, na mídia, na escola, nos equipamentos culturais. Os autores afirmam que a tarefa proposta à ciência pósmoderna consiste na transformação do conhecimento científico em conhecimento coletivo.

No seu texto – Gênero – Educação: uma contribuição ao diálogo – Tânia Mara Sampaio convida os leitores e as leitoras a saborearem saberes a interrogar a ciência, quando propõe desvelar os mecanismos por meio dos quais se produz e se reproduz a dominação das mulheres ou de outros grupos sociais; trazer à tona processos históricos de resistência à opressão; considerar os embates atuais sobre processos de exclusão e inferiorização, entre outras atitudes, visando a desnaturalização de processos que são socialmente construídos e a análise das relações sociais de poder.

Encerrando essa parte do livro, Wagner Wey Moreira e as pesquisadoras do Nucorpo – Núcleo de Pesquisa em Corporeidade e Pedagogia do Movimento da Unimep/CNPq instigam os leitores e as leitoras a um novo olhar para a investigação da Corporeidade, a partir da reflexão sobre Motricidade Humana e Pesquisa. O grupo propõe a (re-)significação do corpo pela Motricidade Humana, uma proposta emergente, apresentando alguns exemplos de pesquisas, como a "Análise de conteúdo: técnica de elaboração e análise de unidades de significado".

Por último, mas não menos interessante, a terceira parte da obra traz textos que elucidam o **Caminho da Produção de Conhecimento**, a saber: Métodos e técnicas de pesquisa: a metodologia em questão (Roberta Gaio, Roberto Brito de Carvalho e Regina Simões) e Produção Científica: toques e retoques (Roberta Gaio, Denis Terezani e Flávia Fiorante).

Nessa parte do livro, em linhas gerais, os autores e as autoras buscam orientar os e as discentes na árdua tarefa de elaborar trabalhos científicos; apresentam discussão sobre abordagens quantitativa e qualitativa de pesquisa; abordam os métodos e técnicas que criteriosamente podem resolver os problemas; falam sobre tipos de estudos e apresentam exemplos de técnicas, tais como questionário, entrevista, formulário e observação. Apresentam também uma reflexão sobre Normas da ABNT, Comitê de Ética, além de ensinar, passo a passo, a elaboração de um projeto de pesquisa. Para encerrar, contemplam os leitores e as leitoras com o que denominam saber fazer: apontamentos sobre o ensino do trabalho de conclusão de curso, quando oferecem dicas para os e as docentes que têm a tarefa de ensinar os alunos e as alunas dos cursos de graduação e pós-graduação de qualquer área, a saber, fazer e apresentar trabalhos científicos.

Logicamente, entendemos que a obra não pretende esgotar a discussão sobre a temática. Temos consciência das limitações de qualquer obra que se proponha a abordar tão vasto assunto; entretanto acreditamos que este livro representa o desafio de reunir textos que possam contribuir com os que desejam iniciar sua vida na prática da pesquisa, ou até mesmo auxiliar no trabalho de pesquisadores e pesquisadoras experientes, facilitando a operacionalização de investigações seja na disciplina de metodologia do trabalho científico ou em outras disciplinas, em diversos cursos, em especial na área educacional.

Roberta Gaio
Faefi – PUC Campinas

PARTE I

CIÊNCIAS E CONHECIMENTO

CIÊNCIA E SAÚDE

Rafael Herling Lambertucci, Enrico Fuini Puggina,
Rui Curi e Tania Cristina Pithon-Curi

Considerações preliminares

Na busca incessante pelo sucesso profissional e por uma estabilidade financeira, em virtude do modelo econômico predominante mundial, as pessoas têm se dedicado quase que exclusivamente às tarefas profissionais, o que acaba, na maioria das vezes, impossibilitando a manutenção de hábitos alimentares saudáveis, como também uma prática regular de atividades físicas. A associação do sedentarismo com a má alimentação induz o aumento exponencial na ocorrência de patologias, tais como: diabetes melitus, obesidade, aterosclerose, hipertensão arterial, osteoporose e distúrbios emocionais.

O papel da ciência, nesse cenário, é produzir conhecimento necessário para primeiramente instruir a população mundial sobre os riscos de se manter hábitos como os descritos acima, e para produzir subsídios para a formulação de novas drogas para o tratamento dessas patologias, como também terapias alternativas, a fim de melhorar a qualidade de vida das pessoas.

Sabidamente, o exercício físico é um fator importante na prevenção e tratamento dessas patologias, bem como na melhora dos aspectos físicos e emocionais. Sendo assim, as ciências correlatas à atividade física vêm propondo, nas últimas décadas, metodologias que se utilizam do exercício com o objetivo de melhorar os indicadores de qualidade de vida para indivíduos saudáveis e para aqueles com alguma patologia. Entretanto, há muitas dúvidas quanto ao esforço a ser aplicado, levando-se em conta a intensidade e tipo de exercício que se deve fazer. Variáveis como idade, herança genética, sexo, condição socioeconômica, entre outras, devem sempre ser levadas em consideração. Em função dessa dificuldade, programas de exercícios vêm sendo propostos sem a devida orientação. Como resultado há indicações, na grande maioria dos casos, de programas intensos demais ou não intensos o bastante para a obtenção dos resultados esperados. É importante considerar que ambos, o excesso e a falta de atividade física, são prejudiciais à manutenção da saúde (Figura 1).

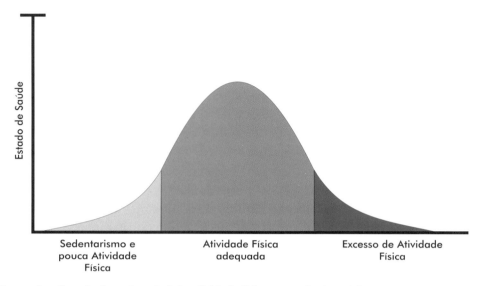

Figura 1 – Correlação entre nível de atividade física e estado de saúde.

A atividade física se caracteriza, portanto, como um instrumento onde o indivíduo "modifica" seu organismo a fim de obter melhoras em seu estado de saúde. Para que isso aconteça, deve-se sempre levar em conta os princípios do treinamento desportivo. Com isso, se a atividade física for realizada de forma adequada, torna-se um fator determinante do estado de saúde ideal de todos os indivíduos.

Em pesquisa realizada no principal *site* mundial de buscas de artigos científicos relacionados à grande área da saúde, o *Pubmed* (www.pubmed.com), o qual é mantido pelos *U.S. National Library of Medicine* (Biblioteca Nacional de Medicina dos Estados Unidos) e pelo *National Institute of Health* (Instituto Nacional da Saúde dos Estados Unidos) observa-se que o número de publicações científicas envolvendo exercícios físicos vem crescendo amplamente. O primeiro trabalho publicado disponível nesse *site* foi escrito por Dunlop e colaboradores no ano de 1897, o qual discutiu a influência do exercício físico, da transpiração e de massagem no metabolismo corporal. Conforme pode-se observar na Figura 2, desde 1897 até os dias atuais mais de 145.000 trabalhos foram publicados mundialmente analisando os efeitos do exercício físico no organismo, e mais da metade destes artigos, cerca de 88.000, foram publicados nos últimos 15 anos. Isso demonstra claramente que há benefícios com a prática de exercícios físicos regulares na saúde, e estes estão cada vez mais sendo investigados, comprovados e publicados.

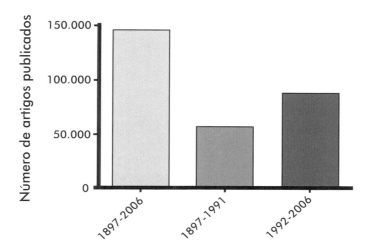

Figura 2 – Número de artigos publicados no *PUBMED* desde 1897 até os dias atuais.

A prática regular de atividades físicas traz benefícios para vários órgãos e sistemas do organismo, sendo de suma importância para a manutenção da saúde como também para o tratamento de algumas patologias. A seguir será abordada a contribuição da ciência para a saúde, numa revisão de artigos científicos publicados relatando sobre os benefícios do exercício físico para pacientes com determinadas patologias.

Asma

O próprio exercício físico pode causar sintomas da asma. O processo asmático pode ocorrer após exercícios físicos de alta intensidade, que exigem aumento do consumo de oxigênio. Com o aumento da freqüência respiratória, ocorre perda de umidade das vias respiratórias induzindo liberação de mediadores inflamatórios como a histamina, que acabam por desencadear a crise asmática (ANDERSON, 2004). Entretanto, a asma não deve ser um obstáculo para se realizar atividades físicas, pois, conhecendo as características dessa patologia, é possível sugerir um programa de atividade física que traga benefícios aos pacientes sem que se tenha efeitos colaterais (WORSNOP, 2003).

A atividade aeróbia de intensidade moderada aumenta o pico do consumo de oxigênio, o limiar anaeróbio melhora a capacidade respiratória e reduz a dispnéia associada à asma (HALLSTRAND, BATES et al., 2000). A natação é considerada a modalidade de atividade física menos asmogênica, diminuindo a severidade dos sintomas da asma, melhorando as funções cardiorrespiratórias e apresentando-se como uma intervenção não-farmacológica (ROSIMINI, 2003; WEISGERBER, GUILL et al., 2003).

Doença pulmonar obstrutiva

A prática regular de atividade física pode também contribuir para a melhora da qualidade de vida de praticantes com a Doença Pulmonar Obstrutiva Crônica (DPOC). Esta doença se desenvolve após vários anos de tabagismo ou exposição à poeira (em torno dos 30 anos), levando a danos nas vias respiratórias, incluindo os pulmões. Esses danos podem ser permanentes. O fumo, por exemplo, contém substâncias irritantes que inflamam as vias respiratórias e causam alterações que levam à doença obstrutiva crônica. A prática de exercícios físicos reduz a sensação de dispnéia, observada nas atividades diárias, aumenta a tolerância ao esforço físico e melhora a performance física e a qualidade de vida, recuperando de modo significativo o estado de saúde desses pacientes (WEINER, MAGADLE et al., 2004; MCCONNELL & SHARPE, 2005).

Osteoporose

Com o envelhecimento, em particular nas mulheres após a menopausa, ocorre um desequilíbrio na atividade dos osteoblastos e osteoclastos, ou seja, entre a produção e a absorção ósseas. Esse desequilíbrio, no qual a absorção torna-se mais intensa que a produção, faz com que os ossos se tornem mais frágeis. Esse processo patológico é conhecido como osteoporose, que se caracteriza por enfraquecimento do tecido ósseo e fraturas freqüentes. A possibilidade de se desenvolver essa patologia é cinco vezes maior nas mulheres. Sabe-se que uma em cada cinco mulheres desenvolve tal patologia a partir dos 75 anos de idade (KARLSSON, 2004).

A prática regular de atividade física previne a ocorrência dessa patologia. De acordo com Karlsson (2004), a prática de exercícios físicos durante a adolescência, principalmente nos anos pré-púberes, aumenta a densidade óssea, deixando esses muito mais resistentes a possíveis traumas. A atividade física praticada de modo regular até o envelhecimento, quando, como visto anteriormente, ocorre o enfraquecimento do tecido ósseo, faz com que os ossos continuem fortes, minimizando assim o risco de patologias associadas.

A cessação da prática de atividade física faz com que os benefícios para a densidade óssea sejam perdidos. Entretanto, atletas que deixam de praticar atividade física permanecem ainda com uma densidade óssea maior que sedentários por até quatro anos (NORDSTROM, KARLSSON et al., 2005). Em 98 mulheres na faixa etária entre 75 e 85 anos, que apresentavam massa óssea reduzida, foi demonstrado que a prática regular de atividade física traz muitos benefícios como, por exemplo, reduz as dores nas costas e aumenta a densidade óssea, portanto, melhora a qualidade de vida das senhoras (LIU-AMBROSE, KHAN et al., 2004; LIU-AMBROSE, KHAN et al., 2005). Assim, a prática regular de exercícios físicos contribui em muito para a prevenção e tratamento de patologias associadas ao tecido ósseo (como a osteoporose).

Hipertensão arterial

A prática de atividades físicas vem sendo utilizada na prevenção e tratamento da hipertensão arterial e da aterosclerose. Durante o exercício, há uma demanda maior por substratos e oxigênio nos músculos em contração. Ocorre elevação do fluxo sanguíneo para esses tecidos, o que é também importante para a remoção dos produtos do metabolismo celular que são potencialmente tóxicos à estrutura muscular; tais como lactato e gás carbônico. Esses metabólitos são considerados como fatores limitantes da performance na atividade física (LAMOTTE, NISET et al., 2005).

Como efeito crônico do exercício, há melhora da performance cardíaca. Os mecanismos intracelulares dependentes de cálcio são mais ativos e assim há aumento da força contrátil e da capacidade de trabalho do miocárdio (LAMOTTE, NISET et al., 2005). O exercício também induz crescimento adaptativo dos miócitos cardíacos, aumenta as câmaras cardíacas, o volume sistólico, o débito cardíaco e reduz a freqüência cardíaca de repouso (KATZMARZYK, CHURCH et al., 2005).

Obesidade

O tecido adiposo não é mais considerado como um depósito passivo de gordura. Este tecido é agora reconhecido como um órgão endócrino que se comunica com o cérebro e tecidos periféricos pela secreção de hormônios que alteram o metabolismo e regulam a ingestão de alimentos. Essas respostas variam de acordo com a localização do depósito adiposo no organismo, tamanho médio dos adipócitos e metabolismo de glicose nessas células e como resultado da ação dos corticosteróides (LAZAR, 2005).

A leptina é uma proteína derivada do tecido adiposo que age no sistema nervoso central, em humanos, o gene da leptina localiza-se no cromosso 7q31, apresentando 167 aminoácidos e peso molecular de 16 kd. A leptina circula no plasma de forma livre ou ligada a proteínas. Suas ações estão relacionadas à menor ingestão alimentar e estimulação do metabolismo energético, além de afetar o eixo hipotalamo-hipofisário e regular os mecanismos neuroendócrinos. A concentração sérica dessa citocina correlaciona-se intimamente com a quantidade de tecido adiposo do indivíduo, e o exercício físico reduz a concentração plasmática de leptina (LAZAR, 2005).

O indivíduo obeso está exposto a outros riscos para a saúde, dentre esses podemos destacar: deterioração da função cardíaca como conseqüência do maior trabalho mecânico imposto ao miocárdio, hipertensão, acidente vascular cerebral, doenças renais, doenças pulmonares em conseqüência da maior carga de esforço para expandir o tórax, dificuldade de ação dos produtos anestésicos quando da necessidade destes, degeneração articular, hiperlipidemia, irregularidades no ciclo menstrual de mulheres e distúrbios psicológicos associados à auto-imagem (KATZMARZYK, CHURCH et al., 2005; KRETSCHMER, SCHELLING et al., 2005).

A redução no consumo de calorias e aumento no gasto energético pela atividade física são recomendados para reduzir o peso corporal e minimizar os fatores de risco associados e mesmo prevenir a obesidade no indivíduo magro.

Diabetes

Muitos são os riscos aos quais os indivíduos que desenvolvem diabetes estão expostos, tais como: acidente vascular cerebral (AVC), hipertensão arterial, doenças coronarianas, vasos frágeis e quebradiços, retinopatia e distúrbios renais que podem até levar o indivíduo à falência renal crônica (DI LORETO, RANCHELLI et al., 2004).

Sabidamente, o exercício é eficiente no controle do diabetes. A prática de atividade física regular ajuda o indivíduo a controlar a concentração de glicose sanguínea, bem como reduz o risco de doenças coronarianas em função da patologia e de outros fatores de risco associados. O exercício físico, como resultado da contração muscular, aumenta a oferta e a utilização de glicose neste tecido (DI LORETO, RANCHELLI et al., 2004; WATSFORD, MURPHY et al., 2005).

Como conseqüência do maior consumo de glicose induzido pela atividade física, a quantidade de insulina a ser utilizada diariamente (indivíduos com diabetes tipo I) pode ser reduzida e, no caso de diabetes tipo II, o aumento da sensibilidade ao hormônio pode até restabelecer a normoglicemia (LAZAR, 2005).

Síndrome da disfunção erétil

Acredita-se que mais de 150 mil homens em todo o mundo sofram dessa disfunção. Hábitos cotidianos saudáveis tais como alimentação balanceada e prática regular de atividades físicas estão associados com a manutenção da função erétil (ESPOSITO, GIUGLIANO et al., 2004). Alguns fatores de risco para a ocorrência da síndrome da disfunção erétil no homem são: doença coronariana, tabagismo, diabetes, hipertensão arterial e hiperlipidemia (ARRUDA-OLSON & PELLIKKA, 2003). Sendo assim, a co-existência desses fatores e a disfunção erétil é relativamente freqüente em homens de meia idade e idosos (ESPOSITO, GIUGLIANO et al., 2004).

A redução dos fatores de risco acima pela realização de um programa de exercício que reduz o peso corpóreo é efetiva em minimizar de modo não invasivo a síndrome da disfunção erétil (ARRUDA-OLSON & PELLIKKA, 2003).

Distúrbios do Sistema nervoso central

Há interesse crescente no estudo dos efeitos diretos do exercício na saúde mental. Em 1995, por exemplo, evidenciou-se que 20% das mulheres e 14% dos homens na Inglaterra apresentavam distúrbios mentais. Por sua vez, 20% das crianças apresentavam distúrbios leves e 7 a 10% graves (FOX, 1999). O exercício físico regula o estado mental desses indivíduos, inclusive nos casos de depressão. Existem evidências de que as pessoas que se mantêm fisicamente ativas estão menos expostas ao risco de desenvolver depressão (FOX, 1999; LANE & LOVEJOY, 2001).

Apesar de os mecanismos precisos pelos quais o exercício atua na redução e controle dos distúrbios emocionais não serem conhecidos, a associação da atividade física com os indicadores de bem-estar mental é inegável. O sedentarismo, por outro lado, é uma condição que dobra o risco de morbidez e morte por doenças associadas à depressão. O exercício, além de reverter esse quadro, é capaz de promover o estado de bem-estar mental, melhorando a qualidade de vida dos indivíduos (FOX, 1999).

Alteração da função imunitária

A atividade física pode alterar a função do sistema imune e este efeito varia de acordo com a idade do indivíduo, carga, duração e intensidade do exercício físico (SINGH, FAILLA et al., 1994). O exercício físico agudo, de modo geral, provoca aumento da quantidade de neutrófilos e de células NK na circulação. O exercício moderado (até 70% do $VO_{2máx}$) influencia na função dos neutrófilos, modificando a quimiotaxia, a desgranulação e a atividade oxidativa dessas células. Já o exercício intenso e de longa duração diminui a capacidade oxidativa dos neutrófilos (KENDALL & HOFFMAN-GOETZ, 1990; PYNE & SMITH, 2000). Recentemente demonstramos que uma única sessão de exercício físico intenso (85% do $VO_{2máx}$), em ratos, promove a morte celular programada de neutrófilos (apoptose), tal fato foi identificado devido à fragmentação do DNA e alteração do potencial da membrana mitocondrial, entretanto este processo pode ser minimizado pela suplementação de glutamina (LAGRANHA, LIMA et al., 2005).

O exercício parece estimular a função dos macrófagos. O exercício de moderada e alta intensidade influencia diversas funções dessas células, tais como: quimiotaxia, capacidade de aderência, produção de espécies reativas de oxigênio, metabolismo de nitrogênio, atividade citotóxica e capacidade fagocítica.

Com relação aos linfócitos, foi relatado aumento da sua quantidade no sangue após uma única sessão de exercício. Das células linfocíticas, as que parecem ser mais responsivas ao exercício são as células NK (CEDDIA & WOODS, 1999).

Em humanos submetidos a esforços intensos de longa duração e mesmo esforços de alta intensidade e curta duração, a quantidade e a atividade citolítica dos linfócitos (NK) diminuem. Esta condição pode se prolongar por até 4 horas após a atividade (PEDERSEN et al., 1989; NIEMAN et al., 1995). A atividade física de intensidade moderada não influencia o número de linfócitos no sangue. Contudo, quando esta carga supera 75% do $VO_{2máx}$, a quantidade de linfócitos no sangue começa a se reduzir e pode levar à condição de imunossupressão (PEDERSEN & TVEDE, 1989).

Sarcopenia

O processo de envelhecimento é responsável por alterações em todos os sistemas do organismo; contudo, são as perdas ocorridas no sistema muscular esquelético que causam o maior impacto na qualidade de vida dos idosos.

Conforme o ser humano envelhece, sua massa muscular diminui tornando-se mais frágil, levando à instabilidade, perda da capacidade funcional e perda parcial ou total da independência (dificuldade de realizar as tarefas do dia-a-dia) e, principalmente, aumentam os riscos de quedas, que são uma das principais causas de acidentes na terceira idade (MCARDLE, VASILAKI et al., 2002; FITTS, 2003).

Esse processo caracterizado por uma perda de massa e função muscular é denominado sarcopenia (MORLEY, BAUMGARTNER et al., 2001). Tal fato está relacionado a vários fatores como, por exemplo: (1) redução do número e aumento do tamanho de unidades motoras; (2) desnervação progressiva (especialmente por fibras tipo IIb); (3) perda de fibras musculares; (4) diminuição da síntese de componentes miofibrilares; (5) atrofia devido ao desuso; (6) acúmulo de tecido conectivo; (7) redução do número e da função das células satélites em reparar o músculo lesionado; (8) redução na produção de hormônios anabólicos (FULLE, PROTASI et al., 2004).

O músculo é formado por inúmeras células denominadas fibras musculares, e um procedimento comum para determinação dos tipos de fibras é baseado na composição da MHC. As fibras musculares de humanos possuem apenas uma isoforma de contração lenta (MHC I), duas isoformas principais de contração rápida (MHC IIa e MHC IIx) e apresentam também algumas fibras chamadas híbridas (I/IIa, IIa/IIx e I/IIa/IIx) que são mais difíceis de serem detectadas.

Em trabalho realizado por Balagopal, Schimke et al. (2001), ficou evidenciado que, com o envelhecimento, ocorre diminuição significativa do mRNA da MHC IIa e principalmente MHC IIx, e uma pequena diminuição, sem significância estatística, do mRNA da MHC I. Esses achados estão de acordo com os de que nos idosos ocorre uma diminuição maior de fibras tipo II em relação às do tipo I (LEXELL, 1995). Porém, os mesmos autores encontraram diminuição dessas perdas com um programa de 3 meses de treinamento de força.

Mudanças na quantidade de determinadas isoformas da MHC ocorrem em resposta a diferentes tipos de estímulos, como cargas mecânicas, aumento da atividade elétrica, cálcio intracelular, ATP, consumo de substratos e hormônios tireoidianos, demonstrando, portanto, o alto grau de plasticidade do esqueleto muscular (ANDERSEN & AAGAARD, 2000; WAHRMANN, FULLA et al., 2002).

As isoformas da MHC são codificadas por genes distintos que são expressos em tecidos específicos e desenvolvidos de maneira regulada. Mudanças na atividade física muscular alteram a expressão gênica da MHC e afetam diferentes tipos de músculos de modo característico, variando entre os indivíduos (JANKALA, HARJOLA et al., 1997; ANDERSEN & AAGAARD, 2000; WILLIAMSON, GALLAGHER et al., 2001).

Segundo Staron, Leonardi et al. (1991) e Esbjornsson, Hellsten-Westing et al. (1993), todos os tipos de exercícios diminuem a porcentagem de MHC IIx, aumentam a de MHC IIa em humanos, diminuem a de MHC IIb e aumentam a de MHC IIx em ratos. Estudo realizado por Staron, Leonardi et al. (1991) demonstrou redução significativa de MHC IIx após 20 semanas de treinamento de força e aumento dessa no destreinamento. Porém, após 13 semanas de retreinamento, não foram encontradas MHC IIx e apenas pequena porcentagem da híbrida MHC IIa/IIx foram encontradas. Já Esbjornsson, Hellsten-Westing et al. (1993) observaram que, após 6 semanas realizando o teste de Wingate, a porcentagem de MHC IIa aumenta e a de MHC I e IIx diminuem, segundo o autor, devido a transições de IIx em IIa e de I em IIa. Esses mesmos dados foram encontrados por Andersen et al. (1994). Entretanto, Campos e Luecke (2002) verificaram que, com treinamentos de força, resultados diferentes são encontrados, pois esses tipos de treinamento apresentam variáveis que podem estressar o músculo de maneiras diferentes (carga, número de repetições, número de séries, tempo de descanso entre séries e repetições e intensidade).

Treinamentos resistidos de baixas repetições e alta intensidade favorecem ganhos na força muscular e, em contraste, treinamentos com altas repetições e baixa intensidade favorecem os aumentos da resistência muscular (CAMPOS & LUECKE, 2002).

Em trabalho realizado por Jaschinski, Schuler et al. (1998), em ratos submetidos à atividade de contrações forçadas, a expressão da MHC IIb diminuiu, a de MHC IIa aumentou e a de MHC IIx ficou estável. Com esses dados, os autores concluíram que ou houve apenas uma transição de IIb em IIa, ou houve uma sincronia de transição de IIb em IIx e IIx em IIa, explicando a estabilidade na expressão de MHC IIx. Porém, esta última hipótese, segundo o próprio autor, é menos provável ter ocorrido.

Considerações finais

Como descrito, a atividade física interfere de modo marcante em vários sistemas e na prevenção e tratamento de algumas patologias (Figura 3). Programas adequados de exercício físico podem prevenir doenças e melhorar a qualidade de vida dos indivíduos. Esses efeitos benéficos resultam de mecanismos celulares e moleculares que estão sendo investigados por vários grupos de pesquisa. Assim, alterações na produção de espécies reativas de oxigênio, atividade e expressão de proteínas do metabolismo do sistema antioxidante induzem ajustes nas funções de células e órgãos que determinam as modificações nas respostas sistêmicas. Com isso, torna-se evidente a contribuição da ciência para a área da saúde, fornecendo o conhecimento necessário tanto para o tratamento como prevenção de doenças.

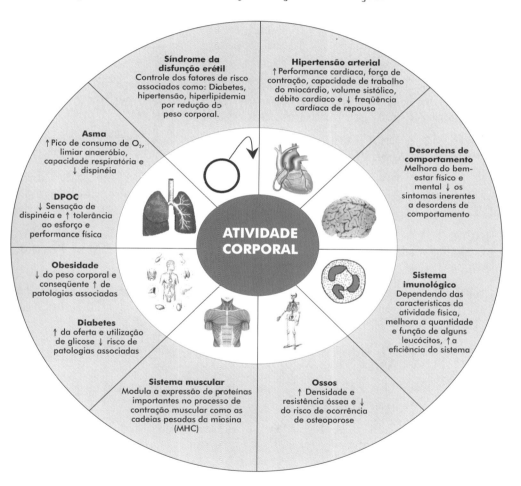

Figura 3 – Efeitos conhecidos da atividade física nos diversos sistemas fisiológicos do organismo humano (↑ - aumento, ↓ - redução).

Referências

ANDERSEN, J.L. & AAGAARD (2000). Myosin heavy chain iix overshoot in human skeletal muscle. **Muscle Nerve**, vol. 23, n. 7, jul, p. 1.095-1.104.

ANDERSON, S.D. (2004). Single-dose agents in the prevention of exercise-induced asthma: a descriptive review. **Treat. Respir. Med.**, vol. 3, n. 6, p. 365-379.

ARRUDA-OLSON, A. & PELLIKKA, P. (2003). Appropriate Use of Exercise Testing Prior to Administration of Drugs for Treatment of Erectile Dysfunction. **Herz**, vol. 28 (4), p. 291-297.

BALAGOPAL, P., SCHIMKE, J.C. et al. (2001). Age effect on transcript levels and synthesis rate of muscle MHC and response to resistance exercise. **Am. J. Physiol. Endocrinol. Metab.**, vol. 280, n. 2, feb, p. E203-8.

CAMPOS, G. & LUECKE. T. (2002). Muscular adaptations in response to three different resistance-training regimens: specificity of repetition maximum training zones. **Eur. J. Appl. Physiol.**, vol. 88 (1-2), p. 50-60.

CEDDIA, M. & WOODS, J. (1999). Exercise supresses macriphage antigen presentation. **J. Appl. Physiol.**, vol. 87 (6), p. 2.253-2.258.

DI LORETO, C. & A. Ranchelli, A. et al. (2004). Effects of Whole-Body Vibration Exercise on the Endocrine System of Healthy Men. **J. Endocrinol. Invest.**, vol. 27(4), p. 323-327.

ESBJORNSSON, M., HELLSTEN-WESTING, Y. et al. (1993). Muscle fibre type changes with sprint training: effect of training pattern. **Acta Physiol. Scand.**, vol. 149, n. 2, oct., p. 245-246.

ESPOSITO, K., GIUGLIANO, F. et al. (2004). Effect of Lifestyle Changes on Erectile Dysfunction in Obese Men: a Randomized Controlled Trial. **Jama**, vol. 291 (24), p. 2.978-2.984.

FITTS, R.H. (2003). Effects of regular exercise training on skeletal muscle contractile function. **Am. J. Phys. Med. Rehabil.**, vol. 82, n. 4, apr., p. 320-331.

FOX, K. (1999). The Influence of Physical Activity on Mental Well-Being. **Public Health Nutrition**, vol. 2(3a), p. 411-418.

FULLE, S., PROTASI, F. et al. (2004). The contribution of reactive oxygen species to sarcopenia and muscle ageing. **Exp. Gerontol.**, vol. 39, n. 1, jan., p. 17-24.

HALLSTRAND, T., BATES, P. et al. (2000). Aerobic conditioning in mild asthma decreases the hyperpnea of exercise and improves exercise and ventilatory capacity. **Chest**, vol. 118 (5), p. 1.460-1.469.

JANKALA, H., HARJOLA, V.P. et al. (1997). Myosin heavy chain mRNA transform to faster isoforms in immobilized skeletal muscle: a quantitative PCR study. **J. Appl. Physiol.**, vol. 82, n. 3, mar, p. 977-982.

JASCHINSKI, F., SCHULER, M. et al. (1998). Changes in myosin heavy chain mRNA and protein isoforms of rat muscle during forced contractile activity. **Am. J. Physiol.**, vol. 274, n. 2 pt 1, feb., p. C365-370.

KARLSSON, M.K. (2004). Physical activity, skeletal health and fractures in a long term perspective. **J. Musculoskelet Neuronal Interact**, vol. 4, n. 1, mar., p. 12-21.

KATZMARZYK, P., CHURCH, T. et al. (2005). Metabolic Syndrome, Obesity, and Mortality: Impact of Cardiorespiratory Fitness. **Diabetes Care**, vol. 28 (2), p. 391-397.

KENDALL, A. & HOFFMAN-GOETZ, L. (1990). Exercise and blood lynphocyte subset responses: intensity, duration, and subject fitness effect. **J. Appl. Physiol.**, vol. 69 (1), p. 251-260.

KRETSCHMER, B., SCHELLING, P. et al. (2005). Modulatory Role of Food, Feeding Regime and Physical Exercise on Body Weight and Insulin Resistance. **Life Sciences**, vol. 76, p. 1553-1573.

LAGRANHA, C., LIMA, T. et al. (2005). The effect of glutamine supplementation on the function of neutrophils from exercised rats. **Cell. Biochem. Funct.**, vol. 23, p. 101-107.

LAMOTTE, M., NISET, G. et al. (2005). The Effect of Different Intensity Modalities of Resistance Training on Beat-To-Beat Blood Pressure in Cardiac Patients. **Eur. J. Cardiovasc. Prev. Rehabil.**, vol. 12 (1), p. 12-17.

LANE, A. & LOVEJOY, D. (2001). The Effects of Exercise on Mood Changes: the Moderating Effect of Depressed Mood. **J. Sports Med. Phys. Fitness**, vol. 41 (4), p. 539-545.

LAZAR, M. (2005). How Obesity Causes Diabetes: Not a Tall Tale. **Science**, vol. 307, p. 373-375.

LEXELL, J. (1995). Human aging, muscle mass, and fiber type composition. **J. Gerontol. a Biol. Sci. Med. Sci.**, vol. 50, nov, p. 11-16.

LIU-AMBROSE, T.Y., KHAN, K.M. et al. (2005). Both resistance and agility training reduce back pain and improve health-related quality of life in older women with low bone mass. **Osteoporos. Int.**, feb. 9.

_____ (2004). Both resistance and agility training increase cortical bone density in 75- to 85-year-old women with low bone mass: a 6-month randomized controlled trial. **J. Clin. Densitom.**, vol. 7, n. 4, Winter, p. 390-398.

McARDLE, A., VASILAKI, A. et al. (2002). Exercise and skeletal muscle ageing: cellular and molecular mechanisms. **Ageing Res. Rev.**, vol. 1, n. 1, feb., p. 79-93.

McCONNELL, A. & SHARPE, G. (2005). The effect of inspiratory muscle training upon maximum lactate steady-state and blood lactate concentration. **Eur. J. Appl. Physiol.**

MORLEY, J.E., BAUMGARTNER, R.N. et al. (2001). Sarcopenia. **J. Lab. Clin. Med.**, vol. 137, n. 4, apr., p. 231-243.

NORDSTROM, A., KARLSSON, C. et al. (2005). Bone loss and fracture risk after reduced physical activity. **J. Bone Miner. Res.**, vol. 20, n. 2, feb., p. 202-207.

PEDERSEN, B. & TVEDE, N. (1989). Natural killer cell activity in peripheral blood of highly trained and untrained persons. **Int. J. Sports Med.**, vol. 10 (2), p. 129-131.

PYNE, D. & SMITH, J. (2000). Neutrophil oxidative activity is differentially affected by exercise intensity and type. **J. Sci. Med. Sport**, vol. 3 (1), p. 44-54.

ROSIMINI, C. (2003). Benefits of swim training for children and adolescents with asthma. **J. Am. Acad. Nurse Pract.**, vol. 15, n. 6, jun., p. 247-252.

SINGH, A., FAILLA, M. et al. (1994). Exercise-induced changes in immune function: effects of zinc supplementation. **J. Appl. Physiol.**, vol. 76 (6), p. 2.298-2.303.

STARON, R.S., LEONARDI, M.J. et al. (1991). Strength and skeletal muscle adaptations in heavy-resistance-trained women after detraining and retraining. **J. Appl. Physiol.**, vol. 70, n. 2, feb., p. 631-640.

WAHRMANN, J.P., FULLA, Y. et al. (2002). Altered myosin isoform expression in rat skeletal muscles induced by a changed thyroid state. **Acta Physiol. Scand.**, vol. 176, n. 3, nov., p. 233-243.

WATSFORD, M.L., MURPHY, A.J. et al. (2005). The effect of habitual exercise on respiratory- muscle function in older adults. **J. Aging. Phys. Act.**, vol. 13, n. 1, jan., p. 34-44.

WEINER, P., MAGADLE, R. et al. (2004). Maintenance of inspiratory muscle training in COPD patients: one year follow-up. **Eur. Respir. J.**, vol. 23 (1), p. 61-65.

WEISGERBER, M., GUILL, M. et al. (2003). Benefits of swimming in asthma: effect of a session of swimming lessons on symptoms and PFTs with review of the literature. **J. Asthma**, vol. 40 (5), p. 453-464.

WILLIAMSON, D.L., GALLAGHER, P.M. et al. (2001). Reduction in hybrid single muscle fiber proportions with resistance training in humans. **J. Appl. Physiol.**, vol. 91, n. 5, nov., p. 1.955-1.961.

WORSNOP, C. (2003). Asthma and physical activity. **Chest**, vol. 124 (2), p. 421-422.

CIÊNCIA E EDUCAÇÃO

Rosa Gitana Krob Meneghetti

> *Tudo está em movimento, em constante fluxo de energia, em processo de mudança, incluindo o pensamento, no que diz respeito à forma e ao conteúdo; assim também o conhecimento produzido, comunicado e transformado no pensamento. Tudo está conectado, envolto na multiplicidade de causas que aparecem no relacionamento dos fenômenos do mundo físico. E nessa complexidade é que devemos encontrar as respostas de que necessitamos* (MORAES. Maria Cândida. **O paradigma educacional emergente.** São Paulo: Papirus. 1997, p. 136).

Preliminares sobre Ciência e Educação

Quando o assunto é a metodologia a ser empregada na realização de uma pesquisa de grande monta ou mesmo de um trabalho acadêmico, a definição por um método implica na opção por caminhos que podem, ao longo do percurso, superar-se em razão da natureza do objeto pesquisado. Escolher os caminhos antes de realizar a caminhada exige a disponibilidade para acertar os possíveis erros de percurso. Tudo o que for determinado antes da realização da pesquisa, por melhor domínio do referencial teórico e por mais certeza que o pesquisador tenha sobre como deve lidar com os fatos coletados, está sujeito a reajustes porque, antes de andar pelo caminho proposto, a pressuposição sobre sua validade é sempre relativa. É ao andar, ao buscar, ao investigar que o pesquisador percebe, com mais clareza, qual a melhor maneira de coletar os dados de sua pesquisa e de que forma deve utilizar os seus resultados.

Dependendo do problema a ser enfocado, é possível que esta tarefa se torne menos árdua. No que se refere às Ciências Sociais, no entanto, a dinamicidade é evidente. Tudo nelas é processual. Os fenômenos têm sua dinâmica própria e tentar colocá-los numa forma, dar-lhes formatação, é negar sua própria estrutura interna. Tudo isso em razão de que o fundamento desta área do conhecimento – Ciências Sociais – está alicerçado na trilogia Homem-Tempo-Espaço.

Para que haja História é necessário que haja um Homem (ser humano), situado num Tempo (seu contexto de historicidade) e ocupando um Espaço (seu lugar no mundo, sua geografia), interagindo com outros homens e interferindo na realidade. Nesta dinâmica a História se faz e os fenômenos acontecem mediados pelas variáveis culturais, sociais, econômicas, políticas, antropológicas, religiosas e tantas outras. Estudar os fenômenos, investigar suas causas, buscar entender seus determinantes e procurar penetrar na lógica que proporciona os resultados aparentes, é o papel do cientista social, do pesquisador. No entanto, se sua postura tem que ser a do filósofo que *ad-mira* (olha de fora) o fenômeno e assim o faz, exatamente para melhor poder entendê-lo, por igual modo, ele se envolve com o fenômeno estudado e mescla sua experiência com a do próprio objeto de estudo. Este apaixonamento, em princípio, negador da neutralidade, explica a própria necessidade de constante reinvestigação dos fenômenos. Olhar um fenômeno significa vê-lo sob uma ótica; esta é tão verdadeira quanto parcial. Ou seja: há sempre lugar para uma outra visão sobre o mesmo fenômeno já estudado, feito por um outro ser humano (pesquisador), em outro tempo (contexto), numa outra circunstância (espaço). E mais que isso: no entremeio dessas variáveis quando, por exemplo, muda o pesquisador, mas permanecem o Tempo e o Espaço, ou muda o Tempo e permanecem o pesquisador e o Espaço, aí há, também, novas configurações, novos desenhos que explicitam a realidade.

> O historiador não é um arqueólogo da documentação, mediador neutro entre a verdade da fonte e a História, mas sim aquele que é capaz de formular uma problemática e de construir uma interpretação em que reconhece o encontro entre duas historicidades: a sua própria e a da documentação que utiliza[1].

Resta, pois, ao estudioso a compreensão de que o objeto a ser estudado, isto é, a realidade em suas diversas manifestações, é sempre muito maior do que a primeira compreensão que o pesquisador tem sobre ele. O objeto de pesquisa é um mistério a ser desvendado pelo pesquisador e, vale dizer, a cada *camada* retirada do objeto, um novo objeto surge para ser desvendado. O conhecimento é, para o estudioso, então, este exercício permanente e infindo de, como um escavador, retirar as camadas de areia que encobrem o objeto, a realidade, para melhor compreendê-lo e, assim, poder explicá-lo, sempre na certeza de que o entendimento sobre ele é sempre parcial diante de sua potencialidade.

---

1. NEVES, Margarida de Souza. O bordado de um tempo (a história de Esaú e Jacó). **Revista Tempo Brasileiro**, n. 81, 1985, p. 18. Rio de Janeiro.

Tal questão não é apenas um dado teórico norteador; ela perpassa a própria compreensão do papel do investigador. Perceber o ser humano circunstanciado pelas noções temporais e espaciais, respondendo aos apelos sociais para interferir na historicidade do real, é o pré-requisito que fundamenta o ato de fazer pesquisa; é o exercício mesmo do humano diante da simplicidade complexa do cotidiano.

O fato histórico é sempre novo porque pode ser olhado sob inúmeros ângulos novos. Por isso as dificuldades para dar-lhe uma forma definida. E sua definição transitória só é possível a partir da determinação do lugar de onde o pesquisador lança o seu olhar para ele. Quando este olhar atinge o fenômeno, momentaneamente *fragilizado*, aberto para receber a ação investigativa do pesquisador, o estudioso, por instantes, apreende a verdade relativa de seu objeto de estudo. Logo, porém, a dinamicidade da história retoma a integridade do objeto e a desloca para um outro lugar onde será alvo de outras injunções e mediações, oferecendo-se, em outras circunstâncias de tempo e espaço, a novos olhares que o campo das ciências venha a lhe lançar. Assim, não existe, no campo do pensamento científico, lugar para verdades absolutas, pois a compreensão sobre a realidade é um fazer-se permanente, tanto quanto permanente é a capacidade investigativa do ser humano.

Diante do objeto **educação**, foco especial desta reflexão, a situação não é diferente. Inúmeras vezes, em razão deste elenco de razões, as questões relativas à educação são tratadas como se não tivessem um valor em si, como se não fossem uma produção da ordem do pensamento científico. Confunde-se a complexidade de elementos que a constituem com sua própria natureza e diz-se que a educação não tem estatuto de ciência. Ora, se isso fosse verdadeiro, não haveria uma farta produção acadêmica sobre o tema e não se estariam fazendo pesquisas e produzindo entendimentos sobre o fenômeno das pessoas em movimentos permanentes de aprendizagens.

> Empreender a história do que foi dito é refazer, em outro sentido, o trabalho da expressão: retomar enunciados conservados ao longo do tempo e dispersos no espaço, em direção ao segredo interior que os precedeu, neles se depositou, e aí se encontra (em todos os sentidos do termo) traído. Assim se encontra libertado o núcleo central da subjetividade fundadora, que permanece sempre por trás da história manifesta e que encontra, sob os acontecimentos, uma outra história mais séria, mais secreta, mais fundamental, mais próxima da origem, mais ligada ao seu horizonte último (e, por isso, mais senhora de todas as suas determinações). Essa outra história que ocorre sob a

história, que se antecipa a ela sem cessar e recolhe indefinidamente o passado, podemos descrevê-la de um modo sociológico ou psicológico – como a evolução das mentalidades[2].

Assim, ao abordar a temática da **educação**, ou qualquer outra, não resta ao pesquisador outra alternativa senão apropriar-se de um conjunto de elementos, idéias, percepções que façam sentido para si mesmo, de maneira que possa aproximar-se de seu objeto para perscrutar-lhe seu sentido. Nada garante que esta será a melhor aproximação. Efetivamente, o pesquisador deve estar atento para a possibilidade de ajustes, adaptações ou até mesmo trocas na sua abordagem metodológica. O que não é possível, dentro do eixo do pensamento científico, é imaginar que o conhecimento se constrói à revelia do tratamento metodológico necessário à elucidação do fenômeno. Tal compreensão auxilia na superação de qualquer forma de abordagem oriunda de uma visão *senso comum* da realidade.

Para Carlos Rodrigues Brandão,

> Ninguém escapa da educação. Em casa, na rua, na igreja ou na escola, de um modo ou de muitos, todos nós envolvemos pedaços da vida com ela: para aprender, para ensinar, para aprender e ensinar. Para saber, para fazer, para ser ou para conviver, todos os dias misturamos a vida com a educação. [...] Não há uma forma única nem um único modelo de educação; a escola não é o único lugar onde ela acontece e talvez nem seja o melhor; o ensino escolar não é a sua única prática e o professor profissional não é o seu único praticante[3].

O caráter dinâmico da educação, conforme diz Brandão, da qual ninguém escapa, pois está na rua, na família, na vida em sociedade, caracteriza de maneira única este fenômeno que envolve a humanidade. É pela educação que a herança cultural é transmitida de geração para geração, e é também pela educação que se possibilitam avanços nos campos da arte, da técnica, da política, da ciência, enfim. É por causa da educação que, de maneira formal, escolarizada, ou informal, a humanidade reafirma seus saberes e os perpetua, ou os revoga para substituí-los por outros modos de pensar a realidade pessoal e social.

---

2. FOUCAULT, Michel. **A arqueologia do saber**. Rio de Janeiro: Forense Universitária, 1987, p. 240.
3. BRANDÃO, Carlos Rodrigues. **O que é Educação**. São Paulo: Brasiliense, 1981, p. 7 e 9.

Educação é ciência

Selma Garrido Pimenta tem se notabilizado na literatura brasileira sobre educação, com estudos aprofundados sobre esta temática. Em seus textos são abundantes as informações sobre o fato de que os termos *didática*, como substantivo, e *didático*, como adjetivo, são utilizados desde a Grécia, significando a ação de ensinar realizada pelos adultos em relação aos mais jovens e às crianças, tanto no contexto da vida familiar quanto no âmbito social e político.

No século XVII, João Amós Comênio (1592-1670), monge luterano originário do movimento da Reforma Protestante, juntamente com Ratke, escreve a primeira obra de que se tem notícia sobre a ação de ensinar, chamada *Didática Magna – Tratado da arte universal de ensinar tudo a todos*.

Nesta obra, Comênio propõe que a didática seja entendida como um

> processo seguro e excelente de instituir, em todas as comunidades de qualquer Reino cristão, cidades, aldeias, escolas tais que toda a juventude de um e de outro sexo, sem excetuar ninguém em parte alguma, possa ser formada nos estudos, educada nos bons costumes, impregnada de piedade, e, desta maneira, possa ser, nos anos da puberdade, instruída em tudo o que diz respeito à vida presente e à futura, com economia de tempo e de fadiga, com agrado e com solidez[4].

No contexto do mesmo período, a Companhia de Jesus propõe seu projeto educacional para a educação de jovens, através da obra *Método pedagógico dos jesuítas*, mais conhecida como *Ratio atque Studiorum*, que norteará a ação educativa da Igreja Católica Romana, em boa parte de suas instituições educacionais, até os dias de hoje.

Após um longo percurso histórico que passa por diversos autores profundamente dedicados ao tema, no século XX os estudiosos da educação convergem, em sua grande maioria, para o entendimento de que:

> Enquanto área da Pedagogia, a Didática tem no ensino seu objeto de investigação. Considerá-lo como uma prática educacional em situações historicamente situadas significa examiná-lo nos contextos sociais nos quais se efetiva – nas aulas e demais situações de ensino, nas culturas, nas sociedades –, estabelecendo-se os nexos entre eles. As

---

4. COMÊNIO, João Amós. **Didática Magna**: tratado da arte universal de ensinar tudo a todos. Lisboa: Fundação Calouste Gulbenkian, 1985, p. 43.

novas possibilidades da Didática estão emergindo das investigações sobre o ensino enquanto prática social viva[5].

Ao se valer dos demais campos do conhecimento, como as Ciências Naturais, a Filosofia, a Política, a Psicologia e outros, a Pedagogia, juntamente com a Didática, sua área específica de caráter prático, utiliza-se de todos os elementos do método científico disponíveis, isto é, pesquisa, observação, experimentação, generalizações. Por outro lado, também a Pedagogia se volta para o campo dos valores, assume-os e os incorpora em suas práticas, tornando seus propósitos mais normativos, em paralelo às ações de ordem investigativa.

O tema da educação, portanto, por seu caráter amplo e dinâmico, poder-se-ia dizer, transita tanto no campo das normas e valores, os quais orientam as ações humanas, quanto no campo da investigação, do qual se abastece e no qual se renova como área de conhecimento. A produção oriunda desse pensar-fazer-pensar é o que pode ser chamado de, conforme Paulo Freire, espaço da práxis humana, fonte inesgotável de pesquisa e reflexão.

Ainda conforme Selma Garrido Pimenta,

> Nessa perspectiva do ensino como fenômeno complexo e do ensinar como prática social, a tarefa da Didática é a de compreender o funcionamento do ensino em situação, suas funções sociais, suas implicações estruturais; realizar uma ação auto-reflexiva como componente do fenômeno que estuda, porque é parte integrante da trama do ensinar (e não uma perspectiva externa que analisa e propõe práticas de ensinar); pôr-se em relação e diálogo com outros campos de conhecimento construídos e em construção, numa perspectiva multi e interdisciplinar, porque o ensino não se resolve com um único olhar; proceder a constantes balanços críticos do conhecimento produzido no seu campo (as técnicas, os métodos, as teorias), para dele se apropriar, e criar novos diante das novas necessidades que as situações de ensinar produzem[6].

O que torna a Educação uma Ciência?

A experiência da **produção do conhecimento** se realiza no espaço social, permeado pela historicidade das pessoas e comunidades em suas inter-rela-

---

5. PIMENTA, Selma Garrido. Para uma re-significação da didática – ciências da educação, pedagogia e didática (uma revisão conceitual e uma síntese provisória). In: ID. (org.). **Didática e formação de professores:** percursos e perspectivas no Brasil e em Portugal. São Paulo: Cortez, 1997, p. 53.
6. PIMENTA, Selma Garrido. **Docência no ensino superior**. Vol. 1. São Paulo: Cortez, 2002, p. 48 e 49.

ções, e pelas construções culturais como manifestação das interpretações humanas sobre a realidade. Ao produzir o saber, as pessoas o fazem dialogando com suas possibilidades e com as do seu entorno e respondendo às necessidades prementes ou anunciadas, sejam elas da ordem do material ou estrutural, sejam da ordem da pessoalidade. Este diálogo sempre inscreve algo novo no existente, tornando a **cultura** mais interessante, a **história** mais densa e a **sociedade** mais enriquecida.

Neste contexto, a educação se produz enquanto um bem cultural que responde às necessidades da sociedade e que, enquanto experiência formal, escolar, inscreve sua historicidade ao longo da trajetória percorrida pela humanidade. Fazer educação escolar significa apontar para uma intencionalidade manifesta. Assim, se o ato de educar, na escola, é intencional, há que se compreender os sujeitos, os espaços e os tempos dessa intencionalidade. A essa dinâmica se dá o nome de ciência das práticas educativas.

Entre os diversos conceitos que tangenciam o tema da educação encontra-se o de **cultura**. No presente texto, a perspectiva desse conceito é tomada da obra do antropólogo Clifford Geertz, e inclui reconhecer o ser humano como aquele capaz de viver e dar significado às suas vivências. Isto implica dizer que, quando se fala em cultura, fala-se de uma compreensão relacional e relacionada dos seres humanos entre si e desses com as coisas, objetos, eventos, fenômenos, acontecimentos. A vida humana não é linear. Há avanços e recuos, idas e vindas, detalhes, fatores relevantes, dias ensolarados e momentos de profundo nevoeiro, e tudo isto, de que se constitui o cotidiano da humanidade, constitui-se, por outro lado, em elementos passíveis de sua própria e necessária reflexão e análise. Ou seja: ao pensar no conceito de cultura é preciso que se tenha em mente que ele inclui não só todos os fatores materiais ou mesmo valorativos produzidos por todos aqueles que ocupam o tempo e o espaço em que a sociedade está sendo estudada, mas, fundamentalmente, as teias, tramas, interlocuções, mediações originárias do movimento próprio a cada um destes e do movimento destes fatores na sua interconexão com os demais. O conceito de cultura fala do lugar da dinamicidade, melhor dizendo, do lugar da dinâmica social.

O conceito de **história**, também fundamental na temática da educação, se mostra, igualmente, pleno da idéia de movimento. Conforme seu próprio significado etimológico, a ela cabe o papel de investigar, informar, resgatar e constituir o conhecimento de maneira organizativa com vistas a buscar explicações para as situações específicas que as pessoas vivenciam. É assim que a humanidade supera a fase de explicação mítica dos fenômenos e passa a examinar e valorizar os diversos fatores que constituem a realidade, tais como os costumes, os interesses econômicos, o clima e outros, considerando-os possíveis fontes explicativas da realidade.

Ao falar da **sociedade** agrega-se mais um conceito aos já mencionados. É na sociedade, enquanto uma espécie de contextura formada entre todos os homens e na qual uns dependem dos outros, que a **história** se desenrola e a **cultura** se explicita. A vivência em sociedade remete às relações entre os elementos que a compõem e às orientações de lei e convivência necessárias à natureza humana. É nas tessituras do social, permanentemente feitas e refeitas, que a vida de um povo, de um grupo, de um conjunto de pessoas, que ocupam um espaço e um tempo históricos, se organiza.

O que é, então, que torna a Educação uma iniciativa na área da ciência? A resposta, cuja amplitude é maior do que este espaço de síntese, tangencia muitos aspectos:

• Projeta seu futuro e mobiliza-se pela formação de estudiosos da área que auxiliem na formulação permanente de sua episteme.

• Investe na formação de professores que, além do exercício adequado da profissão, mantêm-se como um grupo de controle em constante estado de pesquisa-pesquisador.

• Reconhece que ninguém nasce professor(a) ou se faz professor(a) de uma hora para a outra, pois qualquer pessoa pode ser auxiliada na tarefa de refletir sobre a ação docente, partindo inclusive de sua própria experiência como discente.

• Forma o profissional da educação com competência para o gerenciamento do cotidiano da escola, entendendo-a como processo, portanto, com dinamicidade real e necessária para adaptar-se às novas contingências impostas pelo tempo real.

• Planeja, examina seu entorno, organiza-se, levanta possibilidades.

• Suas ações têm intencionalidade e, para realizar suas intenções, questiona, pesquisa, reflete.

• Organiza o currículo, projeto que preside as atividades educativas escolares explicitando suas intenções e proporcionando um referencial apropriado aos docentes, os quais são diretamente responsáveis por sua execução.

• Propicia o exercício constante da reflexão e da pesquisa, tanto sobre os fins específicos à área de saber definida, quanto sobre os meios disponíveis para a construção do conhecimento.

• Avalia suas práticas que alcançam não só os alunos, mas a gestão e os processos.

Assim como estes, muitos outros aspectos poderiam ser apresentados neste texto para explicitar a vocação de ciência, própria ao campo epistêmico da Pedagogia. Certamente, nesta direção, muitas outras contribuições, oriundas das experiências de tantos outros estudiosos que se dedicam a este tema, estão já, ou estarão sendo produzidas no contexto deste tempo.

Ao final, do lugar de professor, cabe salientar que a reflexão é um aspecto basilar na ação docente, pois corresponde ao processo intenso de voltar-se sobre o praticado, com vistas a orientar as novas ações decorrentes das anteriores. Para fundamentar esta afirmativa, a palavra de um mestre:

> Por isso é que, na formação permanente dos professores, o momento fundamental é o da reflexão crítica sobre a prática. É pensando criticamente a prática de hoje ou de ontem que se pode melhorar a próxima prática. [...] Por outro lado, quanto mais me assumo como estou sendo e percebo a ou as razões de ser de por que estou sendo assim, mais me torno capaz de mudar, de promover-me, no caso, do estado de curiosidade ingênua para o de curiosidade epistemológica[7].

Referências

BRANDÃO, Carlos Rodrigues. **O que é Educação**. São Paulo: Brasiliense, 1981.

COMÊNIO, João Amós. **Didática Magna**: tratado da arte universal de ensinar tudo a todos. Lisboa: Fundação Calouste Gulbenkian, 1985.

FOUCAULT, Michel. **A arqueologia do saber**. Rio de Janeiro: Forense Universitária, 1987.

FREIRE, Paulo. **Pedagogia da autonomia** – Saberes necessários à prática educativa. 12. ed. São Paulo: Paz e Terra, 1999.

NEVES, Margarida de Souza. O bordado de um tempo (a história de Esaú e Jacó). **Revista Tempo Brasileiro**, n. 81, 1985. Rio de Janeiro.

PIMENTA, Selma Garrido. **Docência no ensino superior**. Vol. 1. São Paulo: Cortez, 2002.

_____ Para uma re-significação da didática – ciências da educação, pedagogia e didática (uma revisão conceitual e uma síntese provisória). In: ID. (org.). **Didática e formação de professores**: percursos e perspectivas no Brasil e em Portugal. São Paulo: Cortez, 1997, p. 19-76.

---

7. FREIRE, Paulo. **Pedagogia da autonomia** – Saberes necessários à prática educativa. 12. ed. São Paulo: Paz e Terra, 1999, p. 43 e 44.

CIÊNCIA E CULTURA: A EDUCAÇÃO DAS CIÊNCIAS DA NATUREZA SOB A DIMENSÃO SOCIOCULTURAL*

Célia Margutti do Amaral Gurgel

Considerações iniciais

Neste início do século XXI, a globalização tecnoeconômica está desafiando educadores e estudiosos a repensarem a educação científica em geral e das Ciências da Natureza, em particular. Este texto apresenta algumas das principais emergências da Educação das Ciências da Natureza na contemporaneidade e discute em que termos a abordagem sociocultural no processo de ensino-aprendizagem dessas ciências pode contribuir para o desenvolvimento de um currículo que traduza com maior complexidade as relações entre Ciência, Tecnologia e Sociedade. Publicações internacionais dos últimos 30 anos voltadas à Educação das Ciências identificam grande anseio e busca nesse sentido e, dentre os argumentos que se apresentam, reconhecemos fundamentais aqueles que defendem a Ciência como construção histórica e cultural, portanto, como uma questão humana (social, cultural, ética, política, econômica) imanente aos processos intelectuais da história do pensamento do Homem.

Estudos recentes de Acevedo (2002) chamam a atenção sobre a importância que Educação das Ciências da Natureza tem quando procura explicitar a relação entre o conhecimento científico, a produção tecnológica e os impactos sociais decorrentes dessa relação, traduzindo-se em uma proposta educativa inovadora cuja finalidade é oferecer conhecimentos (alfabetização científica e tecnológica) e uma participação cidadã com responsabilidade social aos sujeitos. Podemos dizer que um ensino sob este enfoque, reconhecido internacionalmente pela sigla CTS (Ciência, Tecnologia e Sociedade) emerge a

---

* Texto revisto e modificado de artigo publicado pela Revista Eletrônica **Ensenãnza de las Ciências,** 2003 (www.saum.vigo.es).

partir do contexto social que proporciona uma visão multidisciplinar centrada nos aspectos sociais da Ciência e Tecnologia (condições sociais e suas conseqüências sociais, políticas, econômicas, éticas e ambientais). Assim, a educação CTS deve buscar compreender a Ciência e a Tecnologia em seu contexto social ampliando a:

> [...] comprensión de los conocimientos científicos y tecnológicos, así como sus relaciones y diferencias, [...] potenciar los valores propios de la ciencia y la tecnologia para poder entender mejor que éstas pueden aportar a la sociedad, prestando también especial aténcion a los aspectos éticos necesarios para su uso más responsable [...] desarrollar las capacidades de los estudiantes para hacer posible una mayor comprensión de los impactos sociales de la ciencia y sobre todo de la tecnologia, permitiendo asi su participación efectiva como ciudadanos en la sociedad civil (ACEVEDO, 2002, p. 1).

Historicamente, a aplicação e uso dos conhecimentos científicos e tecnológicos se fizeram necessários em meio à crise político-econômica da década de 1970, do século XX, de âmbito internacional, estendendo-se às salas de aula. Nos anos 1980, estudos com enfoque psicológico procuraram demonstrar como os conceitos intuitivos ou espontâneos acerca dos fenômenos naturais eram de fundamental importância para as pesquisas relativas às pré-concepções das crianças e adolescentes nas suas relações com os conceitos científicos. Na década de 90, esta questão se faz acompanhar de novas premissas sobre os fundamentos de um ensino crítico sobre o conhecimento da Ciência e dos saberes científicos. Em uma sociedade em que o desenvolvimento da tecnologia se faz crescente, é impossível pensar na formação de um cidadão transformador e integrante de um mundo global sem um conhecimento científico erradicado da visão "cientificista" que o ensino das Ciências ainda oferece, trazendo apenas a descrição de seu instrumental teórico ou experimental separado da reflexão sobre o significado ético dos conteúdos desenvolvidos no interior da Ciência e suas relações com o mundo do trabalho. Se a educação científica deve ser responsável pela formação dos indivíduos em seus aspectos histórico, cultural, social, afetivo, torna-se importante que no início da educação formal o ensino das Ciências amplie as possibilidades de discussão e participação social de seus educadores e aprendizes.

A sociedade contemporânea tem exigido dos cidadãos conhecimentos que os levem a fazer parte do mundo do trabalho, de situações cotidianas e, ainda, que sejam capazes de interpretar as informações científicas veiculadas pela mídia. O ensino das Ciências, em especial, se destaca nesse sentido porque pode possibilitar a compreensão dos aprendizes, logo no início de sua formação, de diferentes explicações sobre o mundo social, os fenômenos da natureza e outros, e o papel que o homem exerce nesse processo histórico (GURGEL & MARIANO, 2005).

Contudo, certamente esta é uma tarefa difícil porque, desde nossa educação primária, somos levados a compreender o mundo de forma fragmentada. Morin (2000) chama a atenção, nesse sentido, para o papel que as universidades vêm exercendo, destacando que estas estão formando cidadãos incapazes de perceberem o desenvolvimento da Ciência num aspecto amplo, porque o ensino está cada vez mais dividido entre disciplinas, havendo uma separação entre os saberes. O autor reconhece que desta maneira torna-se impossível apreender, com complexidade, a relação entre os fenômenos sociais e naturais no mundo planetário, pois pode haver uma superespecialização do conhecimento gerando dificuldade em ver o global, o todo, tornando a inteligência cega e inconsciente. Segundo observa, é preciso uma educação que mude o pensamento, tornando-o capaz de resolver problemas multidimensionais e complexos. No entanto, esta mudança não é programática, mas, sim, paradigmática.

1. A Ciência como interpretação da realidade e o currículo escolar

Bernal (1978) diz que os avanços da Ciência devem ser compreendidos no âmbito das Revoluções Científicas. A primeira Revolução Científica se deu no ponto culminante do Renascimento, quando se verificou uma mudança crítica no velho padrão do comércio tendo a Ciência desempenhado um papel decisivo. A fase inicial dessa Revolução Científica(1440-1540) encontra-se essencialmente na Itália, devido ao enriquecimento de suas cidades através do comércio com o Oriente durante o fim da Idade Média até o Renascimento. Um dos estímulos ao desenvolvimento da Ciência, na época, foram a navegação e as artes, pois uma estimulava o estudo da astronomia e a outra, em busca de um maior realismo nas representações, a natureza e a anatomia humana. Essa é a época de Leonardo da Vinci que, embora fosse um artista, se interessava por várias áreas do saber tais como engenharia, hidráulica e anatomia. Também é a época da publicação do *Revolutionibus Orbium Celestium*, de Copérnico, na qual é apresentada a concepção heliocêntrica do universo e do *De Humani Corporis Fabrica*, de Vesalius, que faz críticas à anatomia de Galeno.

A segunda fase da Revolução Científica(1540-1650), conforme ainda Bernal (1978), ocorre durante as primeiras revoluções burguesas e durante as descobertas de rotas marítimas com as novas colônias européias e regiões da Ásia, estimulando o comércio marítimo e mudando, assim, o eixo de comércio da Itália para regiões como a Holanda, Inglaterra e França (1540-1650). Neste momento, os eruditos, já espalhados pelas regiões da Europa, não se contentavam mais em criticar, mas, sim, encontrar alternativas convincentes para as concepções antigas e medievais. Este é o tempo de Galileu e Kepler que, pelo telescópio e através da Matemática de Cardan e Tartaglia, irão provar de vez o erro da concepção ptolomaica da Terra como o centro do universo. A Ciência nesta época também foi estimulada pela Filosofia experimental e lógica de Descartes e Bacon que criaram um método para se chegar à verdade através do raciocínio e da experiência. Um outro estudioso importante desta época foi William Harvey que procurou argumentar sobre a circulação contínua do sangue e desmontou a concepção do aparato cardiovascular da anatomia de Galeno.

Em relação à Ciência do século XX, Hobsbawm (1995) diz que por volta de 1914 ainda havia muitas partes do globo em que não era inconcebível pensar uma vida sem a interferência das ciências, porém, já nos meados do século XX, a Ciência havia dominado todas as partes da vida dos homens, sobretudo em relação à Biotecnologia que se fez importantíssima na agricultura e na medicina. A união entre a teoria e a prática foi a diferença entre a Ciência do século XX da dos demais séculos, conforme Hobsbawm (1995), pois as técnicas de DNA recombinante foram reconhecidas pela primeira vez como adequadamente praticáveis em 1973. Menos de vinte anos depois, a Biotecnologia era uma coisa comum no investimento médico e agrícola. Para o historiador, a era da ciência politizada atingiu o auge na Segunda Guerra Mundial. Logo após o término da guerra, o engajamento político dos cientistas tendeu a diminuir de forma acentuada devido às respostas que as pesquisas científicas deram aos investidores tanto no campo bélico quanto no econômico. Assim, as pesquisas foram perdendo o seu caráter de curiosidade para se tornarem em grande parte nada mais que investimentos econômicos, deixando qualquer ideologia política de lado. Por volta dos anos 1970, por exemplo, houve grande aumento na intervenção do mundo externo nos laboratórios de pesquisa graças, principalmente, à nítida possibilidade de crescimento econômico propiciado pelas pesquisas científicas. Um abalo nos laboratórios ocorreu com a descoberta em 1973 dos CFCs e os seus problemas ao meio ambiente. Coincidência ou não, é nesta mesma época que a palavra *ecologia*, cunhada em 1873 para o ramo da Biologia que tratava das inter-relações de organismos e seus ambientes, adquiriu sua familiar conotação quase política. Também a grande descoberta da dupla hélice por Watson e Crick, na década de 1950, permitiu decifrar o código genético. Antes mesmo de tal descoberta, este tema já gerava debates sobre a influência da hereditariedade e do ambiente em relação às diferenças sociais, usando-se argumentos de diversos grupos de interesses para justificar determinada ideologia, como os nazistas alemães. Através das descoberta de Watson e Crick foi que a Biologia adquiriu sua grande autoridade tanto em relação às ideologias quanto aos argumentos religiosos.

Os exemplos aqui mencionados sobre a Ciência na História denotam tanto a complexidade da construção do conhecimento científico e tecnológico, como reafirmam a importância de mudanças paradigmáticas urgentes no processo de ensino-aprendizagem das Ciências da Natureza. A Ciência interpreta a realidade, não representa a realidade. Ela é um processo de construção e interpretação e não um corpo acabado de conhecimentos. O valor da observação nas ciências empíricas não é absoluto porque não é somente a visão do método científico que favorece o desenvolvimento da Ciência. Também não cabe somente às pessoas que realizam Ciência monopolizar seus questionamentos e deter o poder de decisão. Ao contrário, a produção da Ciência e da Tecnologia é fruto de um processo histórico cujas influências demandam uma compreensão mais profunda e complexa.

A prática científica no ensino das Ciências da Natureza pode ser vista como um momento rico para que os alunos criem novas possibilidades de gerarem hipóteses e testá-las, não somente para validar positivamente seus resultados, mas para ajudá-los a refletir sobre a complexidade dos caminhos em que elas estão implicadas nas suas relações com a construção do conhecimento científico (GIL-PÉREZ et al., 1991).

Se este saber se constitui em um processo contínuo de hipóteses enunciadas, é necessário desenvolver a aptidão natural do espírito humano para situar as informações em um contexto e em um conjunto, ampliando a capacidade de reflexão e criação das pessoas sobre a natureza das Ciências Experimentais. Contar apenas a história aos alunos sobre como foram realizadas as investigações através dos tempos não os faz sujeitos destas investigações. A História da Ciência, certamente, oferece elementos significativos na dimensão política, social, econômica, ética e cultural para colocar os alunos em situação de abordar seus métodos e discuti-los enquanto sujeitos que constroem, interpretam, enunciam.

Ao longo do tempo, muitos educadores consideraram a Ciência ora como algo importante para a cultura, ora como algo transcendente à cultura. Mais recentemente, muitos educadores têm visto a Ciência como um dos muitos aspectos da Cultura (COBERN, 1998). O ensino das Ciências precisa estar sabendo atender e responder aos anseios de uma sociedade envolvida pela cultura tecnológica, relacionando conceitos de senso comum sobre os fatos observados no dia-a-dia pelos sujeitos e os conceitos científicos. Silva e Gurgel (2002; 2002a) investigaram as principais contribuições que as revoluções científicas ocorridas entre os séculos XV, XVI, XVII ofereciam para o entendimento da construção do pensamento cartesiano e a concepção de corpo humano nos ensinos de Matemática e Ciências, potencializando, sob este aspecto, as práticas pedagógicas a partir de projetos inter/transdisciplinares na escola. No decorrer das investigações, constaram, nos textos didáticos analisados, que os conceitos envolvendo corpo humano e os Princípios de Descartes, especialmente na Geometria, eram apenas descritivos. A abordagem descritiva dos fatos e/ou fenômenos não oferece condições para se compreender, de maneira mais complexa, a natureza e evolução das idéias na Ciência. Textos didáticos descritivos e explicativos apenas demonstram o organismo de uma estrutura, nomeando os elementos com um vocabulário especializado e apresentando um fenômeno descrevendo seus mecanismos, não fazendo aparecer suas causas (ASTOLFI & DEVELAY, 2001).

Os textos mais argumentativos, ao contrário, possibilitam aos professores e aprendizes discutirem uma hipótese e/ou uma teoria confrontando-as com os dados empíricos disponíveis. Ao trazer para a sala de aula a História da Ciência, os professores terão a oportunidade de revelar, por exemplo, que aprender Biologia, Física ou Química vai muito além da memorização, às vezes tão maçante em trabalhos de cálculos e aplicação de fórmulas. Sob o ponto de vista pedagógico, os professores destas áreas poderiam estar sugerindo aos alunos pesquisas sobre o mundo político, social e cultural em que viveram os diferentes estudiosos, possibilitando a esses conhecerem em que termos diferentes cenários históricos são determinantes para a construção das teorias que ainda hoje estão sendo ensinadas em sala de aula.

O currículo não é algo atemporal e a-histórico, mas um espaço de saberes implicados em relações de poder, de visões sociais individuais e particulares. A partir da década de 1970, do século XX, estudiosos da Sociologia da Educação foram buscar na teoria crítica, nas teorias da reprodução, fenomenologia, interacionismo simbólico, etnometodologia, dentre outros, referenciais teóricos preocupados com questões curriculares que superassem a concepção pedagógica de escola eficaz, de ideal liberal e reprodutora da estrutura social dominante. O ponto de chegada desta busca resultou em uma nova significação para o currículo, passando ser este admitido como parte integrante da cultura, deixando de lado sua concepção universal, como propunha a cultura oficial, para vê-lo como campo cultural inseparável da cultura particular dos grupos sociais. Um espaço onde seria possível criar e produzir cultura (BOURDIEU, 1998). Forquin (1993) define currículo como um campo teórico da cultura que é sempre algo que nos precede, nos ultrapassa e nos institui enquanto sujeitos.

Os estudos recentes sobre didáticas das Ciências vêm sugerindo que no ensino das Ciências da Natureza seja adotado um processo interativo e investigativo com a criatividade própria de um trabalho científico. Mas é preciso não esquecer que as atitudes aplicadas por quem ensina poderão impregnar todos os aspectos dessa aprendizagem (GURGEL, 2001a).

Nossas representações são sociais e importantes na vida cotidiana porque nos guiam no modo de nomear e definir conjuntamente os diferentes aspectos da realidade diária, no modo de interpretar esses aspectos, tomar decisões e, eventualmente, posicionar-se frente a eles de forma defensiva (JODELET, 2001).

Essas representações também influenciam nossas posturas na mediação pedagógica do processo de ensinar e aprender, desde a forma como são introduzidos os conceitos, à orientação dos trabalhos práticos e clima de trabalho na aula. Serão as atitudes docentes imprimidas ao processo, portanto, que certamente serão determinantes para se criar um conjunto de atributos culturais em relação ao significado do que está sendo ensinado.

2. Educação em ciências, formação docente e diversidade cultural

A diversidade cultural que atualmente caracteriza os sistemas educacionais não tem conseguido se fazer reconhecer pelos gestores escolares e seus educadores. Sob o ponto de vista da prática pedagógica, a visão da abordagem de ensino das Ciências da Natureza ainda tende a se preservar conteudista e procedimental. Em um estudo sobre a percepção de professores de Física, Química e Biologia de ensino médio no Brasil a respeito da dimensão social das Ciências da Natureza, Gurgel (2001) identificou que apenas 16.0% dentre 74 docentes investigados manifestaram uma visão complexa em relação à questão, apontando elementos constitutivos do mundo planetário (econômico, político, social, cultural, subjetivo, ético, natural) tecidos de modo interdependente, interativo e inter-retroativo entre o que se conhece e seu contexto. Ou seja, declararam que a trajetória histórica da existência humana constata infinitos fatos, acontecimentos e fenômenos que atestam uma intrínseca relação entre o pensar e agir científicos e suas intervenções na realidade e vida social local e universal, o mesmo ocorrendo com a política e cultura. Este resultado demonstra em que termos os formadores de nossos aprendizes vêem a relação CTS, levando-nos a questionar se uma abordagem de ensino restrita a um conhecimento contextualizado em suas particularidades e/ou compreendido de maneira macrossocial, não poderá se constituir, no futuro, em obstáculo para um processo educativo diverso que transige por uma articulação entre os diferentes saberes em diferentes dimensões (MORIN, 2000).

Nesta mesma linha de raciocínio, vale destacar que a predominância da visão social utilitarista ainda persistente sobre a relação da Ciência com a Tecnologia dificilmente será superada se o perfil do professor permanecer em termos monoculturais. Stoer (1994) diz que este tipo de professor encara a diversidade cultural (de gênero, étnica, socioeconômica, religiosa, etc.) como obstáculo ao processo ensino-aprendizagem porque supõe que seja pertinente que todos os alunos recebam a cultura oficial como educação comum e igual para todos. A visão escolacentrista, embora reconheça a existência de diferenças culturais em sala de aula e na escola, não se preocupa em assumi-las como aspectos importantes para o processo de ensino-aprendizagem. Ao contrário, se faz acompanhar de pressupostos meritocráticos para avaliar seus alunos. Um perfil docente inter/multicultural, no entanto, irá reconhecer na diversidade cultural uma fonte de riqueza para o processo de ensino-aprendizagem, porque amplia a oportunidade de promover, na sala de aula, confrontação entre saberes e culturas. Sob este aspecto, a escola seria considerada como um local comunitário e democrático, a prática pedagógica como uma prática sociocultural e, ainda, o professor e seus alunos seriam sujeitos do processo de ensino. Cada aluno seria visto como um universo de valores e crenças fundamentais para a vida educativa escolar.

Estes pressupostos nos levam a refletir sobre a importância da mediação pedagógica do professor enquanto sujeito histórico. Um professor, seja de que área de saber for, deverá deter sempre um saber complexo sobre o conhecimento sistemático e universal produzido pelas diferentes ciências. Será a partir desse conhecimento que ele auxiliará o aprendiz a captar e a compreender à sua volta seu próprio mundo, tanto em relação aos seus componentes naturais e seus aspectos históricos e socioculturais, como também a interação homem-natureza em suas várias dimensões. Se o papel que a cultura científica tem é o de capacitar as pessoas na interpretação do mundo físico, natural e tecnológico em seus entornos, a construção do conhecimento científico deve ser orientada para que este seja transposto a diferentes situações e não somente repetido mecanicamente em um mesmo contexto (ALEIXANDRE & GUTIÉRREZ, 1990).

Contudo, estas percepções de ensino estão relacionadas à concepção de currículo que o professor adota. As proposições mais avançadas, nesse sentido, dão conta de que estes necessitam deixar de ser um conjunto de prescrições conceituais que busca transladar para a escola a lógica das disciplinas científicas e a versão positivista do método científico e passar a levar em consideração o conjunto de variáveis mediadoras que intervêm nos sistemas de ensino-aprendizagem (PORLÁN, 1998).

Os indivíduos que hoje vivenciam os padrões e regras da sociedade global necessitam ter clareza sobre por que e para que são produzidos certos bens tecnológicos, assim como para quem são destinados seus benefícios. Mas, para se modificar esta visão, é preciso haver uma formação docente diferenciada que não promova uma educação científica técnica e utilitarista. Parece ser função da educação formal escolar ocupar este espaço disponível, possibilitando aos aprendizes organizar e tratar os problemas a partir de princípios organizados, relacionando os saberes e lhes dando sentido. Se todo conhecimento é a resposta a uma questão, como afirma Bachelard em seu estudo sobre o novo espírito científico, caberá ao professor das Ciências da Natureza orientar cientificamente o pensamento dos alunos sobre o mundo, procurando sempre as relações de reciprocidade entre todo/parte e discutindo como uma modificação local repercute sobre o todo e como uma modificação do todo repercute nas partes.

Carvalho e Gil-Pérez (2000) apontam algumas necessidades formativas na formação docente para o ensino das Ciências, dentre elas a ruptura de visões simplistas sobre o ensino e a importância de o professor conhecer a matéria que ensina. Segundo os autores, a falta de conhecimentos específicos em relação ao que se ensina, em Ciências, dificulta a prática de atividades inovadoras e favorece ainda mais a transmissão dos saberes a partir do livro texto.

A sugestão que fazem é que o professor deva conhecer a história da ciência que ensina para evitar visões dogmáticas sobre a construção do trabalho científico, orientações metodológicas empregadas nas práticas de laboratório e da resolução de problemas. A história da Ciência como metodologia de ensino pode levar a uma análise profunda da matéria a ser estudada e da própria natureza da Ciência. O conhecimento científico, discutido na sua relação com interesses econômicos e políticos, não possibilita aceitar a tese da neutralidade da Ciência e a visão simplista que seus ensinos têm gerado.

A idéia de que fazer ciência é se trancar numa torre de marfim, no mundo dos livros ou coisa parecida, distanciando-se da realidade, constitui uma imagem bastante difundida e com a qual nossa prática de ensino lamentavelmente contribui, reduzindo a Ciência à transmissão de conteúdos conceptuais e, ainda, treinamento em alguma destreza, deixando de lado os aspectos históricos e socioculturais dentre outros, que marcam o desenvolvimento científico. Em que pese muitos esforços, os alunos ainda continuam apresentando dificuldades em reconhecer tanto a natureza sócio-histórica quanto provisória dos métodos científicos, não sabendo assumir, em conseqüência, posturas problematizadoras e críticas sobre seus significados frente à sociedade global e seus mundos particulares. Romper com as certezas de que o conhecimento científico não detém verdades absolutas, e que os objetivos curriculares têm como finalidade dar ao conhecimento científico um poder de explicação a respeito dos fenômenos naturais e sociais para além da dimensão técnica e racional, é atualmente um desafio aos professores das diferentes áreas de conhecimento. A esses também parece estar sendo difícil saber tomar decisões sobre qual perfil curricular desenvolver, levando em conta os elementos de contexto desse conhecimento e da realidade social complexa das escolas e seus aprendizes.

Os legisladores e administradores educacionais ainda persistem em racionalizar e padronizar o processo e produtos do ensino, prescrevendo conteúdos curriculares gerais e específicos, definindo o ensino como um conjunto de habilidades mensuráveis. Tal percepção parece desconhecer a importância da escola como uma das condições prévias para outras atividades políticas, ignorando que mudanças em torno de conteúdos, forma e objetivos podem promover e fazer com que ela não seja apenas instrumento de reprodução e dominação (APPLE, 1989).

A abordagem sociocultural na educação das Ciências da Natureza vem ao encontro desses anseios na medida que os fatos e/ou fenômenos tratados nesses ensinos ocorrem circunscritos em diferentes contextos histórico-sociais e em diferentes momentos da vida social. E a educação científica para o século XXI aponta, como um dos caminhos de reorientação epistemológica e superação do modelo tradicional de ensino, uma formação docente calcada em amplo conhecimento científico, cultural, social, ético, histórico e epistemológico sobre o conteúdo a ser ensinado em sala de aula, além de um conhecimento pedagógico específico sobre o que se ensina. Será esta formação que certamente permitirá uma discussão mais profunda dos elementos fundamentais que envolvem a relação entre os saberes da Ciência e Tecnologia com os contextos mais amplos em que se produzem as teorias científicas. Ainda, esta formação poderá permitir, também, que o professor tenha um poder mais crítico e consistente sobre sua própria prática de ensino e, então, modificá-la.

Finalizando...

Entendemos, como Morin (2000), que a Biologia, Física, Matemática e Química são Ciências Humanas segundo uma visão do processo multimilenar de hominização. Os professores das Ciências da Natureza, portanto, devem atuar na perspectiva das recomposições multidisciplinares e transdisciplinares, bem como na contramão do reducionismo explicativo dos sistemas complexos.

Kuhn, Toulmin, Feyerabend, Lakatos, Bachelard, dentre outros, em suas teses, argumentam que as observações frente aos mundos naturais não são tão objetivas e neutras como se pressupõem, mas impregnadas pelas crenças e compromissos políticos de quem as faz. A própria Física moderna proclama que não há evento independente do observador, mas sim de um participante. Essa nova visão de mundo e de homem, orgânica e dialética, aponta para a necessidade de um currículo voltado para a autonomia do indivíduo e para a democracia, porque nos leva a pensar a educação como um meio através do qual o sujeito deva ser capaz de compreender a si próprio em uma forma de vida social integrada, mas de que ele é parte.

O paradigma para um novo método da Ciência poderá ser uma das contribuições para uma ação futura dos estudantes nas tomadas de decisão, tanto no âmbito da própria escola como no social, levando a cabo fiscalizações, denúncias e/ou propostas alternativas em relação à Ciência, à Tecnologia, Sociedade e Ambiente.

Reafirmamos que a Ciência é uma das formas de conhecimento produzido pelo Homem no decorrer de sua história, assim como seus conhecimentos de senso comum, teológico, filosófico, estético, dentre outros. O método científico nada mais é, pois, que o reflexo das suas próprias necessidades na busca de respostas aos fatos e fenômenos, construído em bases culturais e sócio-históricas. Se no último quarto do século XX o avanço de movimentos sociais e políticos de tendências de identidade coletiva vem desafiando a globalização e o cosmopolitismo, em função da singularidade cultural e do controle das pessoas sobre suas próprias vidas e ambientes, como sugere Castells (1999), isto nos faz entender o porquê da necessidade de um trabalho educativo no campo das Ciências da Natureza apoiado na dimensão social, cultural e política.

As indagações recentes sobre o mundo global têm procurado denunciar os perigos e obstáculos com que se defronta o sistema capitalista contemporâneo, dissolvendo-se as ilusões da nova ordem econômica mundial e/ou aldeia global.

As reações frente a um sistema que parecia tão sólido e pleno de êxito vêm gerando crises, comoções, desastres, que nos levam a redefinir nossos estudos, análises e debates em relação à teoria, prática e ideologia educacional em um mundo com tantas diferentes linguagens e tantos conflitos (CASTELLS, 1999; SOUZA SANTOS, 2000).

A Revolução da Informática não só deu origem a uma nova economia como também transformou, de modo decisivo, as relações de poder, pois cada vez mais as funções sociais dominantes se organizam em torno de redes, gerando novos conhecimentos, produtividade econômica, poderes políticos e militares, todos vinculados aos meios de comunicação de massa, portanto, ligados a redes globais de informação e riqueza. Sob esse aspecto, as redes, além de moldarem a nova economia transmitindo informações sobre transações financeiras e oportunidades de investimento, contam com redes globais de notícias, artes, ciências, diversões e outras manifestações culturais. Esse processo mudará para sempre a nossa cultura, em virtude de seu potencial interativo, de sedução e forte capacidade de simulação de realidade veiculada pelo rádio e televisão, afetando particularmente a identidade cultural dos povos (CASTELLS, 1999).

É necessária uma compreensão sistêmica e unificada entre as dimensões biológicas, cognitivas e socioculturais, demonstrando em que termos a tecnologia da informação e as redes eletrônicas têm promovido a ascensão do capitalismo global e sua economia, mas, ao mesmo tempo, criado comunidades sustentáveis baseadas no que Capra (2002) denomina alfabetização ecológica. O maior desafio no século XXI estaria em promover mudanças no sistema de valor que hoje orienta a economia global para um conjunto de valores e crenças que objetivem, sobretudo, o bem-estar das organizações humanas e a sustentabilidade do mundo como um todo. Essa percepção nos remete a Paulo Freire pelo seu reconhecimento de que seria a Educação um caminho para a liberdade. Segundo o educador, o aluno só aprende quando se envolve profundamente com a realidade e a situação concreta. É preciso desejo de agir educativamente na direção de uma metodologia de ensino problematizadora e criativa, pois que, na era da informação, os conhecimentos envelhecem rapidamente.

Nossos alunos, em cursos de formação inicial e continuada, têm trazido para a Universidade visões ora impregnadas de certezas, ora de dilemas, ora com certa ingenuidade, idealismo e mesmo críticas em relação às Ciências. Essas percepções não resultam apenas de uma representação que a escola e seus educadores adotam e propõem ao ensino, mas, de uma concepção que envolve a própria sociedade. À medida que nós, professores, passarmos a atribuir significados sociais, culturais e históricos às teorias, no ensino das Ciências, o conhecimento científico se revelará complexo e a verdade de uma lei científica será assumida como algo provisório pelos aprendizes.

Problematizar, portanto, o papel que a comunidade científica internacional vem historicamente assumindo, ora aceitando certas teses, ora rejeitando outras, planejando seus métodos, testando suas hipóteses, torna-se fundamental a este ensino. Se o mundo global está por exigir um diálogo internacional, diríamos que este diálogo, no campo da Educação das Ciências, deve ser sob a perspectiva da diversidade histórica e sociocultural.

Referências

ACEVEDO, J.A.D. (2002). **Los futuros professores de ensenãnza secundaria ante la sociología y la epistemología de las Ciencias** – Un enfoque CTS [www.oei.-programación-CTS+I-Sala de lectura].

ALEIXANDRE, M.P. & GUTIÉRREZ, L.O. (1990). La Ciencia como construcción social. **Cuadernos de Pedagogía**, n. 180, p. 20-22. Barcelona.

APPLE, M.W. (1989). **Educação e poder**. Porto Alegre: Artmed.

ASTOLFI, J.P. & DEVELAY, M. (2001). **A didática das ciências**. 6. ed. Campinas: Papirus.

BERNAL, J.D. (1978). **Ciência na história.** Lisboa: Livros Horizonte.

BOURDIEU, P. (1998). A escola conservadora: as desigualdades frente à escola e à cultura. In: NOGUEIRA, M.A. & CATANI, A. **Escritos de Educação**. Petrópolis: Vozes, p. 39-64.

CAPRA, F. (2002). **As conexões ocultas**: ciência para uma vida sustentável. São Paulo: Cultrix.

CARVALHO, A.M.P. & GIL-PÉREZ, D. (2000). **Formação dos professores de Ciências**. 4. ed. São Paulo: Cortez.

CASTELLS, M. (1999). **A era da informação: economia, sociedade e cultura – O poder da identidade**. Vol. 2. Rio de Janeiro: Paz e Terra.

COBERN, W.W. (1998). Science and a Social Construtivist View of Science Education. In: COBERN, W.W. (ed.). **Socio-Cultural Perspectives on Science Education**: An International Dialogue. Netherlands: Kluwer Academic Publishers, p. 7-23.

FORQUIN, J. (1993). **Escola e Cultura**: as bases sociais e epistemológicas do conhecimento escolar. Porto Alegre: Artes Médicas.

GIL, D. et al. (1991). **La enseñanza de las ciencias en la educación secundaria**. Barcelona: Horsori.

GURGEL, C.M.A. (2001). A dimensão social das ciências da natureza na percepção de professores de Ensino Médio: desafios para um ensino na perspectiva da diversidade cultural. **Atas do VI Congreso Internacional sobre Investigación en la Didáctica de las Ciencias**. Barcelona, set. Tomo 2, p. 29-30.

_____ (2001a). Ações investigativas no ensino de Física: sobre o método. In: TOMAZELLO, M.G.C. et al. (ed.). **A experimentação na aprendizagem de conceitos físicos sob a perspectiva histórico-social**. Vol. 1. Campinas: Vieira/Capes-Proin, p. 33-57.

GURGEL, C.M.A. & MARIANO, G.E. (2005). A concepção de neutralidade e objetividade da Ciência e Tecnologia na formação de professores de Ciências: argumentos para a inserção da História e Sociologia da Ciência na construção do conhecimento científico. **Atas do VII Congreso Internacional sobre Investigación en la Didáctica de las Ciencias**. Barcelona, set. [CDrom].

HOBSBAWM, E. (1995). **Era dos extremos**: o breve século XX. São Paulo: Companhia das Letras.

JODELET, D. (2001). Representações Sociais: um domínio em expansão. In: **As Representações Sociais**. Rio de Janeiro: Eduerj, p. 17-44.

MORIN, E. (2000). **A cabeça bem feita**: repensar a reforma reformar o pensamento. Rio de Janeiro: Bertrand, 2000.

PORLÁN, R.A. (1998). Pasado, presente y futuro de la didáctica de las ciencias. **Enseñanza de las Ciencias,** 16 (1), p. 175-185.

SILVA, A. & GURGEL, C.M.A. (2002). Matemática através da história: o cenário político-social do século XVI-XVII e a construção do pensamento cartesiano. **Anais do X Congresso de Iniciação Científica**. Piracicaba: Unimep/CNPq.

_____ (2002a). Ciências através da história: o cenário sócio-político-cultural dos séculos XVI-XVII e a concepção de Corpo Humano. **Anais do X Congresso de Iniciação Científica**. Piracicaba: Unimep/CNPq.

SOUZA SANTOS, Boaventura (2000). **A crítica da razão indolente**. São Paulo: Cortez.

STOER, Steve (1994). Construindo a Escola democrática através do campo da recontextualização pedagógica. **Revista Educação, Sociedade e Culturas**, 1, p. 7-27. Porto.

PARTE II

PRODUÇÃO DE CONHECIMENTO E REFLEXÕES CONTEMPORÂNEAS

Produção de conhecimento em corporeidade

Terezinha Petrucia da Nóbrega

O corpo como agenda de pesquisa

A partir do século XX, anuncia-se, de modo intenso, uma agenda de pesquisa sobre o corpo: o corpo como condição humana, as formas do corpo, a linguagem do corpo, as políticas do corpo, a estética, as técnicas corporais, entre outras temáticas. O corpo desde então circula entre permissões e proibições, regras, controle, normas que o configuram em diferentes abordagens científicas, pedagógicas, artísticas, filosóficas.

Essa circulação do corpo ou, mais precisamente, dos discursos sobre o corpo é permeada por elementos de esquecimento e de resgates; bem como por determinadas interdições, a partir das quais se estabelecem regras e modos de conduta em particular em torno da visibilidade do corpo, dos contatos corporais, dos gestos e da postura (DESCAMPS, 1986).

A partir da década de 1990, na Educação Física brasileira, tornou-se comum encontrarmos pesquisas que enfocam a problemática do corpo. Nesse capítulo, anunciamos algumas questões em torno dessa temática: É possível transformar o corpo em objeto de pesquisa? De que corpo falamos? Como o corpo vem sendo estudado nas diferentes áreas de conhecimento? As reflexões que se seguem não esgotam o assunto, mas esperamos que possam alimentar a reflexão e debate em torno dos estudos da corporeidade.

Uma teoria do corpo parece, em princípio, contraditória, pois a corporeidade está envolvida com a dimensão sensível do mundo vivido na qual as funções corporais ocorrem sem precisar necessariamente de teorizações. Assim sendo, como é possível considerar o corpo como um campo de saberes ou um campo de pesquisa que ultrapasse esse reducionismo e que considere a nossa condição corpórea? Apresentamos algumas considerações que julgamos pertinentes para a produção do conhecimento em corporeidade.

Pesquisar sobre o corpo é sempre reduzi-lo a tema do discurso. Precisamos, pois, reconhecer a impossibilidade de uma redução completa da experiência corporal e da experiência vivida à condição de objeto de pesquisa. Porém, o conhecimento acadêmico, seja científico, filosófico ou educacional, depende de uma organização teórica que dialogue com outros sistemas e com seu universo de referência. Se para fazer pesquisa precisamos teorizar, devemos perguntar sobre a possibilidade de um conhecimento objetivo sobre o corpo e sobre o que significa a própria objetividade. Compreendemos que tal conhecimento é possível desde que a verdade não seja definida como adequação do pensamento ao objeto, não sendo definida *a priori* pelo sujeito e nem contemplada na pura exterioridade do objeto. "A verdade define-se no devir, como revisão, correção e ultrapassagem de si mesma" (LYOTARD, 1986, p. 41).

O sentido da teoria também precisa ser esclarecido. Em relação aos diversos discursos da corporeidade, as infinitas informações sobre corpo, técnicas corporais e afins, coloca-se a necessidade de uma teoria: "É necessária uma teoria que possa acolher a informação, isto é, que possa contestá-la" (MORIN, 1986, p. 47). Isto porque a informação, a experiência ou a prática são necessárias, mas insuficientes, por se restringirem a uma determinada perspectiva, não abrangendo outros pontos de vista sobre o fenômeno.

Compreender o corpo no cenário contemporâneo é uma tarefa que envolve paradoxos, como percebemos nas reflexões sobre as condições de elaboração de uma teoria da corporeidade a partir da referência do corpo vivido e das transformações contemporâneas no conhecimento e na sociedade (NÓBREGA, 1999). Pensar sobre o corpo é pensar também o modo como determinados discursos materializam-se em determinadas práticas sociais, haja vista que a nossa relação corporal com o mundo é uma contingência que marca tudo o que tem lugar fora do corpo, inclusive nas investigações científicas ou filosóficas, bem como nas intervenções educativas.

Recortado o corpo como objeto de pesquisa, de que corpo falamos? Por vezes deixamos de nos referir às crianças de uma determinada escola, aos idosos de uma determinada instituição, aos trabalhadores de uma determinada fábrica, às pessoas de uma determinada cidade ou comunidade, para nos referirmos ao corpo ou à corporeidade, por vezes desconsiderando o processo que torna possível a descrição, a classificação, a previsão dos objetos de conhecimento, assim como sua interpretação e crítica. O uso indiscriminado do conceito faz parecer que a corporeidade substitui a existência do corpo, destituindo a força do próprio conceito em designar uma determinada compreensão sobre o fenômeno em questão. Outra reflexão faz-se necessária no sentido de esclarecer as abordagens e o pertencimento dos conceitos a uma determinada tradição ou processo de formulação empírica, racionalista, fenomenológica, dialética, entre outras.

O corpo, abstraído em análises que o recortam, fragmenta-se no corpo naturalizado de uma determinada visão da Biologia, no corpo socializado das Ciências Sociais, no corpo instrumentalizado por diversas pedagogias. Contemporaneamente, o interesse pelo corpo em várias áreas coloca-se como um avanço frente às novas perspectivas de conhecimento, considerando-se a complexidade do contexto social, econômico e cultural no qual estamos imersos. Nesse contexto, acrescenta-se o desafio de uma reflexão epistemológica que considere a diversidade do conhecimento e das práticas sociais relativas ao corpo. Mais do que uma integração, os diferentes saberes elaborados sobre o corpo, assim como sobre outros objetos de pesquisa, apontam para o reconhecimento da pulverização, da "multiplicização", reforçando a necessidade do reconhecimento dos pertencimentos epistemológicos e dos possíveis trânsitos pela multiplicidade dos saberes, sem procurar integrá-los artificialmente, mas estabelecendo policompreensões infinitas.

O conhecimento sobre o corpo na Educação Física

Nesse texto, apresentamos parte da pesquisa sobre a produção do conhecimento na Educação Física brasileira, a partir da análise de 95 artigos publicados por diferentes pesquisadores nos Anais dos Congressos Brasileiro de Ciências do Esporte, especificamente no grupo de trabalho de Epistemologia, ao longo da década de 1990 (NÓBREGA, DIAS, MEDEIROS, LIMA, 2003). Particularmente a respeito do conhecimento do corpo, os núcleos de sentido evidenciados na pesquisa comportam uma leitura significativa, aqui sintetizados nos seguintes tópicos:

• Reflexões e críticas sobre a dicotomia corpo e mente, destacando-se implicações para a concepção de corpo na Educação Física.

• Reflexões que apontam a abordagem fenomenológica como possibilidade de redimensionar a compreensão de corpo na Educação Física.

• Reflexões sobre a necessidade de um novo paradigma estético e a relação com o campo da Educação Física.

• Reflexões que apresentam o conceito de corporeidade como desencadeador de novas práticas pedagógicas na Educação Física, considerando-se o conhecimento sensível.

- Reflexões que apresentam uma articulação entre a ideologia capitalista e as filosofias empíricas (positivistas) nortearam o posicionamento do corpo na Educação Física, havendo a necessidade de um novo paradigma, baseado na compreensão de práxis pelo materialismo dialético.

- Reflexões e críticas relativas ao culto ao corpo assumido na Modernidade.

- Reflexões que tematizam as análises de Foucault referentes ao corpo e à subjetividade, demonstrando que encarnamos em nossa arquitetura corporal a disciplinarização, o adestramento e o controle.

- Reflexões em torno da contribuição do pensamento de Marcel Mauss para a compreensão das técnicas corporais e dos processos sociais e históricos relacionados ao corpo.

- Análises da concepção de corpo na história da filosofia.

- Análises da produção da medicina do esporte no que se refere à expectativa de corpo, destacando-se o determinismo biológico, a representação do corpo como máquina e a crescente heteronomia entre os indivíduos.

Na referida pesquisa identificamos diferentes problemáticas presentes e compartilhadas na reflexão sobre epistemologia na Educação Física brasileira, como as questões da racionalidade, da estética, da linguagem sensível; questões relativas ao corpo, sobretudo críticas ao dualismo corpo e mente; reflexões sobre a produção do conhecimento no interior da Educação Física, critérios de verdade, entre outros elementos significativos. Compreendemos que esses núcleos de sentido apresentam-se como uma agenda de pesquisa sobre a corporeidade e são significativos para refletirmos sobre o conhecimento produzido, as lacunas, os avanços, as demandas e as perspectivas em torno dessa temática.

A problemática do corpo pode apresentar indicadores para a configuração epistemológica da Educação Física, haja vista a existência de um número significativo de pesquisas que enfocam questões relativas ao corpo, como constatado na análise dos documentos pesquisados e em várias publicações da área (SANTIN, 1987; MOREIRA, 1992; SOARES, 1998; 2001; FRAGA, 2000; SILVA, 2001; PORTO, 2005, entre outras). Os indicadores advindos dessas produções apontam para reflexões importantes que efetivamente contribuem para a produção do conhecimento, operando sínteses provisórias capazes de articular o campo de conhecimento da Educação Física ou pelo menos dos estudos da corporeidade.

Compreender o corpo no cenário contemporâneo é uma tarefa que envolve paradoxos, haja vista que a cada época predomina uma dada episteme e esta influencia a maneira de se organizar o conhecimento (FOUCAULT, 1995). As análises de Foucault mostram a questão da disciplina como um corte arbitrário no conjunto indefinidamente móvel do saber, havendo uma descontinuidade entre o pensamento e a cultura que implica determinadas conseqüências para a organização dos saberes dentro de uma dada sociedade. Assim é que, desde o começo do século XVII, o pensamento cessa de se mover no elemento da semelhança. A episteme clássica, fundada na semelhança, naquilo que é contínuo, numa espécie de história natural e em análises baseadas na observação e na descrição da natureza, vai sendo questionada, sendo associada ao erro e à ilusão dos sentidos. "É o tempo em que as metáforas, as comparações e as alegorias definem o espaço poético da linguagem" (FOUCAULT, 1995, p. 66), mas não são adequadas ao conhecimento científico.

A crítica da semelhança vai sendo construída por empiristas e racionalistas, considerando-se as diferenças entre as duas expressões de pensamento que mais se destacaram na Modernidade. O Racionalismo terá nas idéias de Descartes seu grande sistema de referência. A visão cartesiana funda-se nos axiomas matemáticos, na ordem e na medida. A análise, elemento central do método cartesiano, será considerada o critério para o método científico, único meio capaz de assegurar a verdade universal (DESCARTES, 1971). Essa perspectiva influenciou consideravelmente o modo como a Ciência Clássica tratou as questões do conhecimento em geral e sobre o corpo em particular, sobretudo na medicina, operando pelo racionalismo e pelo mecanicismo ao considerar a perspectiva anátomo-funcional como especificação e critério último da verdade sobre o corpo.

Para Foucault (1980), a significação, a espacialidade do corpo como condição de possibilidade e a finitude do homem como verdade são figuras que já se encontravam na gênese do positivismo, mas que foram esquecidas em seu proveito. Observa-se, portanto, a formação de um modelo epistemológico que irá assegurar a racionalidade científica da medicina como ciência da prática a partir de regras de visibilidade propiciadas pela anátomo-patologia, pelo modelo matemático das probabilidades e depois com a fisiologia e o conceito de normalidade que por sua vez irá condicionar as compreensões de saúde e de doença.

A compreensão de saúde também vai sendo modificada dos sintomas descritos pela noosologia, passando pelo desgaste orgânico do modelo anátomo-patológico aos agentes patogênicos do modelo fisiológico. A espessura do corpo, visível na doença, é traduzida em classificações e análises a partir da técnica anatômica, do cálculo das probabilidades e da norma fisiológica. Essas mudanças estão articuladas com condições históricas e sociais próprias, com destaque para o pensamento reformador da Revolução Burguesa e o ideário burguês que instaurou uma pedagogia específica para o saber médico assim como criou regulamentos específicos para o exercício da profissão (FOUCAULT, 1980).

Vários trabalhos no campo da Educação Física discutem essa relação entre o saber médico e o campo da Educação Física, sendo relevantes para compreendermos o processo de naturalização do corpo e a necessidade de estudos históricos e filosóficos (SOARES, 1994; 1998; CARVALHO, 1995; SILVA, 2001, entre outros).

Considerando a diversidade de abordagens na produção do conhecimento em corporeidade, destacamos a pesquisa filosófica como uma das possibilidades da produção do conhecimento, uma vez que compreendemos a filosofia como um campo de produção de conceitos, de realidades e de admiração diante dos fenômenos. A filosofia não é a passagem de um mundo confuso a um universo de significações fechadas, só acessível aos iniciados. Ao contrário, a filosofia começa como o espanto, com a admiração diante dos fenômenos. É como se olhássemos algo pela primeira vez e fôssemos tomados por esse acontecimento, que a partir de então poderá tornar-se, simultaneamente, objeto e sujeito do nosso amor, dado que a filosofia se constitui como amor à sabedoria (NÓBREGA, 1999; 2005).

A atitude filosófica possibilita assumir o caráter amoroso do pensamento, no sentido de ser tomado pelo sujeito/objeto do nosso amor. Essa atitude exige uma certa disposição para a vertigem, pois só é capaz de amar quem tem coragem de perder o prumo. Do mesmo modo, só é possível pensar filosoficamente, vendo o mundo de forma diferente, interrogando sobre aquilo que parece mais óbvio. Ao invés de perguntar as horas, por exemplo, procurar saber o que é o tempo e o que fazemos no tempo, entre outras questões.

Nem todos as filosofias e filósofos assumiram tão intensamente esse caráter amoroso do pensamento como a fenomenologia e pensadores como Merleau-Ponty, Sartre, Simone de Beauvoir, os quais dedicaram vida e obra a elevar a categoria de objeto filosófico a experiência vivida. Especialmente em Merleau-Ponty, destaca-se o corpo como condição fenomenológica e as reflexões sobre uma ontologia do ser sensível (MERLEAU-PONTY, 1945, 1960; 1979, entre outras). É como um talismã que olho para a obra de Merleau-Ponty, não busco conceitos cristalizados, pois ele mesmo não os buscava, mas atitudes, novos modos de olhar, compreender e viver. A partir da interpretação dos textos de Merleau-Ponty, podemos atribuir novos significados ao fenômeno da corporeidade, apontando perspectivas consistentes para a configuração do conhecimento e da vivência do corpo na Educação Física e em outras áreas.

Para a fenomenologia a tarefa da filosofia é reaprender a ver o mundo, projetar horizontes de sentido, de compreensão. Dessa maneira, cada gesto, cada inflexão vocal mostra horizontes de sentidos, por isso precisamos ser sensíveis aos fios de silêncio com que é tramado o tecido das práticas corporais. Por que me movo? Por que danço? Por que jogo? Por que corro? Minha hipótese, construída com base na fenomenologia, é de que nesse movimento reafirmamos, re-significamos nossa existência. Admitimos que é próprio do gesto humano significar para além de sua simples existência de fato, por isso pintamos e dançamos. Nosso corpo, só pode reconhecer-se entre as coisas, é sempre a arte do encontro e desencontro, de ser sensível e sentiente, de tocar e ser tocado. Nesse movimento configura-se a linguagem do corpo e das práticas corporais.

Uma fenomenologia das práticas corporais

É visível o ressurgimento do corpo na cultura contemporânea. Foucault (1979) ressalta que, diferentemente do século passado, o século XX priorizou o investimento no corpo sob a forma de "controle-estimulação". O poder assume sua materialidade ao investir na recuperação do corpo por meio de uma complexa rede de investimentos: publicidade, medicina e diferentes técnicas corporais, como a ginástica. Os investimentos sobre o corpo (controle, disciplina, medicalização, educação, violência, biopoder) deram-lhe uma visibilidade que ele não possuía. A partir do fenômeno olímpico, por exemplo, o esporte de rendimento passou a impor seu conteúdo através de várias estratégias, métodos, investimentos científicos, políticos e de mercado. A cultura esportiva passa a organizar as mais distintas práticas corporais. O corpo atlético passa a ser sinônimo de saúde, juventude e beleza. O esporte como uma certa condição de se vencer o envelhecimento e até mesmo a morte. Certamente essa equação não é unívoca e não apresenta, necessariamente, resultados verdadeiros ou inquestionáveis.

O modelo de performance, cujo estandarte é especificado nos critérios de aptidão física, força e velocidade[1] é então difundido como o único mode-

---

[1]. Refiro-me aqui à máxima *mais alto, mais forte, mais veloz* instituída nas Olimpíadas de Paris, em 1920 e que se tornou emblemática na compreensão da *perfomance*, sendo viabilizada pela racionalidade técnica e instrumental da fisiologia do treinamento esportivo e de sistematizações pedagógicas na Educação Física.

lo válido ou legítimo para exercitar o corpo. Outras experiências corporais, como por exemplo caminhar no parque sem se preocupar com o número de voltas a serem dadas, com o ritmo, mas sim para encontrar outras pessoas, sentir o perfume que exala das flores, das árvores, observar a luz, parece não ser considerado como uma opção de vivência de práticas corporais. Essa posição não exclui ou impede as possibilidades de caminhar mais rápido, seguindo um determinado esforço fisiológico ou de se freqüentar uma academia, mas significa estar atento para não sucumbir ao tecnicismo ou aos modelos consumistas do corpo e das práticas corporais. Significa considerar que as práticas corporais não se reduzem a cultura esportiva ou aos ditames do *fitness*, havendo infinitas possibilidades de vivenciarmos diferentes práticas corporais.

Considerando a abordagem fenomenológica, compreendemos que a condição humana é expressa pela corporeidade (MERLEAU-PONTY, 1945). Nessa fenomenologia do corpo destacamos duas teses básicas e interdependentes. A primeira diz respeito ao fato de que somos corpo, reconhecendo portanto o corpo como condição ontológica e existencial. Mas ser corpo é estar atado a um mundo, o que nos remete à segunda tese, relativa aos condicionantes socioculturais e existenciais.

Dessa relação entre essência e existência, entre corpo e mundo, desdobra-se outra importante tese fenomenológica, a saber: toda técnica de corpo amplia a metafísica da carne (MERLEAU-PONTY, 1960). Merleau-Ponty insistirá que o corpo não pode ser concebido apenas como extensão ou volume, contemplado do exterior, como objeto; nem do interior, sem segredo, separado de si e do mundo. Essa condição estética é dada pela presença construída pelas técnicas de corpo. O argumento de Merleau-Ponty é significativo para redimensionarmos nossa visão do corpo, dado que as técnicas corporais nos permitem habitar no espaço e no tempo do humano e não da máquina.

No mundo contemporâneo, cada vez mais inventamos o corpo como objeto de inúmeras intervenções: moda, terapias, esportes, vacinas, remédios, cirurgias. Técnicas de corpo que contam a história de uma cultura, de uma sociedade e contam também a nossa história pessoal por meio das marcas que são tatuadas em nosso corpo, na nossa pele, no nosso modo de andar, de vestir, de comer, de viver. Nesse sentido, afirma-se a tese fenomenológica da descontinuidade entre o corpo-sujeito e o corpo-objeto, relativizando as concepções dualistas tão marcantes na cultura ocidental e afirmando o conhecimento sensível que configura as práticas corporais como possibilidade de comunicação e expressão da subjetividade[2].

Tai chi chuan, *jiu-jitsu*, dança, capoeira, futebol, entre outras práticas corporais, são aqui consideradas como práticas específicas que comunicam sentidos diversos e que nos ensinam sobre o corpo e sobre o mundo, isso porque ao nos movermos de determinada maneira, de modo suave e meditativo no *tai chi chuan*; buscando os pontos de menor resistência nos movimentos do *jiu-jitsu*; desenhando o espaço, compondo o tempo na dança, improvisando no jogo, nos experimentamos como seres humanos e vivenciamos a profunda relação entre os domínios dos saberes e os domínios da vida.

É essa relação que cabe evidenciar nas práticas corporais, aqui apresentadas como uma fenomenologia do corpo. Considerando a linguagem do corpo e a *estesia* como conhecimento sensível do mundo é que fazemos o exercício de compreensão das práticas corporais. Vejamos, por exemplo, práticas como o *body building* e o *tai chi chuan*.

Podemos dizer, de modo geral, que o *body building* enfatiza a hipertrofia muscular e está diretamente relacionado ao culto ao corpo, à aparência e à boa forma. O *tai chi chuan* nos remete para a suavidade, leveza, flexibilidade. Poderíamos citar outras características de ambos, no entanto nos interessa chamar atenção para o fato de que essas práticas constituem-se como linguagens que comunicam sentidos diversos e que nos fazem pensar sobre os modos de ser e de viver de determinados grupos sociais, culturas e que aportam pedagogias diferentes, modos, usos e compreensões de corpo também diferentes. Na dança clássica, por exemplo, percebemos uma forma de educação do corpo que segue princípios cinéticos específicos, os quais por sua vez conotam ou representam relações sociais, valores específicos e que são diferentes da dança *butoh*, cuja dinâmica corpórea e compreensões do espaço, do tempo e do belo são inteiramente outras. Essas disposições corporais constituem a linguagem do corpo como sendo uma linguagem polissêmica, com múltiplos significados.

Compreender essa linguagem poderá contribuir para a leitura do mundo que é também uma leitura da nossa condição humana. As práticas corporais aportam sentidos e significados que contribuem para refletirmos sobre a natureza do conhecimento da Educação Física, possibilitando a projeção de campos conceituais e de uma sustentação argumentativa transversalizada por di-

---

2. Compreendemos a perspectiva da subjetividade, considerando-se a sua produção a partir da experiência vivida e da intersubjetividade (MERLEAU-PONTY, 1945).

ferentes saberes, aproximando a discussão teórica da vivência e da atuação profissional, como podemos perceber nas pesquisas concluídas sobre a *body art*, sobre a dança *butoh* ou sobre as danças da tradição maranhense[3], as quais revelam uma aproximação importante para compreendermos a linguagem do corpo e a natureza sensível do conhecimento.

A respeito da compreensão da estética e da linguagem também recorremos ao pensamento de Merleau-Ponty, considerando uma atitude não-dicotômica entre a sensorialidade e a palavra, o pensamento e a percepção. O filósofo critica a atitude intelectualista que considera o pensamento como algo separado da existência posto que "o pensamento não existe fora do mundo e fora das palavras [...] e as convenções são um momento tardio da relação entre os homens, elas supõem uma comunicação prévia" (MERLEAU-PONTY, 1945, p. 213 e 218), referindo-se às convenções da linguagem e às possibilidades da comunicação gestual expressas no corpo.

Para Merleau-Ponty, pensamento e linguagem relacionam-se com a expressão do ser no mundo, a palavra/fala contém significações mais amplas, do sujeito corporal falante e não só do *sujeito pensante*, posto que não há separação entre pensamento e processos corporais. A fala é gesto e o "sentido do gesto não é dado, mas compreendido, quer dizer, retomado por um ato do espectador" (MERLEAU-PONTY, 1945, p. 215). "O sentido é configurado no corpo e na percepção, uma vez que é por meu corpo que compreendo o outro, assim como é por meu corpo que percebo as coisas. Assim compreendido, o sentido do gesto não está atrás dele, ele se confunde com a estrutura do mundo que o gesto desenha e que por minha conta eu retomo, ele se expõe no próprio gesto" (MERLEAU-PONTY, 1945, p. 216). Cabe evidenciar que nessa compreensão o pensamento e a expressão se constituem simultaneamente, como podemos notar em um sorriso, na leitura de um poema, de uma carta de amor ou de outro texto escrito, além, é claro, da apreciação da obra de arte e mesmo dos algoritmos da linguagem e da ciência (MERLEAU-PONTY, 2002).

Ao abordarmos as relações entre corpo e linguagem, ressaltamos que esse fenômeno "ocorre no espaço das condutas consensuais que se constitui no fluir

---

3. Refiro-me à dissertação de mestrado de Rosie Marie Nascimento de Medeiros sobre a *body art* como possibilidade de uma leitura estética do corpo e do conhecimento da Educação Física; à tese de doutorado da Prof. Larissa Kelly de Oliveira Marques Tibúrcio, da UFRN, sobre a poética do corpo na dança *butoh* e à tese de doutorado do Prof. Raimundo Nonato Assunção Viana, da UFMA, sobre a estética do bumba-meu-boi e das artes tradicionais em contextos educativos, ambos concluídos sob minha orientação, junto ao Programa de Pós-Graduação em Educação da UFRN.

de encontros corporais recorrentes" (MATURANA, 1998, p. 80). Portanto, o corpo é lugar de inscrição da linguagem e da história e o espaço das condutas consensuais refere-se aos códigos culturais que conformam a linguagem e dão sentido aos acontecimentos. O exemplo seguinte nos ajuda a compreender o aspecto conotativo da linguagem, relativo às relações e representações que dão sentido às palavras: Margaret Mead realizou uma pesquisa sobre a linguagem de uma população aborígene, por meio de processos denotativos. A antropóloga apontava um objeto e pedia que lhe pronunciassem o nome e assim sucessivamente. Em todos os casos, respondiam *chemombo*, o que foi inicialmente considerado pela pesquisadora como uma linguagem tediosa, haja vista que a tudo designavam com a mesma palavra. Depois de um tempo, conseguiu averiguar que o significado de *chemombo* era *apontar com o dedo*.

Pensar e escrever sobre o corpo e sobre as práticas corporais constitui-se um desafio que exige a busca por palavras, conceitos, imagens que possam ampliar os sentidos já conhecidos. A reflexão filosófica pode contribuir com a projeção de outros horizontes de significação para o fenômeno das práticas corporais.

Compreendemos que o corpo afina-se na linguagem do gesto, sendo capturado pelo olhar do filósofo na produção do conhecimento. Esse ato guarda a memória e o esquecimento do tempo e do espaço como dimensões corporais, existenciais. Assim, as práticas corporais têm a dizer à filosofia, na configuração plástica e poética do corpo que se move, e a filosofia tem a dizer às práticas corporais, ao promover o espanto, a variação imaginativa sempre necessária à compreensão do mundo e à criação de novos sentidos.

Referências

CARVALHO, Yara (1995). **O mito da atividade física e saúde**. São Paulo: Hucitec.

DELEUZE, Gilles & GUATTARI, Félix (1995). **Mil platôs**: capitalismo e esquizofrenia. Vol. 1. Rio de Janeiro: Ed. 34.

DESCAMPS, Marc-Alan (1986). **L'invention du corps**. Paris: PUF.

DESCARTES, René (1971). **Regras para a direcção do espírito**. Lisboa: Estampa.

FOUCAULT, Michel (1995). **As palavras e as coisas**. São Paulo: Martins Fontes.

_____ (1980). **O nascimento da clínica**. Rio de Janeiro: Forense Universitária.

_____ (1979). **Microfísica do poder**. Rio de Janeiro: Graal.

FRAGA, Alex Branco (2000). **Corpo, identidade e bom-mocismo**: cotidiano de uma adolescência bem-comportada. Belo Horizonte: Autêntica.

LYOTARD, Jean-François (1986). **A fenomenologia**. Lisboa: Ed. 70.

MATURANA, Humberto (1998). **Da biologia à psicologia**. 3. ed. Porto Alegre: Artes Médicas.

MERLEAU-PONTY, Maurice. (2002). **A prosa do mundo**. São Paulo: Cosac & Naify.

_____ (1979). **Le visible et le invisible**. Paris: Gallimard.

_____ (1960). **L'oeil et l'esprit**. Paris: Gallimard.

_____ (1945). **Phénoménologie de la perception**. Paris: Gallimard.

MOREIRA, Wagner Wey (org.) (1992). **Educação Física e esportes**: perspectivas para o século XXI. Campinas: Papirus.

MORIN, Edgar (1986). **Para sair do século XX**. Rio de Janeiro: Nova Fronteira.

NÓBREGA. Terezinha Petrucia (2005). **Corporeidade e Educação Física**: do corpo-objeto ao corpo-sujeito. 2. ed. Natal: UFRN.

_____ (1999). **Para uma teoria da corporeidade**: um diálogo com Merleau-Ponty e o pensamento complexo. Piracicaba: Unimep [Tese de doutorado em Educação].

NÓBREGA, Terezinha Petrucia; DIAS, João Carlos; MEDEIROS, Rosie Marie; LIMA, Analwik. (2003). Educação Física e epistemologia: a produção do conhecimento nos Congressos Brasileiros de Ciências do Esporte. **Revista Brasileira de Ciências do Esporte**, vol. 24, n. 2, p. 173-185, jan. Campinas.

PORTO, Eline (2005). **A corporeidade do cego**: novos olhares. Piracicaba: Unimep/Memnon.

SANTIN, Silvino (1987). **Educação Física**: uma abordagem filosófica da corporeidade. Ijuí: Unijuí.

SILVA, Ana Márcia (2001). **Corpo, ciência e mercado**: a gestação de um novo arquétipo de felicidade. Campinas: Autores Associados.

SOARES, Carmen. (1998). **Imagens da educação no corpo**. Campinas: Autores Associados.

_____ (1994). **Educação Física**: raízes européias e Brasil. Campinas: Autores Associados.

PRODUÇÃO DE CONHECIMENTO E LAZER*

Nelson Carvalho Marcellino

Tendo em vista o conjunto de textos que compõem este livro, é importante salientar, de início, o não-exclusivismo da Educação Física no tratamento das questões relativas ao lazer, mas tão-somente que, considerando o estilo de vida gerado na nossa sociedade, o lazer não pode deixar de ser levado em conta nas discussões que envolvem a Educação Física. Dessa forma, embora reconhecendo a importância da consideração das relações entre Educação Física e lazer, sempre que abordo o assunto (MARCELLINO, 2005), enfatizo que elas constituem apenas um dos aspectos entre os vários a serem observados nas discussões que envolvem cada um desses temas. O vínculo pode ser estabelecido já a partir do conteúdo das vivências no lazer, segundo a classificação proposta por Dumazedier (1980), e ocorre quando se examina o duplo aspecto educativo do lazer (o lazer como veículo e objeto de educação), os seus gêneros – não só a prática e o conhecimento, mas também o espetáculo esportivo –, e muitos outros aspectos. Afinal, fora do âmbito escolar, e do esporte profissional, as atividades físico-esportivas acontecem sobretudo na esfera do lazer. Dessa forma, é necessário que a Educação Física, ao tratar das questões do lazer a ela relacionadas, não se restrinja ora ao seu próprio âmbito, ora à negação do lazer como parte de sua área de estudo/intervenção, tendências que ainda ocorrem simultaneamente entre nós, aprofundando o isolamento de questões relativas à teoria/prática, ao agir/pensar, e contribuindo para a manutenção de uma determinada ordem social estabelecida.

O lazer sempre foi, e continua sendo, visto como um assunto polêmico. Não cabe aqui colocar cada um desses aspectos controversos. Mas eles podem ser verificados já no seu entendimento com base no senso comum, na denominação dos órgãos públicos, e é reforçado até mesmo na Constituição, primeira a reconhecê-lo como direito social e, nessa condição, como um subitem do direito ao esporte.

---

* Elaborado a partir de vários escritos, já publicados pelo autor, referenciados ao final do texto.

Isso ocorre também em termos da produção dos *pensadores*. Como todas as questões que envolvem a vida social, a do lazer também tem antecedentes bastante longínquos quanto à reflexão. O ócio, o não-trabalho, foi motivo de preocupação para uma série de nomes da filosofia social, no mundo ocidental. Mas é sobretudo a partir do advento da chamada *sociedade industrial*, que a importância do lazer passa a ganhar terreno na produção dos pensadores sociais do século XIX.

É na Europa, motivado pelas condições do trabalho industrial – desrespeitoso de um mínimo de dignidade para o ser humano –, que surge o primeiro *manifesto* a favor do lazer dos operários, o clássico O *Direito à Preguiça*, do militante socialista Paulo Lafargue, publicado em 1883. Foi preciso esperar até as primeiras décadas do século seguinte para que se desenvolvesse o estudo sistemático da questão do lazer, tanto nos Estados Unidos quanto na Europa. No pós-guerra, as investigações sobre esse tema ganharam uma nova dimensão, em virtude do próprio contexto histórico. Anteriormente, no entanto, ele já havia sido analisado por filósofos como Bertrand Russel, que, em 1932, publicara *Elogio ao Lazer*, Huizinga, com o seu *Homo ludens*, de 1938, ou Veblen, e o clássico *Teoria da Classe Ociosa*, do início do século XX.

A partir dos anos de 1950, o lazer passa a ser objeto de estudo sistemático nas modernas sociedades urbano-industriais. Entre os vários trabalhos publicados destacaram-se, pela repercussão, os de David Riesman, *A multidão Solitária*, Friedman, O *Trabalho em Migalhas*, e Mills, *A Nova Classe Média-White Collar*. Mais recentemente, nas últimas quatro décadas do século XX, alguns estudiosos se dedicaram ao assunto, entre eles, Parker, Kaplan, Grazia, Fourastie, Lefebvre, Rybczynski e o sociólogo francês Joffre Dumazedier. Este último teve grande influência em pesquisas e trabalhos realizados no Brasil, além de várias obras traduzidas, entre as quais *Lazer e cultura popular*, *Sociologia empírica do Lazer* e *Valores e conteúdos culturais do lazer*.

Muitos outros autores têm contribuído com suas reflexões para os estudos do lazer, como os teóricos da chamada Escola de Frankfurt, e Norbert Elias e seus seguidores.

Pelo menos 50 anos separam o desenvolvimento dos estudos sobre o lazer, na forma de abordagens diretas, na Europa e no Brasil. Naquele continente, o contexto histórico que propiciou o interesse maior por essa questão, como vimos, relaciona-se diretamente ao processo de industrialização. Já em nosso país, muito embora também possa ser verificada tal relação, ocorre um vínculo maior com a urbanização da vida nas grandes cidades (MARCELLINO, 2002).

O lazer é motivo de preocupação relativamente recente entre os pensadores e pesquisadores brasileiros. Até bem pouco tempo atrás, a maioria das abordagens sobre o tema ocorria de forma indireta, sobretudo quando se enfocava a questão do trabalho. Ainda assim, nomes como Alceu Amoroso Lima, Gilberto Freire e Vicente Ferreira da Silva ocuparam-se do conceito de ócio, do significado do não-trabalho, ou das perspectivas abertas pela automação.

Lazer operário é considerado o primeiro livro brasileiro a tratar, especificamente, a problemática do lazer. De autoria de José Acácio Ferreira, foi publicado em Salvador, em 1959, tendo como subtítulo *Um estudo de organização social das cidades*. Mais um indício de que, somente com a aceleração do processo de urbanização, o assunto ganha ressonância social.

O primeiro grande encontro para o estudo do lazer foi realizado em São Paulo, em outubro de 1969. O censo do ano seguinte mostrou, pela primeira vez, a supremacia numérica da população urbana brasileira. Aliás, os *clássicos* sobre o tema passam a ser traduzidos e publicados, somente no final da década de 1960, com grande atraso, em relação às edições originais.

Na seqüência, várias organizações desenvolveram trabalhos nessa área – ainda que possam ser questionados do ponto de vista institucional –, mas também contribuíram com estudos, entre elas o Serviço Social da Indústria (Sesi-Nacional), e principalmente o Serviço Social do Comércio (Sesc), particularmente em sua unidade regional de São Paulo. Os principais autores dessa fase são Renato Requixa, em São Paulo; Ethel Bauzer Medeiros, Rio de Janeiro, e Lênea Gaelzer, Rio Grande do Sul.

Nos primeiros trabalhos sobre a questão do lazer produzidos mais sistematicamente no Brasil, o assunto é tratado de modo abstrato e isolado, e se pode mesmo falar de "falta de autenticidade" da maioria da produção brasileira sobre o lazer, se for levado em conta que por "autenticidade" procura-se entender não a originalidade, mas a legitimidade embasada na realidade social concreta. O que se constata é a "filiação" a esta ou àquela corrente de pensamento, tomando-se como critério a análise dos argumentos dos seus autores representativos, pertencentes a sociedades altamente desenvolvidas tecnologicamente ou portadoras de sólida tradição cultural.

Além disso, a absorção no Brasil das obras sobre a questão do lazer deu-se majoritariamente no ramo da chamada sociologia do lazer, quase sempre, de início, à margem dos meios acadêmicos. A grande popularidade do tema não foi acompanhada com o devido aprofundamento teórico e crítico, o que contribuiu para o seu distanciamento de análises mais "sérias" (VALLE, 1988).

E somente a partir dos anos 1970 é que a universidade brasileira iniciou, significativamente, suas investigações sobre o assunto. No decorrer das décadas seguintes, cresceu muito o número de dissertações e teses defendidas nesse campo, principalmente relacionadas à educação e à produção cultural (turismo, educação física, artes, etc.).

Obedecendo a uma característica que se observa também em outras esferas do conhecimento, os estudos do lazer vêm se especializando no que diz respeito a faixas etárias, conteúdos de atividades, relações com outras esferas de atividades (trabalho, educação, religião, família, etc.), e campos de intervenções (políticas públicas e privadas).

Assim, a compreensão mais ampla das questões associadas ao lazer e ao seu significado para o ser humano contemporâneo, pelas próprias características abrangentes desse objeto de estudo, não podem ficar na dependência de uma disciplina exclusiva. Ela exige contribuições das várias ciências sociais, da filosofia e de profissionais ligados direta ou indiretamente ao campo de tais atividades, entre eles, arquitetos, professores de educação física, terapeutas ocupacionais, educadores, administradores, arte-educadores, trabalhadores sociais, profissionais de turismo, etc.

Atualmente, cresce o interesse pela área. O número de grupos de pesquisa registrados na base Lattes do CNPq, com a palavra "lazer", cresceu de 41, no penúltimo levantamento (2002), para 84, no último (2004), das mais variadas áreas de conhecimento. São vários os grupos de discussão e Grupos de Trabalhos Temáticos (GTTs) sobre estudos do lazer, existentes em sociedades científicas no país. O tema está ganhando espaço também em congressos e seminários de educação física, turismo, políticas públicas, antropologia, etc. O Encontro Nacional de Recreação e Lazer (Enarel) terá, em 2005, sua décima sétima versão.

Integrando a cultura em seu sentido amplo – o lazer como necessidade humana sempre existiu, embora com contornos distintos ao longo da história. Hoje em dia, adquire características de mercadoria vendida no mercado do entretenimento, mas pode ser visto também como elemento de denúncia da realidade opressora, e anúncio de novas possibilidades de vida. Nessa perspectiva, considerar a importância cada vez maior do lazer em nossa sociedade implica abordar os seguintes pontos:

l) O lazer como cultura vivenciada (praticada, fruída ou conhecida), no tempo disponível das obrigações profissionais, escolares, familiares, sociais, combinando os aspectos *tempo* e *atitude*(refiro-me ao concreto da sociedade contemporânea – como é, e não do seu devir – como deveria ser, inclusive numa sociedade que eu próprio considere mais justa). Ao me remeter à cultura, não estou reduzindo o lazer a um único conteúdo, encarando-o com base numa visão parcial, como geralmente ocorre quando se utiliza a palavra *cultura*, quase sempre restringindo-a a conteúdos artísticos, mas aqui abordando os diversos conteúdos culturais. E, finalmente, quando digo *vivenciada*, não estou limitando o lazer à prática de uma atividade, mas colocando-o ao conhecimento e à assistência que essa atividade pode ensejar e, até mesmo à possibilidade do ócio, desde que visto como opção, e não confundido com ociosidade, sem contraponto com a esfera das obrigações, no caso, fundamentalmente a profissional.

2) O lazer gerado historicamente, dele fazendo emergir, de modo dialético, valores questionadores da sociedade como um todo, além de, por outro lado, podendo receber influências da estrutura social vigente. A relação que se estabelece entre lazer e sociedade é dialética, a mesma sociedade que o gerou, e exerce influências sobre o seu desenvolvimento, também pode ser por ele questionada na vivência de seus valores.

3) O lazer como tempo que pode ser privilegiado para vivência de valores que contribuam para mudanças de ordem moral e cultural, necessárias para solapar a estrutura social vigente; a vivência desses valores pode se dar numa perspectiva de denúncia e anúncio do desejo de vivenciar uma sociedade diferenciada.

4) O lazer como portador de um duplo aspecto educativo – veículo e objeto de educação, considerando, assim, não apenas as suas possibilidades de descanso e divertimento, mas também de desenvolvimento pessoal e social. E aqui não se está negando o descanso e o divertimento, mas simplesmente enfatizando a dimensão menos contemplada do lazer, a de desenvolvimento ensejado pelo seu vivenciar.

O lazer é, portanto, entendido como cultura compreendida em seu sentido mais amplo, vivenciada no tempo disponível. É fundamental como traço definidor, o caráter *desinteressado* dessa vivência. Ou seja, não se busca, pelo menos basicamente, outra recompensa além da satisfação provocada pela própria situação. A disponibilidade de tempo significa possibilidade de opção pela atividade ou pelo ócio.

Importa ressaltar, também, que o entendimento do lazer não pode ser efetuado *em si mesmo*, mas como uma das esferas de ação humana historicamente situada. Outras opções implicariam na colocação apenas parcial e abstrata das questões relativas ao lazer. É impossível, por exemplo, abordar as questões do lazer isoladas das questões do trabalho, ou da educação. De fato, a observação da prática do lazer na sociedade moderna é marcada por fortes componentes de produtividade. Valoriza-se a *performance*, o produto e não o processo de vivência que lhe dá origem; estimula-se a prática compulsória de atividades denotadoras de moda ou *status*. Além disso, o caráter social requerido pela produtividade confina e adia o prazer para depois do expediente, fins de semana, períodos de férias ou, mais drasticamente, para a aposentadoria. No entanto, isso tudo não nos permite ignorar a ocorrência histórica do lazer, inclusive também como conquista da classe trabalhadora.

O lazer é uma problemática tipicamente urbana, característica das grandes cidades. Porém ultrapassa suas *fronteiras*, uma vez que os grandes centros urbanos levam-no, com as mesmas características, por meio da mídia, a outras regiões, nem tão grandes, nem tão urbanizadas.

Entender o lazer como um campo específico de atividade, em estreita relação com as demais áreas de atuação humana, não significa deixar de considerar os processos de alienação ocorridos em quaisquer desses domínios. Compreender o lazer como espaço privilegiado para manifestação do lúdico na nossa sociedade não quer dizer absolutizá-lo, menos ainda considerá-lo único. A meu ver, tal postura parece contribuir para novas possibilidades de alteração do quadro social atual, tendo em vista a realização humana, com base em mudanças no plano cultural.

Esse, no entanto, não é o entendimento dominante tanto na ação, como nos estudos do lazer entre nós. Hegemonicamente, o lazer é tratado de uma perspectiva "funcionalista" (MARCELLINO, 2004), instrumentalizado como recurso para o ajustamento das pessoas a uma sociedade supostamente harmoniosa, ou fator que ajuda a suportar a disciplina e as imposições sociais e a ocupar o tempo com atividades equilibradas e corretas do ponto de vista "moral". Valoriza-se ora o "saudosismo" de traços culturais tradicionais, ora construções abstratas que setorizam o lazer como sendo um mundo à parte das outras esferas de atuação social. Aliás, as questões relativas ao lazer e seu estudo sofrem de tentativa de manipulação ideológica, compensando a ausência de referencial teórico sólido, com apresentação de dados empíricos isolados, fazendo previsões nunca realizadas como as da "sociedade do lazer" ou "sociedade do ócio", etc., como já alertava Valle, em 1988. Assim, não raro, as tentativas de explicação das manifestações contemporâneas de lazer contribuem muito mais para o seu obscurecimento. A manifestação humana lazer é reduzida a atividades, e estas a condição de *mercadoria*, entendida fora de um contexto mais amplo e a partir de uma perspectiva a-histórica.

Se, como vimos, enquanto área de conhecimento mais específico, o lazer teve abordagem recente entre nós, como área prestadora de serviços, tanto no setor público quanto no setor privado, remonta ao início do século XX. No campo de atuação observa-se, historicamente, tanto no Brasil quanto no exterior, o início de um processo mais sistematizado na área, a partir de segmentos da Educação Física (BRAMANTE, 2005).

Embora somente em 1962, através do Parecer nº 298, a recreação tenha sido incluída formalmente na formação do profissional da área, a grande vinculação entre Educação Física e recreação/lazer é vista no Brasil, no caminhar histórico da ação profissional nessa área, desde os anos 30 (PINTO, 2001).

As primeiras pesquisas na área começam a ser produzidas de modo mais efetivo, no âmbito da Educação Física, somente a partir da década de 1980. Portanto, há uma diferença de muitos anos, entre prática profissional, ensino e pesquisa, que se reflete ainda hoje na área (MARCELLINO, 1995). Existe assim o que se poderia chamar de Teoria do Lazer, ou diferentes Teorias do Lazer, dependendo das concepções que as embasam, desconhecida de grande parte dos profissionais que atuam na área, que vem sendo formulada, no Ocidente, desde a Filosofia Clássica, e ganha impulso com o surgimento das chamadas Ciências Humanas, entre a segunda metade do século XVIII e a primeira metade do século XIX, e que tem recebido contribuições constantes da Filosofia, Sociologia, Antropologia, Arquitetura/Urbanismo, Comunicações, Educação, entre outras áreas, e inclusive da própria Educação Física.

Afastado da difusão e produção do saber na área, o profissional de Educação Física que nela atua, além de confundir a prática do lazer com a prática do profissional que o lazer requer, não estabelece uma "prática" efetiva, mas sim um "tarefismo". Isso pode ser verificado, ainda hoje, em muitas escolas ditas de nível superior, onde as aulas de Recreação/Lazer, no currículo de Educação Física, se reduzem ao fazer não refletido (ISAYAMA, 2002) e em muitos "manuais" da área que se restringem a descrever atividades a serem desenvolvidas, sem ao menos contextualizá-las.

Atualmente, as discussões nas faculdades de Educação Física, no Brasil, vão desde o entendimento da pertinência da manutenção das disciplinas ligadas à recreação/lazer no currículo, até a constituição de modalidades/aprofundamentos específicos, já a partir dos cursos de graduação. Com relação à pós-graduação, especialização, mestrado/doutorado, várias iniciativas contemplam linhas de pesquisa, nessa área, dentro de faculdades de Educação Física, com muitos grupos de pesquisa, registrados no CNPq.

O campo de trabalho, na área de lazer, para o profissional de Educação Física, vem crescendo cada vez mais, em funções desde as administrativas até as de atendimento direto, na animação sociocultural, quer no setor público, no privado, ou no terceiro setor. Mas, nas demais esferas de atuação da Educação Física, também são necessários conhecimentos próprios dos estudos do lazer, o que requer também investimento no setor.

Sob pena de vermos aprofundada a falsa dicotomia teoria/prática, verificada historicamente na relação lazer/Educação Física, é imperioso que esta também contribua no esforço de desenvolvimento de estudos sistemáticos que abordem a problemática do lazer, como vem fazendo. É necessário, tendo em vista o atual estágio dos estudos e a urgência do encaminhamento de propostas de ação, o desenvolvimento de experiências interdisciplinares no campo do lazer, das quais os profissionais de Educação Física continuem fazendo parte e ampliem sua participação, não como meros executores de atividades, o que se observa com freqüência, ainda, no cotidiano, mas como contribuição efetiva para o entendimento da sua própria ação.

Referências bibliográficas

BRAMANTE, A.C. (2005). Recreação e lazer: o futuro em nossas mãos. In: MOREIRA, W.W. (org.). **Educação Física & Esportes**: perspectivas para o século XXI. 12. ed. Campinas: Papirus.

DUMAZEDIER, J. (1980). **Valores e conteúdos culturais do lazer**. São Paulo: Sesc.

ISAYAMA, Hélder F. (2002). **Recreação e lazer como integrantes dos currículos dos cursos de graduação em Educação Física**. Campinas: Unicamp [Tese de doutorado em Educação Física].

MARCELLINO, N.C. (2005). Perspectivas para o lazer: mercadoria ou sinal de utopia? In: MOREIRA, W.W. (org.). **Educação Física & Esportes**: perspectivas para o século XXI. 12. ed. Campinas: Papirus.

_____ (2004). **Lazer e Educação**. 11. ed. Campinas: Papirus.

_____ (2002). **Estudos do lazer**: uma introdução. 3. ed. Campinas: Autores Associados.

_____ (1995). A dicotomia teoria/prática na Educação Física. In: **Motrivivência**, ano VII, n. 08, p. 73-78. Florianópolis: UFSC.

PINTO, L.M.S.M. (2001). Formação de educadores e educadoras para o lazer: saberes e competências. **Revista Brasileira de Ciências do Esporte**, vol. 22, n. 3, p. 53-71, mai. Campinas.

VALLE, L.A.B. (1988). O lazer como resistência. **Fórum Educação**, 12 (4), p. 44-50, out.-dez. Rio de Janeiro.

PRODUÇÃO CIENTÍFICA E PERFORMANCE HUMANA

Ídico Luiz Pellegrinotti
Silvia Cristina Crepaldi Alves

A ciência, mesmo que a compreendamos como sendo a organização consensual do conhecimento, necessitamos de que a mesma possua pertinência. A ciência com pertinência é aquela que amplia e situa as informações que recebemos nas complexas interações de um sistema. Assim, o conhecimento de assuntos específicos está preso ao contexto global a que o fenômeno pertence. Nessa direção, nas áreas da atividade física e saúde, esportes e jogos, os movimentos corporais poderão ser observados de forma total, com indicações culturais, sociais, históricas, geográficas e físicas, ou compreendidas, na sua particularidade, por meio de metodologia adequada, as revelações qualitativas e quantitativas de intervenções mais seguras para saúde. Ao ampliar os conhecimentos é urgente torná-los acessíveis a todos os seres humanos.

As práticas de atividades corporais que assegurem o bem-estar das pessoas envolvidas com os esforços físicos devem ser orientadas por meio de sua performance, pois ela representa a natureza do ser humano nas diferentes fases de sua trajetória de vida. Dessa perspectiva, a Ciência da Performance consiste no estudo das teorias e práticas que orientam a intervenção de metodologias de atividades físicas, exercícios ou treinamentos adequados a cada performance, buscando compromissos para que gerações inteiras sejam mais sadias e felizes.

A ciência moderna, principalmente, as relacionadas com o compromisso com a vida, não só corporal, mas com todo o planeta, passa pela tríade tão bem descrita na literatura quando se fala em seres humanos, ou seja, a sua interação com valores biológicos, psicológicos e sociais. Dessa interação surge a visão da Organização Mundial da Saúde (OMS), que diz: A saúde é um estado de completo bem-estar físico, mental e social do indivíduo (KARVONEN, 1981). O ser humano, quando busca a prática da atividade física, integra todos esses valores e os amplia quando a incorpora como bem cultural e cria novos significados, fazendo valer os seus direitos de cidadania.

A atividade física e esportes por possuírem ampla variedade de opções são uma característica moderna. A escolha pelo cidadão de práticas de exercícios como fator de saúde e de vivências esportivas exige que todo o acompanhamento esteja respaldado por meio do conhecimento científico. Nesse empreendimento científico, não se pode deixar de lado a alegria e a felicidade que a prática exerce nas pessoas. Portanto, aumenta a importância de se conhecer a aptidão do praticante para protegê-lo e, ao mesmo tempo, propiciar a ele os benefícios esperados e as relações interpessoais.

A performance humana orienta aplicações de metodologias que são adequadas a cada corpo, pois cada ser humano possui sua performance, que deve ser respeitada. Considerando que a ciência da performance humana possui um campo vasto de conhecimentos nas dimensões humanas, tecnológicas e biológicas faremos considerações, neste texto, no campo biológico e temos a esperança de que seja entendida como caráter apenas didático, já que o ser humano é um ser cósmico, impossível de ser destituído de sua globalidade, sendo separado em partes, com freqüência, no mundo acadêmico.

Pellegrinotti (2003) expressa que a natureza humana possui em seu caminhar a complexidade das transformações bio-psico-sociais nas imutáveis etapas de seu desenvolvimento e, por ser complexa, podemos buscar explicações nas atividades simbólicas e emocionais por meio da performance, porque ela é a expressão fiel da realidade que o indivíduo expressa nos diferentes momentos de sua trajetória pela vida. Neste contexto, performance é o estágio do ser humano em diferentes situações de sua existência.

Portanto a ciência da performance pode ser discutida esquematicamente por meio de um modelo interativo de fatores (Figura 1), pois na sua complexidade e diversidade há harmonia entre ser humano e universo.

No modelo, a faixa azul representa o universo; a região amarela, o ser humano em suas dimensões biológicas, sociológicas, biomecânicas e psicológicas todas formando a complexa dimensão que é a vida e, conseqüentemente, a performance individual. A natureza humana, ilimitada em suas possibilidades de realizações, pois inclui planos ético, estético, espiritual e físico, nascendo daí a escolha de práticas de atividades para o aprofundamento da compreensão da vida. Todos os movimentos e superações do indivíduo dependem de sua performance, pois é ela que determina os caminhos a seguir. As modali-

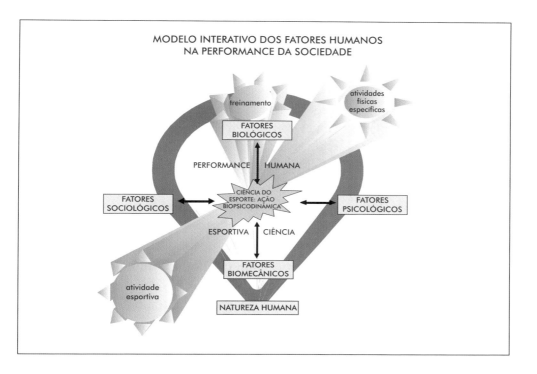

Figura 1 – Modelo interativo de diferentes fatores que interagem na determinação da performance humana.

dades apresentadas têm atuação no limiar de sensibilidade que detecta as modificações em conseqüência dos gestos corporais escolhidos. O humano, especificamente seu organismo, por meio da ressonância sensitiva de suas funções, busca a auto-organização e, frente a novas exigências, impulsiona, orienta e ilumina sua vontade para continuidade existencial nas diferentes fases da vida.

O modelo permite observar que a performance engloba as múltiplas dimensões e não a redução de um único elemento dos valores. Assim, a escolha de avaliações para compreensão de um fenômeno na complexidade da aptidão não reduz a dimensão maior que é o humano. Nessa direção, a pessoa pode escolher as atividades que mais se ajustam às suas necessidades e satisfação. As infinitas possibilidades de práticas corporais vêm ampliar o conhecimento de que as mesmas estão ao alcance de todos, independente de idade, gênero e cultura. Cada ser humano, por meio de sua performance, além de escolher sua prática, tem a capacidade de propor novas atividades físicas, pois performance é a natureza do ser.

A intervenção do profissional de Educação Física deve ser respaldada por conhecimentos científicos, pois a partir desse conhecimento expressa a responsabilidade de pensar soluções adequadas, já que a performance do indivíduo pode contribuir para que o profissional o auxilie nas atividades que estimulem a inserção duradoura e segura nas práticas corporais. Toda ação corporal se reproduz em performance; melhorá-la é estimular o limiar de sensibilidade, provocando a auto-organização que levará sempre a dominar os movimentos e ao encontro com a satisfação da modalidade escolhida.

O que se pede para a área da Educação Física é a integração e interação de conhecimentos com outras áreas, fortalecendo as metodologias e pedagogias do exercício físico, treinamento e jogos e, sobretudo, centrar atenção na performance humana. Esclarecidos esses conceitos, passamos a falar da intervenção.

A condição de saúde é uma condição multifatorial e pode ser considerada, no contexto do exercício físico, quando houver relações integrativas das dimensões mencionadas na Figura 1. No entanto, o entendimento de saúde e bem-estar poderá se relacionar, especificamente, em campos de estudos como os que tratam de aptidão e ausência de doenças, e outro mental e social. Nasce dessa pluralidade de estudos o complexo conceito de qualidade de vida.

Podemos afirmar que dominar todos os campos é uma tarefa muito difícil. Contudo, dominar a área da performance pela óptica das respostas das intervenções de atividades físicas, na perspectiva de melhores realizações corporais, é uma contribuição da Educação Física na rede de profissionais envolvidos com a qualidade de vida. A busca desse patamar pela sociedade está ficando cada vez mais difícil, tendo em vista o rápido e desordenado crescimento das cidades influenciando no estilo de vida, ao mesmo tempo que recebe as facilidades oferecidas pela tecnologia. Os avanços tecnológicos são importantes, pois facilitam nossos afazeres; em conseqüência, devemos orientar os indivíduos para o tempo livre. Com efeito, o tempo livre permite a dedicação à diferentes formas culturais, dentre elas atividade física e esportes, que proporcionam muitos benefícios.

Na dimensão da performance humana, em seus aspectos biológicos, situamos intervenções de atividade física para saúde com forte influência sobre os parâmetros metabólico e neuromuscular.

1) Práticas que estimulem o consumo de oxigênio (VANDEWALLE, 2004) para melhoria do sistema cardiovascular. Embora seja importante o conhecimento do consumo máximo (VO_2máx) direto, essa avaliação exige labora-

tórios especializados, mas as pesquisas indicam formas indiretas de controle de intensidade utilizando-se da freqüência cardíaca (FC). Por meio da FC, a intensidade é calculada a partir da conhecida fórmula de 220 – idade, encontrando a Freqüência Cardíaca Máxima (FCM). E a partir da graduação da intensidade em percentual que deve estar entre 60 a 70% da FCM, a duração do esforço pode ser controlada, melhorando e fortalecendo o sistema cardiovascular. A boa oxigenação dos tecidos envolve a composição corporal, atuando no gasto energético e assegurando equilíbrio entre ingestão alimentar e gasto calórico. O peso corporal pode ser avaliado de acordo com o Índice de Massa Corporal (IMC), calculado pela fórmula: Peso Corporal dividido pela Altura ao quadrado. A classificação para composição corporal aceitável dessa fórmula é estar entre 18,5 a 24,9 kg/m^2 (WORLD HEALTH ORGANIZATION, 1997).

2) Na força muscular (KAWAMORI & HAFF, 2004), atuando na utilização de grupos musculares de todo o corpo, podendo executar atividade com o peso do próprio corpo ou com aparelhos. O trabalho de força é importante em diferentes faixas etárias. Na idade adulta, ameniza o declínio das habilidades físicas; na juventude, aumenta a massa muscular. O programa de práticas de exercícios com sobrecarga é indicado para todas as idades e gêneros (FLECK & KRAEMER 1999).

3) A flexibilidade é entendida como movimentos com grandes amplitudes articulares (FOSS & KTEYIAN, 2000). Recomenda-se fazer exercícios moderados de alongamento, podendo ser estático ou dinâmico após as atividades físicas. Os principais benefícios da prática são aumentar a flexibilidade, auxiliar na recuperação dos sistemas muscular, articular e bioquímico, com volta mais rápida ao período de repouso.

Os itens acima são indicadores de atividades físicas adequadas à saúde dos indivíduos. Porém, a qualidade das funções orgânicas para saúde deve ser uma preocupação cultural e, nesse sentido, o melhor é começar já na infância a prática das atividades físicas. Assim sendo, o conhecimento da performance deve ser um processo educacional. É no ambiente escolar que o profissional tem a oportunidade de fazer as relações socioculturais da atividade física, bem como os esclarecimentos dos seus benefícios, apontando que nas diferentes etapas de vida de cada ser humano é que existem as fases sensíveis para assimilação dos estímulos aplicados (WEINECK, 1999; ANGYAN, 2004).

A vida ativa é, certamente, um fator preventivo para várias doenças. No contexto de prevenção, podemos citar que o exercício atenua o aparecimento precoce de doenças crônicas degenerativas. A prática desde muito cedo, principalmente, para o sexo feminino vem contribuir para um maior pico de massa óssea na idade adulta e diminuição da sua perda em idades avançadas (NIEMAN, 1999; MORA & GILSANZ, 2003; TAKATA, 2004).

O exercício físico também possibilita aumento no consumo energético e colabora para a manutenção de um peso corporal normal, evitando a obesidade, e tem efeitos importantes na prevenção do desenvolvimento de doenças metabólicas tais como diabetes tipo 2, dislipidemias, doenças cardiovasculares e hipertensão (RIGATTO & CREPALDI-ALVES, 2003; GUERRA et al., 2003).

Assim sendo, no quadro 1, orientações de atividades para sedentários, cardíacos, obesos, atletas e pessoas ativas que, auxiliados pela intervenção segura dos profissionais da área, expressam suas satisfações biopsicossociais com a prática escolhida (CESAR; BORIM; PELLEGRINOTTI, 2006).

Quadro 1 – Prescrições de exercícios físicos para diferentes categorias de indivíduos

Prescrições de exercícios físicos para diferentes categorias de indivíduos			
Elementos da prescrição	Sedentários e cardíacos	Obesos	Atletas Pessoas ativas
Sistema cardiovascular			
Intensidade (% FCM)	60-80	60-75	75-90
Duração (min.)	45-15	60-35	120-60
Freqüência semanal	3-5	3-6	5-7
Tipos de atividades	Caminhadas e exercícios	Caminhadas e exercícios	Caminhadas e corridas
Vias energéticas	Aeróbia	Aeróbia	Mista
Sistema neuromuscular			
Treinamento com circuito	Circuito	Circuito	Circuito
% da carga máxima	40-60	50-60	60-75
Repetições do circuito	2-3	2-3	4-6
Segmentos corporais	Alternados	Alternados	Misto
Aderência ao exercício	Motivá-los sempre	Motivá-los sempre	Discutir o esforço
Controle	Freqüente	Periódico	De acordo com o esforço

De acordo com as orientações apresentadas no quadro acima, as pesquisas indicam benefícios nos sistemas cardiovascular e neuromuscular das pessoas, propiciando melhores desempenhos na vida diária. Estudos realizados sobre os dois sistemas apontam que tanto os trabalhos específicos quanto os de organização generalizada induzem o organismo a modificações biopositivas (FLECK & KRAEMER, 2002; LAURENTINO & PELLEGRINOTTI, 2003; BOHME, 2003). As respostas do sistema cardiovascular ao exercício incluem o aumento do débito cardíaco e do fluxo sangüíneo para os músculos em contração. Para o sistema muscular, a prática regular de exercícios possibilita ganho de força, pelo aumento da massa muscular, e de resistência, pelas adaptações metabólicas e microcirculatórias.

Desse modo a importância da prática de atividade física se coloca como uma cultura essencial aos hábitos dos cidadãos de todas as faixas etárias.

O fator importante para a adesão a programas de práticas de atividades físicas é a consciência dos seus efeitos que a pessoa deve sentir no âmbito anátomo-fisiológico, afetivo, psíquico e social, sejam elas esportivas generalizadas ou práticas individualizadas de formas cíclicas ou acíclicas.

Para a formação de hábitos saudáveis, tais como a prática de exercícios, é necessário que o ambiente escolar assuma a incumbência de promover de forma educativa os conhecimentos dos valores da atividade física e esportes para uma vida ativa. É responsabilidade do processo educacional a transmissão dos conhecimentos científicos que são produzidos nas universidades e centros de pesquisa relativos à melhoria e à superação das condições sociais, biológicas e psicológicas das pessoas envolvidas com as práticas de exercícios e esportes.

A fundamentação para maior segurança na aplicação de práticas de atividades físicas é de responsabilidade dos pesquisadores da área de Ciência da Performance Humana, sendo a divulgação dos conhecimentos produzidos importante para a atualização dos profissionais da área da saúde envolvidos com a cultura da atividade física e esportes, tanto no meio formal quanto não-formal.

O fator importante desta reflexão é que a Ciência da Performance Humana está comprometida com a construção de conhecimentos no sentido de definição de objetivos, protocolos e metodologias de intervenções adequadas para o bem-estar e qualidade de vida. Ao mesmo tempo que interage universalmente com as pesquisas de atividade física, treinamento e esportes no contexto amplo de saúde, o indivíduo e a sociedade usufruem de seus avanços. É no diálogo entre os saberes que cada ciência assume sua responsabilidade para a melhoria da plenitude da vida na Terra, num mundo que será melhor se houver respeito com a diversidade dos conhecimentos.

Referências

ANGYAN, L. (2004). Promoting physical activity in medical education. **Acta Physiol. Hung.**; 91(2), p. 157-166.

BOHME, M.T.S. (2003). Relações entre aptidão física, esportes e treinamento esportivo. **Revista Brasileira de Ciência do Movimento**, vol. 11, n. 3, p. 97-103.

CESAR, M.C.; BORIM, J.P.; PELLEGRINOTTI, I.L. (2006). Educação Física e treinamento esportivo. *In*: DE MARCO (org.). **Educação Física**: cultura e sociedade. Campinas: Papirus, p. 25-43.

FLECX, S.J. & KRAEMER, W.J. (1999). **Fundamentos de força muscular**. Porto Alegre: Artmed, p. 129-145.

FOSS, M.L. & KETEYIAN, S.J. (2000). **Bases fisiológicas do exercício e do esporte**. Rio de Janeiro: Guanabara Koogan, 2000.

GUERRA, R.L.S.; CREPALDI-ALVES, S.C.; SERRANO, M.R. (2003). Exercício e performance no diabetes. In: PELLEGRINOTTI, I.L. (org.). **Performance humana** – Saúde e esporte. Ribeirão Preto: Tecmedd, p. 81-101.

KARVONEN, M.J. (1981). Exercício físico e promoção da saúde. **Encliclopédia Salvat da Saúde**, vol. 2, p. 1-3. Rio de Janeiro.

KAWAMORI, N. & HAFF, G.G. (2004). The optimal training load for the development of muscular power. **J. Strength Cond. Res.**, 18 (3), p. 675-684.

LAURENTINO, G.C. & PELLEGRINOTTI, I.L. (2003). Alterações nos valores de consumo de oxigênio (VO_2máx) na aplicação de dois programas de exercício com pesos em indivíduos do sexo masculino. **Revista Brasileira de Fisiologia do Exercício**, vol. 2, n. 3, p. 272-281.

MORA, S. & GILSANZ, V. (2003). Establishment of peak bone mass. **Endocrinol. Metab. Clin. North Am.**, 32 (1), p. 39-63.

NIEMAN, D.C. (1999). **Exercício e saúde**. São Paulo: Manole, 1999.

PELLEGRINOTTI, I.L. (2003). Saúde e esportes. In: PELLEGRINOTTI, I.L. (org.). **Performance humana** – Saúde e esporte. Ribeirão Preto: Tecmedd, p. 17-23.

RIGATTO, A.M. & CREPALDI-ALVES, S.C. (2003). Exercício e performance na obesidade. In: PELLEGRINOTTI, I.L. (org.). **Performance humana** – Saúde e esporte. Ribeirão Preto: Tecmedd, p. 53-79.

TAKATA, K. (2004). Bone mass and lifestyle-effect of exercise and nutrition. **Clin. Calcium.**, 14 (11), p. 26-37.

VANDEWALLE, H. (2004). Oxygen uptake and maximal oxygen uptake: interests and limits of their measurements. **Ann Readapt. Med. Phys.**, 47 (6), p. 243-257.

WEINECK, J. (1999). **Biologia do esporte**. São Paulo: Manole.

WITVROUW, E.; MAHIEU, N.; DANNEELS, L.; MCNAIR, P. (2004). Stretching and injury prevention: an obscure relationship. **Sports Med.**, 34 (7), p. 443-449.

WORLD HEALTH ORGANIZATION (1999). **Preventing and managing the global epidemic of obesity** – Report of the World Health Organization Consultation of Obesity. Genebra.

PRODUÇÃO DE CONHECIMENTOS PARA A ABERTURA DAS ESCOLAS ÀS DIFERENÇAS: A CONTRIBUIÇÃO DO LEPED/UNICAMP

Maria Teresa Eclér Mantoan

O cenário educacional

Diferenças culturais, sociais, étnicas, religiosas, de gênero, enfim, as nossas diferenças estão sendo cada vez mais desveladas e destacadas e são imprescindíveis para que possamos entender como conhecemos, aprendemos, entendemos o mundo e a nós mesmos. O tecido dessa compreensão não mais é o que se produz nos teares, aos metros, linearmente, como nas máquinas das grandes tecelagens.

É inegável que estamos vivendo um tempo de crise global, em que os velhos paradigmas da modernidade estão sendo contestados e em que o saber, matéria-prima da educação escolar, precisa passar por uma re-interpretação.

A racionalidade, como nos ensinam Morin (2001), Certeau (1999), Sousa Santos (1998) e outros, evolui a partir de uma rede cada vez mais complexa de encontros entre o homem e sua subjetividade com o cotidiano, com o social, o cultural, invadindo as demarcações dos espaços disciplinares, buscando tangenciamentos, relações, conexões, com *táticas, maneiras e artes de inventar o dia-a-dia* que subvertem o estabelecido: a fragmentação das disciplinas, a ruptura da compreensão, a cisão entre o saber e o fazer. Um novo paradigma do conhecimento está se impondo e vem surgindo das interfaces e novas conexões que se formam entre saberes outrora partidos e ações antes isoladas. Esse paradigma está sendo gerado pelo encontro entre ambos, provocado pela velocidade cada vez maior das comunicações e, pouco a pouco, estamos percebendo o estabelecimento de um novo marco nas relações humanas e nos contatos entre as pessoas e o mundo em que vivem.

A malha do saber está invadindo e cruzando sistemas de idéias, de ações, criando novas competências, constituindo maneiras diferentes de se organizar e de se articular os domínios teóricos e práticos, intercomunicando-os num diálogo aberto e promissor. Podemos, sem dúvida, afirmar que já não se pensa e se aprende como antigamente!

Essa rede que integra os domínios do saber e do fazer invadiu também a escola. Num ritmo que ainda não é o desejado, como sempre. Algumas mudanças já têm ocorrido para que essa instituição enfrente a "crise do conhecimento", nas suas unidades, nas suas salas de aula, embora sejam ainda lentas e incipientes.

Há de se convir que tudo é, de fato, muito novo. E a escola é velha na sua maneira de ensinar, de planejar, de executar e de avaliar seu projeto educativo. O tradicionalismo e o ritualismo de suas práticas cegam a grande maioria dos professores e pais, diante das transformações, dos caminhos diferentes e não obrigatórios do aprender. Persistem, ainda, os regimes seriados de ensino, os conteúdos programáticos hierarquizados, homogeneizadores, que generalizam, unificam, despersonalizam quem ensina e quem aprende.

É certo que somos *o mesmo, mas não os mesmos*, como nos ensinou o líder Shafik Abu-Tahir, líder das "Novas Vozes Africanas". As diferenças nos remetem a uma redefinição constante dos parâmetros pelos quais entendemos o que acontece conosco e com o nosso entorno mais próximo ou mais remoto, em todas as suas manifestações físicas, culturais, sociais, materiais, tecnológicas, sociais.

A escola não pode continuar anulando e marginalizando as diferenças nos processos através dos quais forma e instrui os alunos e muito menos desconhecer que aprender é errar, ter dúvidas, expressar, dos mais variados modos, o que sabemos, representar o mundo, a partir de nossas origens, valores, sentimentos. Por esses mesmos motivos é que muitas crianças, jovens e aprendizes em geral são penalizados nas salas de aula e até mesmo por suas famílias e pela sociedade. A exclusão escolar manifesta-se das mais diversas e perversas maneiras, e quase sempre o que está em jogo é a incompetência do aluno, o qual sofre as conseqüências de um jogo desigual, de cartas marcadas pelo autoritarismo e poder arcaico do saber escolar.

Já não é preciso ser muito avançado ou mesmo radical para se ensinar a compartilhar, a complementar, a cooperar e a ser solidário nas escolas. É urgente que as pessoas saibam pensar e agir dessas maneiras, para sobreviver, sem estresses e mais harmonicamente, nos dias de hoje, diante dos problemas e situações inusitados que temos de enfrentar e resolver.

A escola também não está dando conta do que os alunos querem conhecer e de tal modo essa decepção neles aumenta, que chegará o dia em que irão preferir as recuperações e acelerações a estudar o ano inteiro!

O conhecimento é fruto da coordenação das idéias e se engendra quando aprendemos fazendo, investigando, errando, acertando, experimentando, ousando, criticando, duvidando, opinando. De fato, aprendemos quando resolvemos nossas dúvidas, superamos nossas incertezas (e toda certeza é geratriz de outras dúvidas!), satisfazemos nossa curiosidade. A infância e o aprendiz são marcados por essa motivação e inquietude pelo saber.

Acima de tudo, é preciso ensinar, na escola, e em toda parte, que aprendemos realmente quando reconhecemos o outro e a nós mesmos como seres singulares, que estabelecem vínculos entre si. Desses vínculos com nossos pares, com os objetos e demais seres é que nascem o entendimento, a compreensão.

A origem do conhecer é, certamente, o desejo de estabelecer e de fortalecer esses vínculos que contextualizam, humanizam, criam laços entre o objeto e o sujeito do conhecimento. Esses laços afetivos fazem o conhecimento expandir-se, extrapolar o seu lado meramente cognitivo e penetrar em regiões mais fundas e significativas – as emoções, as sensações que surgem do aprender "com" os outros, de fazer a "quatro mãos".

É tendo como fundo este cenário educacional que estamos reunindo o pensar e o fazer pedagógicos no Laboratório de Estudos e Pesquisas em Ensino e Diversidade – Leped, na Faculdade de Educação da Unicamp, cientes de que não se pode, jamais, desmembrá-los, quando o que almejamos é reformar a escola, ou seja, refazer o seu *design*, através da participação dos educadores que estão re-projetando e alargando os espaços educacionais.

Não queremos demolir o que nela existe, mas reconstruí-la, a partir de seus alicerces e da preservação de algumas áreas que a sustentam.

Vários são os projetos desenvolvidos por educadores e pesquisadores do Leped, que se aperceberam da necessidade de fazer uma reforma estrutural e organizacional da escola, diante dos apelos da realidade mutante em que vivemos. Em todo o mundo despontam, aqui e ali, propostas educacionais semelhantes às nossas. Esse quadro só nos anima, reafirmando a determinação do nosso grupo de assegurar o pleno direito dos escolares a uma educação de qualidade.

Neste texto, focalizamos nossas concepções, idéias e práticas educativas; queremos demonstrar as possibilidades de mudar o traçado pedagógico das escolas, adequando-o aos seus novos donos – os alunos de nosso tempo, aqui, agora, pois só temos o presente como certo.

Certamente não existe para nós uma palavra final e nem muito menos queremos chegar a um consenso sobre a escola ideal. Apenas perseguimos deliberadamente uma tendência que está se impondo entre os que articulam seus propósitos de qualificar a educação, produzindo conhecimentos e atuando segundo uma lógica educacional regida por princípios sociais, democráticos, de justiça, de igualdade.

Contrapomo-nos à idéia e às práticas educativas sustentadas por valores econômicos e empresariais de produtividade, competitividade, eficiência, que tantas exclusões têm provocado.

Integração x inclusão ou o especial *na* e o especial *da* educação

Ao tratarmos do que compõe o cenário educacional não podemos excluir o debate estabelecido entre os defensores das duas correntes de inserção de alunos com deficiência no ensino regular – inclusão e integração – que já dura mais de uma década, no Brasil.

Esse assunto que é ao mesmo tempo acadêmico, político e educacional cria inúmeras e infindáveis polêmicas, provoca, inclusive, as corporações de professores e de profissionais da área de saúde que atuam no atendimento às pessoas com deficiência – os paramédicos e outros que tratam clinicamente de crianças e jovens com problemas escolares e de adaptação social.

Ele também "mexe" com as associações de pais que adotam paradigmas tradicionais de assistência às suas clientelas. Afeta, e muito, os professores da educação especial que se sentem temerosos de perder o espaço que conquistaram nas escolas e redes de ensino. Envolve os grupos de pesquisa das universidades, entre os quais, o Leped.

Os professores de nossas escolas de ensino regular evocam, constantemente, a falta de preparação e consideram-se incompetentes para atender às diferenças nas salas de aula, especialmente aos alunos com deficiência, pois seus colegas especializados sempre se distinguiram por realizar unicamente esse atendimento e exageraram essa capacidade de fazê-lo aos olhos de todos (MITTLER, 2000).

Há também um movimento contrário de pais de alunos sem deficiência, que não admitem a inclusão, por acharem que as escolas vão baixar e/ou piorar ainda mais a qualidade de ensino se tiverem de receber esses novos alunos.

Existem no Brasil três possíveis encaminhamentos dos alunos com deficiência às escolas: a) os que são dirigidos unicamente ao ensino especial; b) os que implicam uma inserção parcial, ou seja, a integração de alunos nas salas de aula do ensino regular, quando estão preparados e aptos para estudar com seus colegas do ensino geral e sempre com um acompanhamento direto ou indireto do ensino especial e c) os que indicam a inclusão dos alunos com deficiência nas salas de aula do ensino regular, sem distinções e/ou condições, forçando uma transformação das escolas para atender às necessidades educacionais de todos os alunos e não apenas de alguns deles, os alunos com deficiência, altas habilidades e outros mais, como refere a educação especial.

O embate teórico entre a integração e a inclusão está centrado nas direções b) e c) desses encaminhamentos e as políticas públicas educacionais defendem, de preferência, as direções a) e b).

Pensamos que na base dessa controvérsia e do aspecto político dos encaminhamentos b) e c) existe uma indiferenciação entre o que é o especial **da** educação e o que significa o especial **na** educação.

O especial **na** educação tem a ver com a justaposição do ensino especial ao regular, ou seja, com o inchaço deste, pelo carreamento de profissionais, recursos, métodos, técnicas da educação especial às escolas regulares. Este modelo organizacional já existe há muito tempo e sustenta a integração escolar, entendida também como inserção parcial, na qual o aluno tem de se adequar às exigências do ensino regular para cursá-lo e o *staff* do ensino especial vai lhe servir para isso.

O especial **da** educação suprime a dicotomização dos sistemas escolares e a substituição do ensino regular pelo especial, propondo escolas capazes de atender às diferenças, sem discriminar, sem segregar alguns alunos em escolas e classes especiais. Trata-se da inclusão total e incondicional de todos os alunos que engloba, sem dúvida, os que têm deficiências.

A escola para todos tende a reverter uma situação vergonhosa da escola brasileira, hoje marcada pelo fracasso e/ou evasão de uma parte significativa dos seus alunos, marginalizados pelo insucesso e privações constantes e pela exclusão escolar e da sociedade – alunos que são vítimas de seus pais, de seus professores e, sobretudo, por viverem em condições de pobreza em todos os seus sentidos. Esses alunos são sobejamente conhecidos das escolas, pois repetem as suas séries várias vezes, são expulsos, evadem e ainda são rotulados como malnascidos e com hábitos que fogem ao protótipo da educação formal.

Conquanto saibamos que a inclusão não é apenas uma questão de direitos educacionais negados aos alunos com deficiência, as situações de exclusão a que esses alunos são submetidos demandam ações decisivas e urgentes e medidas drásticas que as revertam radicalmente.

É certo que os alunos com deficiência constituem uma grande preocupação para os educadores inclusivos, mas todos sabemos que a maioria dos alunos que fracassam na escola são crianças que não vêm do ensino especial, mas que possivelmente acabarão nele! (MANTOAN, 1999).

Uma escola mais que especial

O Leped está se empenhando no sentido de concretizar a escola inclusiva, que chamamos de "escola mais que especial". Vários são os projetos arquitetados pelos educadores e pesquisadores do nosso grupo, que é pioneiro no Brasil em estudos sobre inclusão escolar e que tem formado professores e modificado a estrutura organizacional das redes de ensino público há mais de 10 anos. Há inúmeras teses de doutorado de alunos do Leped, já defendidas e em andamento, além de pesquisas, de livros e artigos publicados por seus professores, nestes últimos anos. Todo esse material constitui um importante acervo de conhecimentos sobre os avanços que este Laboratório tem propiciado à educação escolar, especialmente para o ensino básico.

Em todo o mundo despontam, aqui e ali, propostas similares de transformação das escolas que muito nos animam, pois reafirmam a determinação dos que compõem o Leped e de outros educadores brasileiros de assegurar o pleno direito dos escolares a uma educação de qualidade (AINSCOW, 1999; STAIMBACK, 1984; BOOTH & AINSCOW, 1998; ARMSTRONG, F.; ARMSTRONG, D.; BARTON, 2000; MANTOAN & VALENTE, 1998).

Sabemos da necessidade e da urgência de fazer uma reforma estrutural e organizacional das nossas escolas, diante dos apelos da realidade injusta em que vivemos. A inclusão provoca uma crise escolar, ou melhor, uma crise de identidade institucional que, por sua vez, abala a identidade dos professores e faz com que sejam re-significadas as diferenças dos alunos.

Na escola tradicional, o aluno é essencialmente o mesmo – uma reprodução do sujeito da razão e da consciência, determinado por quadros de referência que mantêm estável o mundo escolar. São os bons e os maus alunos, caracterizados pelos sistemas de ensino, que definem os espaços das escolas e as regularizam, decretando as repetências e legalizando os caminhos marginais do ensino especial.

O aluno da escola inclusiva é outro sujeito, que não tem uma identidade fixa, permanente, essencial. Esse aluno engloba um conjunto diversificado de identidades, diante de um eu que não é sempre o mesmo, seguro e coerente, mas um eu cambiante, com cada um dos quais podemos nos confrontar e nos identificar temporariamente (HALL, 2000; McLAREN, 2000).

Os desafios para a concretização dos ideais inclusivos na educação brasileira são inúmeros, como se pode perceber por esta exposição.

Se, do ponto de vista legal, temos de conciliar os impasses entre nossa Constituição e as leis infraconstitucionais referentes à educação, para que nossas escolas possam ser mais que especiais, continuaremos buscando e divulgando novas práticas pedagógicas, experiências de sucesso, saberes adquiridos em estudos desenvolvidos no cotidiano das nossas escolas.

Por outro lado, há ainda que vencer os desafios que nos impõem o conservadorismo das instituições especializadas e enfrentar as pressões das pessoas com deficiência, que ainda estão muito habituadas a viver de seus rótulos e de benefícios que acentuam a incapacidade, a limitação, o paternalismo, o protecionismo social.

O essencial, na nossa opinião, é que todos os investimentos atuais e futuros da educação brasileira não repitam o passado e reconheçam e valorizem as diferenças na escola.

Temos de ter sempre presente que o nosso problema se concentra em tudo o que torna nossas escolas injustas, discriminadoras e excludentes, e que, sem solucioná-lo, não conseguiremos o nível de qualidade de ensino escolar que é exigido para se ter uma escola mais que especial.

A trajetória do Leped

Para concretizar, dentro de nossos limites, a idéia de uma escola "mais que especial", temos envidado esforços nas áreas da pesquisa, extensão e docência. Nossa caminhada já tem um certo tempo.

O aperfeiçoamento da formação de professores em serviço e a implantação de projetos de educação escolar para alunos com deficiência mental antecederam a criação do Leped, em fins de 1997. Essas experiências iniciais constituíram o ponto de partida de um longo caminho e de um acervo significativo de estudos e de trabalhos práticos que evoluem continuamente, na busca de soluções para atender cada vez melhor aos problemas emergentes das nossas escolas.

Em 1993, esboçamos um outro desenho dos nossos trabalhos de extensão, agora destinados especificamente às redes de ensino regular. Esse traçado foi se definindo e ganhando os contornos do que está sendo proposto hoje pelo Leped.

Fortemente influenciadas pelo impacto da inclusão escolar, recém-chegada ao Brasil no início desta década, as propostas do Leped centraram-se primordialmente em problemas relativos à transformação das escolas regulares, de modo que pudessem se abrir, indistintamente, a todas as crianças. Passamos, então, a estudar e a investigar as barreiras educacionais que excluem crianças e jovens das escolas, interrompendo trajetórias educacionais pelos mais diferentes motivos.

Como sabemos, o movimento em favor da inclusão escolar constitui, ainda, um grande desafio para os educadores e seus formadores, pois rompe com o paradigma tradicional da educação escolar e busca condições cada vez mais justas e aperfeiçoadas para atender a todos os aprendizes em suas necessidades e peculiaridades. Esse desafio nos levou a repensar a formação inicial dos professores e a apoiar mudanças no currículo do Curso de Pedagogia da Faculdade de Educação da Unicamp.

O Leped é indiscutivelmente pioneiro nos estudos sobre a inclusão escolar. Nosso objeto de estudo de pesquisa é polêmico, provocativo e nossa posição diante dessa inovação educacional implica em tomadas de posição radicais, que afetam profundamente o processo educativo escolar, tal como hoje se apresenta, contestando concepções que o fundamentam, do ponto de vista pedagógico/organizacional.

As aspirações dos pesquisadores do Leped concentram-se em torno da implementação de uma nova escola, compreendida como um sistema vivo e aberto e em constante desequilíbrio com o que lhe é externo. Pleiteamos uma nova concepção de educação escolar e uma prática pedagógica em que tudo está em constante movimento, em que o conhecimento se constrói coletivamente, mediante interações, vivências mútuas. Queremos uma escola inclusiva, em que o professor é o orquestrador de todos esses sons difusos que vêm do contexto de vida dos alunos, suscitando a produção de novas idéias, a elevação de sentimentos, o respeito aos valores e às diferenças sociais e culturais dos que compõem as comunidades escolares.

Os princípios norteadores dos sistemas educacionais modernos implicam a democratização do acesso às escolas, a gestão participativa e a qualidade de ensino, a formação continuada de seus professores e a garantia de atendimento aos excluídos, resguardadas as diferenças culturais, sociais, étnicas. É nesse sentido que o Leped está direcionando seus esforços, atualmente. Diante desses desafios, o nosso grupo de pesquisa vem atuando, a despeito de todas as críticas, dúvidas, pessimismo, descrenças, sobejamente conhecidos de todos aqueles que, como nós, decidem se insurgir contra rotinas e velhos costumes das instituições, neste e em todos os tempos.

Respaldados por novas teorias e pelo que observamos e conhecemos no cotidiano das escolas, estamos produzindo conhecimento e demonstrando que as nossas intenções são cabíveis, exeqüíveis, a despeito de sermos considerados utópicos, sonhadores...

As escolas para todos caracterizam-se por reconhecer e valorizar as diferenças, a heterogeneidade das turmas e a diversidade dos processos de construção coletiva e individual do conhecimento. Elas são inclusivas por não excluírem os alunos e não terem valores e medidas predeterminantes de desempenho escolar, considerando a pluralidade um fator relevante para o desenvolvimento do pensamento.

A autonomia social/intelectual é o objetivo das escolas para todos e deverá nortear a formação dos seus alunos e professores. Com isso queremos dizer que os caminhos pelos quais o conhecimento se produz, nessas escolas, não obedecem a critérios rígidos estabelecidos e limitados pelas disciplinas curriculares, mas configuram redes imprevisíveis de idéias que se cruzam, formando tecidos singulares, sentidos originais. Seus professores são especializados em todos os alunos, ou seja, suas práticas são adequadas a grupos heterogêneos de aprendizes.

Para que a educação escolar se estruture e se consolide, segundo os princípios da não-exclusão, devem ser consideradas as experiências socioculturais dos alunos, seus saberes e práticas familiares. Democratizar a escola é considerar outros tipos de conhecimento que não exclusivamente o científico e dar voz aos que trazem o saber popular, o senso comum para os bancos escolares. Desconhecer esses saberes é desconsiderar esses alunos. Segundo o que nos propõe Santos (1988), democratizar a escola é democratizar o conhecimento.

O contexto escolar precisa se reorganizar como um todo, sem que sejam tomadas medidas paliativas, que impeçam a invasão do novo: tempos e espaços diferentes de ensino/aprendizagem, avaliação. É urgente abolir a discriminação dentro e fora das escolas, reconhecer as possibilidades humanas e valorizar as "eficiências desconhecidas" tão comumente rejeitadas e confundidas por não caberem nos moldes virtuais do "bom aluno".

Re-construir a escola

Com cabeça aberta

A inclusão escolar não é apenas um ideal do Leped e motivo de seus estudos e investigações, mas uma agenda de trabalho direto nas escolas.

A posição do Laboratório diante da inclusão está apoiada em referenciais teórico/metodológicos que apontam para a necessidade de repensarmos a escola sob novos paradigmas e de re-significarmos o papel dessa instituição, tornando-a eminentemente formadora.

A queda das divisórias entre o observador e o observável é uma das marcas do avanço das ciências. A interconectividade entre os fenômenos do universo, as explicações que associam o mundo físico e natural à complexidade da natureza humana criam novas maneiras de tecer a teia que enreda os sistemas políticos, econômicos, tecnológicos.

A educação já foi banhada por essas ondas. Vivemos em uma sociedade da informação, do conhecimento, da diversidade, em que o cenário educacional é o privilegiado para promover a transição deste para um novo tempo da humanidade.

Nesse novo tempo, o que se espera da escola é que seus planos se definam por uma educação para a cidadania global, plena, livre de preconceitos e que se disponha a reconhecer as diferenças, a interdependência e complementaridade entre as pessoas. Esses planos requerem o desenvolvimento do espírito de solidariedade, fraternidade, cooperação e de coletividade entre as gerações mais novas. Temos de reconhecer as diferentes culturas, a pluralidade das manifestações intelectuais, sociais, afetivas, enfim, precisamos construir uma nova ética, que advenha de uma consciência ao mesmo tempo individual, social e, mais ainda, planetária. É necessário abandonar as categorizações e as oposições excludentes entre iguais/diferentes, e que busquemos articulação, flexibilidade, interdependência entre as partes que se conflitavam nos nossos pensamentos, ações, sentimentos.

Concordamos com Morin (2001) que chegamos a um impasse, pois "não se pode reformar a instituição sem a prévia reforma das mentes, mas não se pode reformar as mentes sem uma prévia reforma das instituições" (p. 99).

É inegável esse bloqueio, mas é certo também que essas reformas precisam acontecer urgentemente, porque a "cabeça", que aprende a fragmentar a complexidade do mundo, não conseguirá enfrentar os problemas contemporâneos em suas multidimensões e em suas interconexões e não dará conta das soluções a serem criadas para os problemas atuais.

Nos estudos e pesquisas do Leped desconsideramos toda a visão mecanicista e reducionista que sustenta o pensamento científico moderno.

Mudanças paradigmáticas e qualquer inovação na educação escolar esbarram em dificuldades e oposições, das quais o pensamento disjuntivo é uma grande barreira. É urgente questionar esse modelo de compreensão que nos é imposto desde os primeiros passos de nossa formação escolar e que prossegue nos níveis de ensino mais graduados.

As reformas provocadas pela inclusão escolar sugerem a flexibilização dos critérios de admissão e de permanência nos territórios escolares, demarcados pelas séries, gradeados pelas disciplinas curriculares e separados por diferentes modalidades de ensino, que se assemelham a feudos nos quais a escola se defende de toda e qualquer proposta que possa atingir o imobilismo e o hermetismo de suas especialidades e especializações.

A inclusão é um conceito que implica a interação entre as diferenças humanas e o contato; o compartilhamento dessas singularidades compõe a sua idéia-matriz. Assim sendo, a formação dos professores incidirá na capacidade de esses profissionais conceberem e ministrarem uma educação plural, democrática e transgressora, como o são as escolas para todos.

A identidade fixa, estável, acabada, própria do sujeito cartesiano unificado e racional também está em crise (HALL, 2000). Ao destacar os essencialismos identitários, muitos movimentos sociais das minorias clamam pela inclusão, mas "biologizando" raça, gênero, sexualidade (WOODWARD, 2000).

Na concepção dos pesquisadores do Leped, os movimentos em favor da inclusão, dentre os quais os educacionais/escolares, devem contestar as fronteiras entre o regular e o especial, o normal e o deficiente, enfim os espaços simbólicos das diferentes identidades.

Pensamos como Silva (2000) que a mistura, a hibridização, a mestiçagem desestabilizam as identidades e esta é uma estratégia que provoca o questionamento de toda e qualquer fixação da identidade. De fato, são as identidades naturalizadas que dão estabilidade ao mundo social, regularizando-as, decretando as repetências e legalizando os caminhos marginais do ensino especializado.

A idéia de identidade móvel desconstrói o sistema de significação escolar excludente, normativo, elitista atual, com suas medidas e mecanismos de produção da identidade e da diferença.

A escola inventou o aluno e o definiu e determinou, por meio de seu poder institucional e social, uma vez que as representações são articuladas a sistemas de poder. Segundo Silva (2000), "quem tem o poder de representar, tem o poder de definir e de determinar a realidade".

A inclusão, contudo, contesta esta definição e esta determinação, reconhecendo e afirmando que as diferenças entre os alunos podem ser confrontadas pela negação dessa representação e pelas próprias diferenças entre os alunos.

Se a igualdade é referência, podemos inventar o que quisermos para agrupar e rotular os alunos. Se a diferença é tomada como parâmetro, não fixamos mais a igualdade como norma e fazemos cair toda uma hierarquia das igualdades e diferenças que sustentam a "normalização". Esse processo, a normalização, pelo qual a educação especial tem proclamado o seu poder, propõe sutilmente, com base em características devidamente selecionadas como positivas, a eleição arbitrária de uma identidade "normal", como um padrão de hierarquização e de avaliação de alunos, de pessoas.

Contrariar a perspectiva de que a identidade "normal" é uma força homogeneizadora e desejável na escola é, sem dúvida, uma posição radical, que temos assumido inteiramente em nossas produções, no Leped.

Concordamos com Silva (2000) que as novas identidades são criadas nos embates entre as diferenças e não nas suas afirmações, como é o caso da identidade "normal". Elas se constroem a partir dos desequilíbrios provocados pela tensão entre as diferenças e não são o mero resultado de um processo de identificação pelo qual juntamos os alunos mais adiantados numa turma; os mais atrasados, em outra; e os mais diferentes, nas classes e escolas especiais.

No âmbito dos estudos do Leped, a diferença é, pois, o conceito que se impõe para que possamos defender a tese de uma escola única e para todos e o pensamento complexo nos referenda quando postulamos um ensino que promove "cabeças bem feitas", no lugar de "cabeças bem cheias" (MORIN, 2001), e um ensino não desmembrado em modalidades e disciplinas.

Com a mão na massa

Amparados pela máxima de Santos (1998), segundo a qual temos direito à igualdade, quando a diferença nos inferioriza, e direito à diferença, quando a igualdade nos descaracteriza, o nosso grupo tem lidado diretamente com as escolas, professores, gestores, deflagrando mudanças: na política educacional das redes de ensino, na organização pedagógica e nas práticas de ensino, assim como na formação continuada dos professores.

Orientando as redes de ensino, buscamos reverter situações que afirmam e mantêm medidas excludentes nas escolas.

Buscamos identificar as deficiências do ensino, do ponto de vista estrutural e funcional, de modo que possamos não somente reconhecê-las, mas ultrapassá-las, conforme se apresentem.

Procuramos esclarecer a natureza das barreiras que impedem as escolas de se tornarem inclusivas e se os obstáculos são intrínsecos ou extrínsecos à formação inicial e/ou na continuada dos professores ou são próprios das políticas e da organização dos sistemas de ensino. Enfim, queremos conhecer e revelar, na medida do possível, o que subjaz à educação escolar e, principalmente, eliminar, na medida do possível, esses obstáculos com a participação ativa das escolas, dos seus professores e alunos.

Temos insistido para que os professores e dirigentes dos sistemas educacionais reconheçam que suas escolas devem se entrelaçar e configurar verdadeiramente uma "rede de ensino". Elas precisam se reconhecer como fios do tecido formado pelos sistemas educacionais. Estes, por sua vez, têm de se tornar abertos e auto-regulados, para engendrar um jogo permanente entre as pessoas que os compõem e as influências externas.

O Leped atua nas escolas para estimular e manter vivas essas interações, o que implica uma reorganização permanente de nossas intervenções na realidade escolar e no fazer pedagógico. Atuamos a partir dos interesses e necessidades das escolas, dos professores e vamos nos retirando, à medida que o processo de transformação pedagógica e estrutural das redes de ensino progride.

Não temos fórmulas mágicas e unificadas de atuação; empenhamo-nos em encontrar a maneira mais adequada para cada caso, construindo artesanalmente com as escolas as respostas que mais lhes convêm.

Atualmente um dos focos de trabalho do Leped são os projetos relacionados à implantação do Atendimento Educacional Especializado para alunos com deficiência nas escolas comuns de ensino regular.

Esse atendimento corresponde à nova interpretação do ensino especial, trazido pela Constituição de 1988 e ratificado pela LDBEN de 1996. Sabemos por esses documentos que a educação especial não mais substitui o ensino comum para alunos com deficiência e que o Atendimento Educacional Especializado é complementar à formação do aluno com deficiência, devendo ser oferecido a todos os que dele necessitarem em horário oposto ao das aulas no ensino comum. Esta inovação envolve a criação de serviços que não mais replicam os compromissos da escola comum, ou seja, voltados para o ensino escolar de alunos com deficiência, como acontecia comumente nas classes e escolas especiais. O atendimento referido oferece aos alunos com deficiência os conhecimentos de que necessita para eliminar barreiras que a deficiência coloca à sua aprendizagem nas escolas comuns, tais como o código Braille, LIBRAS, o português, como segunda língua para surdos, o uso de tecnologias assistivas etc., que não são conhecimentos curriculares, mas imprescindíveis, para que alunos com deficiência possam aprender a ler e escrever as operações e os conteúdos curriculares, incluídos nas turmas regulares.

A formação continuada dos professores é parte integrante da proposta do Leped de transformar as escolas, para que sejam espaços educacionais inclusivos e constitui uma de nossas atividades de extensão.

Provocamos os professores para que questionem suas práticas, antes de buscar o fracasso e as deficiências nos alunos e para que localizem as barreiras que estão obstruindo as vias duplas do aprender e do ensinar, aprendendo com suas próprias experiências de trabalho.

Procuramos despertar o hábito do trabalho cooperativo e da reflexão coletiva sobre os problemas e as atividades profissionais desenvolvidas nas escolas, visando à conscientização e à sistematização dos mesmos.

A capacidade de refletir individual e coletivamente leva o professor a pensar, a compreender, a conhecer, a aprender a fazer, a aprender a aprender e a conviver com as diferenças, as dificuldades, a aprender a ser um verdadeiro educador.

A expansão da capacidade de planejar, de criar e de experimentar situações que favoreçam o desenvolvimento afetivo, cognitivo, social e perceptivo-motor dos alunos, no enfoque metodológico da formação continuada oferecida pelo Leped, origina-se da discussão informal dos problemas do dia-a-dia escolar, no interior das escolas, e acontece nas reuniões especialmente organizadas para intercâmbio de idéias, relatos de salas de aula, estudos de caso e apoio mútuo entre os colegas de uma mesma unidade e de outras que a ela se associam nesses encontros.

No que diz respeito à formação inicial dos professores, a participação do Leped no Curso de Pedagogia da Faculdade de Educação/Unicamp, tem seguido, na medida do possível, uma direção que se compatibiliza com nossos ideais educacionais.

Em 1998, conseguimos, depois de uma longa batalha, extinguir a habilitação que formava professores para alunos com deficiência mental do Curso de Pedagogia da Faculdade de Educação da Unicamp.

Visto que a universidade tende a patologizar os excluídos das escolas, e a culpabilizá-los por essa condição, nossa atuação caminha no sentido de não aceitar explicações que generalizam esses casos, como vem sendo feito até então.

Pensamos que o acúmulo de conteúdos oferecidos pelos cursos de formação de professores e que visam o domínio de técnicas que encarceram as pessoas em rótulos, nomenclaturas, em práticas de ensino adaptados e decretados pelos manuais e aparatos educativos de todo o tipo precisam ser banidos e desmistificados. São esses conteúdos que encerram crianças, jovens e adultos em identidades impostas pelas especializações, técnicas de avaliação, pela literatura e produções acadêmicas e que os tornam os especiais, os excepcionais, os incapacitados, os que não são "normais" como nós!

A universidade, no caso da formação de professores de alunos com deficiências e/ou necessidades educacionais especiais, promove em suas aulas, disciplinas e créditos um ensino desmembrado nas didáticas e recursos especiais de ensino e nos estudos biomédicos e psicológicos, que mantêm os enfoques tradicionais de formação: parcelados, classificatórios, unidirecionais, desconectados entre si, dicotomizando o alunado em "normal" e "anormal", separando mentes e corpos nas salas de aula, nas escolas.

Nossa preocupação maior como formador é, pois, garantir aos futuros professores, assim como aos que já estão em serviço, uma identidade profissional que não é firmada na pseudocerteza de que encontrarão o aluno ideal na homogeneidade das salas de aula

O que pretendemos, em uma palavra, é formar profissionais que acolham o novo, presente em cada criança, porque são livres de preconceitos e comprometidos politicamente com a função social e cultural de ensinar, de produzir sentido, de construir conhecimento. Essa formação redefine o professor, redimensiona o saber docente impessoal, calcado no conhecimento técnico, nas especialidades, ressaltando o valor dessa profissão. Resgatar a importância do papel do professor é um propósito que perseguimos deliberadamente na docência de graduação e de pós-graduação na Unicamp.

O intuito de resumir neste texto a experiência do Leped teve como intenção, marcada pelo seu objetivo maior, qual seja, produzir conhecimento para fundamentar as escolas, de modo que possam receber, incondicionalmente, todos os alunos, garantindo-lhes a plenitude do direito a uma educação de qualidade. Temos progredido porque formamos uma equipe coesa, firmemente engajada em projetos que se distinguem por sua originalidade e ousadia ao pensar e fazer educação.

Sabemos da necessidade e da urgência de se enfrentar o desafio da inclusão escolar e de colocar em ação os meios pelos quais ela verdadeiramente se concretiza. Por isso, temos de recuperar o tempo perdido, arregaçar as mangas e promover uma reforma estrutural e organizacional de nossas escolas comuns e especiais. Ao conservadorismo dessas instituições precisamos responder com novas propostas, que demonstram a capacidade de nos mobilizarmos para pôr fim ao protecionismo, ao paternalismo e a todos os argumentos que pretendem justificar a nossa incapacidade de fazer jus ao que todo e qualquer aluno merece: uma escola capaz de oferecer-lhe condições de aprender, na convivência com as diferenças, e que valoriza o que consegue entender do mundo e de si mesmo.

As práticas escolares inclusivas são emancipadoras e reconduzem os alunos "diferentes", entre os quais os que têm uma deficiência, ao lugar do saber, de que foram excluídos, na escola ou fora dela.

A condição primeira para que a inclusão deixe de ser uma ameaça ao que hoje a escola defende e adota habitualmente como prática pedagógica é abandonar tudo o que a leva a tolerar as pessoas com deficiência, nas turmas comuns, por meio de arranjos criados para manter as aparências de "bem-intencionada", sempre atribuindo a esses alunos o fracasso, a incapacidade de acompanhar o ensino comum.

Para reverter esse sentimento de superioridade em relação ao outro, especialmente quando se trata de alunos com deficiência, a escola terá de enfrentar a si mesma, reconhecendo o modo como produz as diferenças nas salas de aula: se agrupando-as por categorias ou se considerando cada aluno o resultado da multiplicação infinita das manifestações da natureza humana e, portanto, sem condições de ser encaixado em nenhuma classificação artificialmente atribuída, como prescreve a inclusão. Essa conversão dará às escolas a medida de seus avanços com relação à inclusão e a compreensão clara de que os alunos aprendem das mais diferentes maneiras e nos mais diferentes tempos. E que ensinar não é submeter o aluno a um conhecimento pronto, mas prover meios pelos quais, com liberdade e determinação, ele possa construir novos saberes, ampliar significados, na medida seus interesses e capacidade. Envolve necessariamente libertar o aluno do que o impede de fazer o seu próprio caminho, pelas trilhas do conhecimento e de valorizar todo o seu esforço para aprender.

Referências

AINSCOW, M. (1999). **Understanding the development of inclusive schools**. London: Falmer Press.

ARSMSTRONG, F.; ARMSTRONG, D.; BARTON, L. (2000). **Inclusive education** – policy, contexts and comparative perspectives. London: David Fulton.

BOOTH, T.; AINSCOW, M. (1998). **From them to us:** an international study of inclusion in education. London: Routledge.

CERTEAU, M. de (1999). **A invenção do cotidiano** – Artes de fazer. 4. ed. Petrópolis: Vozes [Tradução de Ephraim Ferreira Alves].

HAAL, S. (2000). **A identidade na pós-modernidade**. 4. ed. Rio de Janeiro: DP&A [Tradução de Tomaz Tadeu da Silva e Guacira Lopes Louro].

MANTOAN, M.T.E. (1999). Teachers' education for inclusive teaching: refinement of institutional actions. **Revue Francophone de la Déficience Intellectuelle**, número especial, p. 52-54. Montréal/Québec.

MANTOAN, M.T.E. & VALENTE, J.A. (1998). Special education reform in Brazil: an historical analysis of educational polices. **European Journal of Special Needs Education**, 13 (1), p. 10-28.

MITTLER, P. (2000). **Working towards inclusion education** – social contexts. Londres: David Fulton.

MORIN, E. (2001). **A cabeça bem feita** – Repensar a reforma, reformar o pensamento. Rio de Janeiro: Bertrand.

_____ (s.d.). Educação e cidadania. In: PENA-VEGA, A.; ALMEIDA, C.R.S.; PETRAGLIA, I. (orgs.). **Edgar Morin**: ética, cultura e educação. São Paulo: Cortez, p. 149-167.

SANTOS, B.S. (1998). Um discurso sobre as ciências na transição para uma ciência pós-moderna. **Revista de Estudos Avançados**, mai.-ago. São Paulo: USP.

SILVA, T.T. (org.) (2000). **Identidade e diferença**: a perspectiva dos estudos culturais. Petrópolis: Vozes.

STAINBACK, S. & STAINBACK, W. (1984). A rationale for merger of special and regular education. In: **Exceptional Children**, 51 (2), p. 102-111.

WOODWARD, K. (2000). Identidade e diferença: uma introdução técnica e conceitual. In: SILVA: T.T. (org.). **Identidade e diferença**: a perspectiva dos estudos culturais. Petrópolis: Vozes, p. 7-72.

PRODUÇÃO CIENTÍFICA E INFORMAÇÃO

Maria de Fátima G.M. Tálamo
Roberto Brito de Carvalho

Introdução

Durante o século XX experimentamos uma grande mudança em todos os setores da vida decorrente da função e dos valores atribuídos à informação e ao conhecimento, especialmente o científico. Embora tenham tido papel importante na história da humanidade, é nesse século que suas presenças se tornam centrais em todas as reformas da sociedade.

De alguma forma qualquer atitude, qualquer decisão, qualquer interpretação, qualquer ação humana, enfim, dependem de alguma maneira da informação e do conhecimento. O que chama a atenção então não foram só a universalidade, a rapidez e a intensidade das transformações ocorridas no último século, mas a dependência que apresentaram da informação e do conhecimento. Essa centralidade pode ser observada em várias dinâmicas: da inovação, da comunicação e da educação, para citar apenas algumas.

No caso da educação universitária, por exemplo, verifica-se explosão numérica incomum de estudantes, o que propiciou a criação, em 1968, de um segmento com força social e política nada desprezível. A integração da informação e da ciência à mecânica da educação foi e está sendo uma construção complexa, com altos e baixos, acertos e erros, embora se associe sempre à construção de um contexto propício para a produção de um conhecimento que não pode ser adquirido exclusivamente pela experiência diária. Como praticá-la supõe necessariamente discutir o modo pelo qual informação e ciência integram a dinâmica da educação e suas diferentes formas históricas de expressão.

A abordagem que aqui se pretende fazer parte da premissa que o conhecimento científico experimentou várias formas de produção e usos – com diferentes agentes e beneficiários – até atingir a forma contemporânea que vivenciamos. Semelhante expressão decorre fundamentalmente do desenvolvimento institucional da ciência e da importância social que o conhecimento experimenta, dado sua integração contínua aos meios de comunicação sócio-educacionais. Nesse sentido, pode-se observar que a atual sociedade caracteriza-se sobretudo pela presença de uma cultura científica que, embora presente, nem sempre é reconhecida.

Ciência, informação e educação

Formar guerreiros era o objetivo geral da educação na Antigüidade. Agogê ou treinamento era o sentido atribuído à formação, já que dela dependia a função fundamental de defesa da sociedade. Por isso, cabia ao estado promover tal forma de educação. As habilidades intelectuais exigidas para tanto não iam além da memorização e da repetição. Isso induz a conclusão de que a formação não se encontrava associada à geração de conhecimento, não sendo então necessário um efetivo e manifesto sistema informacional de apoio a ela.

À época o sistema investigativo propriamente dito encontrava-se instalado no Museu de Alexandria. É nele que acontecia a reunião dos estudiosos consubstanciada em ações cooperativas em torno de orientações metodológicas para a produção de conhecimento. A biblioteca nele instalada – a famosa Biblioteca de Alexandria – contribuiu de modo decisivo para o avanço do conhecimento. Reunindo cerca de 700 mil pergaminhos, ela dispõe o fundamento informacional para o desenvolvimento da investigação, da produção do que se entendia por ciência. Em torno da biblioteca desenvolviam-se, por poucos agentes, a produção do conhecimento. Para isso concorriam operações como a distinção das obras apócrifas das autênticas, a crítica de textos, a tradução, a coleta e guarda de pergaminhos.

Nesse sentido, o funcionamento do museu assemelhava-se ao de uma universidade – embora essa palavra só fosse cunhada posteriormente na Idade Média. De fato, nele identificam-se os elementos próprios para a investigação: o intelecto, as fontes de informação, o trabalho cooperativo e metodológico. Ressalta-se ainda que a investigação não tinha um compromisso evidente com o uso do conhecimento: acredita-se que o funcionamento do museu, incluídos aí os gastos relativos ao pessoal, corria por conta do rei. A investigação era, portanto, absolutamente autônoma. Caracteriza-se, portanto, tal autonomia, não só como distância física mas também cognitiva: o funcionamento da sociedade não se via impregnado pelo conhecimento.

De fato, como o conhecimento não integrava fluxos informacionais amplos, o que ocorreria, por exemplo, caso marcasse presença efetiva na formação, pode-se dizer que ele padecia de um certo confinamento: praticamente havia identidade entre os seus produtores e os seus beneficiários. Apesar de ao conhecimento ser atribuído valor positivo – lembre-se de que a sua produção era financiada – o mesmo não gozava de visibilidade social, significando que o conhecimento não só era autônomo, mas também não dispunha de canal de circulação evidente e permanente com a experiência educacional.

Tanto isso é verdade que a Biblioteca de Alexandria nutre o imaginário social muito mais pela paixão pelo acúmulo do que pelo reconhecimento do que nela está. Aliás, o que nela encontrava-se armazenado constitua o efetivo insumo do processamento do conhecimento, um dos vértices para o funcionamento do sistema investigativo do museu.

Do mesmo modo é pouco lembrada a difícil prática dos estudiosos do museu. Sobre os pergaminhos realizava-se um complexo exercício interpretativo através da tradução, leitura e discussão (CHARTIER, 1998). Para além dele e por ele subsidiado, tinha-se a produção de novos textos. O aspecto produtivo da manipulação interpretativa dos textos é algo até certo ponto relegado a um segundo plano. O que passa para a história é a existência de uma separação entre leitor e texto que confere a esse último um caráter estático e valor absoluto.

Outras significações ainda hoje associadas à informação e ao conhecimento tiveram também suas motivações no caráter ambíguo atribuído naquele período à informação e ao conhecimento. Talvez a Biblioteca de Alexandria tenha causado mais admiração pelo que dava a entender, já que o acesso a ela era restrito, pelo que de fato nela ocorria. Não raro se afirma que nela livros secretos – que conferiam poderes a quem os lesse – eram guardados, induzindo-se a associação mais atual entre poder, conhecimento e informação. Em síntese ciência e informação estavam circunscritas ao universo pessoal – ambas não eram nem da sociedade e nem para a sociedade.

Sob a tutela da Igreja, na Idade Média, educar relacionava-se fortemente à formação do crente: supunha-se alcançar a verdade divina por meio de uma pedagogia repressiva. Ler e copiar continuam a ser os instrumentos de aprendizagem. A par disso, a produção do conhecimento expande-se no Oriente Médio, seguindo o mesmo padrão de independência da educação. Tal expansão, consubstanciada nas traduções dos textos antigos e no desenvolvimento da pesquisa de diferentes domínios científicos, como a matemática, a astronomia e a medicina, contribuiu para a redescoberta que a Europa faria dos textos gregos ao final da Idade Média.

Com as primeiras universidades no século XI, inicia-se, ainda que de forma bastante tímida, uma nova concepção de conhecimento associada ao seu uso na formação. Parcela bastante limitada da população – como os clérigos – pôde contar com o ensino da teologia e artes em Paris, do direito em Bolonha e da lógica e teologia em Oxford. Em termos gerais, o objetivo fundamental dessas universidades era o de preservar a cultura tradicional, fortemente impregnada pelo sentido religioso.

Durante a Antigüidade e a Idade Média conhecimento, informação e educação desenvolvem-se de forma autônoma. O "saber sábio", próprio da gênese do conhecimento, não se encontrava transposto nos conteúdos do ensino, uma vez que não pactuavam objetivos semelhantes. Fortemente impregnada pela idéia privada do conhecimento e do poder que este conferia, sua base de produção, relacionada com o estudo dos documentos, era motivo de regulações e restrições de várias ordens. Por exemplo, em Alexandria, o catálogo da biblioteca era "constituído de cento e vinte rolos" (CHARTIER, 1998: 118), o que exigia operações manuais complexas. Aqui se reconhece a relação entre complexidade, entendida como dificuldade, e conhecimento, relação que possivelmente contribuiu para a idéia amplamente disseminada junto aos cidadãos comuns de que o conhecimento, bem como todo o aparato que o envolve, era algo circunscrito a ambientes reclusos onde apenas poucos sábios sisudos transitavam.

Para além da dificuldade física para a manipulação dos documentos, consolida-se na Idade Média a idéia da preservação e da imutabilidade do conhecimento, ainda bastante vinculada à sua verdade, cuja expressão inequívoca se dá nos regulamentos de uso das bibliotecas. Com a ampliação do público das bibliotecas, propiciado pela criação das universidades, a regulamentação para o acesso a elas combinava critérios de diferentes naturezas, impondo-se por vezes contradições entre o valor do conhecimento estocado, a biblioteca, e a expansão da sua circulação afirmada na criação das universidades. Por exemplo, o grande e inoportuno número de estudantes era considerado prejudicial, tendo em vista o propósito da própria biblioteca: dada "a demasiada concorrência de pessoas barulhentas, a universidade estabeleceu e decretou que ninguém, salvo os graduados e os religiosos depois de oito anos de estudo da filosofia", poderá nela estudar (PEDRERO-SÁNCHEZ, 2000: 187).

Ainda para uma melhor proteção dos livros, já que a posse desses livros representava a posse do conhecimento, vinculava-se a entrada na biblioteca, já restrita aos graduados, ao juramento que "pegarão nos livros que consultarem honestamente, não lhes infligindo qualquer dano ou prejuízo com rasuras e estragos nos cadernos ou fólios". Paralelamente, eram estabelecidos mecanismos de subsídio à educação para "evitar que os pobres cujos pais não podem contribuir para o seu sustento percam a oportunidade de estudar e progredir" (PEDRERO-SÁNCHEZ, 2000: 181). De algum modo observa-se aí o esforço para compatibilizar ações difíceis de serem harmonizadas à época: o direito de acesso ao conhecimento e a necessidade de preservá-lo.

Pelo menos duas condições, à época, foram propícias para a alteração dos modos de codificação e decodificação do conhecimento: a revolução do impresso e a Revolução Científica.

O conhecimento que durante séculos fora acumulado, estudado diretamente na sua forma de registro original, passa de adjuvante a protagonista. As tarefas para usar o conteúdo registrado – embrião do que seria denominado informação – para produção do conhecimento, antes de Gutemberg, eram tão complexas que impunham por si sós o monopólio do próprio conhecimento.

Esse se via reiteradamente represado pelo compromisso da educação com o treinamento. Além da criação das universidades, a revolução de Gutenberg também significou um grande avanço no estabelecimento de acesso ao conhecimento. Até 1450, aproximadamente, copiava-se o texto à mão; com os tipos móveis e a prensa, altera-se a relação com o livro. Ter o conhecimento não se confunde mais com a posse do livro, essa é a conseqüência da tecnologia da imprensa. No entanto isso não se concretiza de forma imediata. A revolução do impresso foi de fato bastante lenta: existe uma continuidade entre a cultura do manuscrito e a cultura do impresso, de modo que os usuários – no caso leitores – valiam-se de formas sobrepostas para enfrentar o texto (CHARTIER 1998: 9).

A par disso, sob a cultura do impresso, as publicações crescem de forma exponencial. A multiplicação dos registros permite um trânsito mais amplo dos seus conteúdos e, ao mesmo tempo, estabelece uma forma de comercialização do conhecimento.

A esse aspecto quantitativo associa-se uma alteração na forma de registro do conhecimento, já que algumas publicações não cabem nas classificações tradicionais. No século XVII, como decorrência da proliferação de livros sobre política, começam a surgir bibliografias temáticas. Alteram-se não só as fronteiras intelectuais – das áreas para os temas –, mas também as formas de codificação: primárias para os livros e secundárias para o livro de consulta – as bibliografias. Exemplos dessas últimas são o *De studio político ordinário*, de autoria do acadêmico alemão Colerus, em 1621, e a *Bibliographia Política*, do bibliotecário francês Gabriel Naudé, publicada em 1633. Os catálogos também começam a proliferar, de modo que mais um traço se acrescenta ao universo do conhecimento: formas de codificação para acesso – a idéia de informação entendida como organização deliberada do conhecimento para uso começa a ganhar espaço.

A circulação do conhecimento, sua difusão informacional, seja em catálogos, em bibliografias, ou no espaço universitário, constituiu um importante adjuvante para o questionamento do controle do conhecimento historicamente consolidado.

A Revolução Científica, no século XVI, rompe de maneira efetiva com os procedimentos esotéricos de produção e circulação do conhecimento. Os partidários desse movimento do século XVII, entre os quais destacam-se Galileu e Newton, defendiam a idéia da inserção de conhecimentos alternativos nos conteúdos escolares. Segundo Ornstein (apud BURKE, 2002: 43), "à exceção das escolas médicas, as universidades pouco contribuíram para o avanço da ciência". Novas universidades, com concepções diferentes das tradicionais, foram então abertas; organizações e associações científicas foram fundadas: Accademia del Cimento em Florença, a Royal Society de Londres e a Academie Royale des Sciences de Paris.

Observa-se, portanto que ao longo da história o conhecimento vai se transformando de objeto de estoque para conteúdos inscritos em fluxos, em diferentes espaços de comunicação, integrando uma mecânica de formulação cujo vértice no uso impulsiona sua produção crescente. Já no século XVII, o conhecimento técnico e científico acumulado era praticamente impossível de ser manipulado diretamente nos seus registros originais – o livro. Dada a forma de como o conhecimento científico vinha se institucionalizando – a especialização –, o seu crescimento passa a demandar outras formas de registro e, em 1665, surgem as primeiras revistas dedicadas inteiramente à ciência, *The Philosophicol Transactions of the Royal Society of London* e o *Journal des Savants* na França.

As duas revoluções mencionadas acabam por consolidar a separação entre a fé e a razão e o registro do conhecimento da sua posse. Anunciam uma transformação técnica sem precedentes, cujo auge se daria com a instalação do paradigma da ciência moderna. Neste mesmo período, no contexto da revolução científica levada a cabo por Copérnico, Galileu e Newton, a Ciência Moderna encontra as condições embrionárias favoráveis para sua instalação e desenvolvimento nos séculos subseqüentes.

A Ciência Moderna: a ciência para a sociedade

O paradigma da Ciência Moderna, calcado na oposição entre a ciência e as letras, consagra-se na organização das faculdades na França. No período compreendido entre os séculos XVI e XVII, organiza-se um sistema de idéias, de instituições e de práticas que conduzem o processo de investigação responsável pela geração do conhecimento científico. Forja-se um modelo de racionalidade poderoso com base no método como protagonista da redução da complexidade que separa o objeto da pesquisa do pesquisador e do seu contexto, fundamentado na decomposição do todo em suas partes e na noção de causalidade, de modo que, ao retornar da redução empreendida, se possa controlar, predizer e explorar o que se pretendia conhecer. De fato, a racionalidade moderna prioriza a funcionalidade do conhecimento. Erige-se, então, a ciência neutra, objetiva e descompromissada, a Ciência Moderna, responsável não só por grandes transformações técnicas, mas também sociais.

A Ciência Moderna reconhecia dois tipos de conhecimento: o científico e o não-científico. O conhecimento não-científico era composto pelo senso comum e os estudos humanísticos. Já o conhecimento científico desconfia sistematicamente das evidências que estejam na base do conhecimento não-científico. A racionalidade científica passa a ser um modelo totalitário, em função de princípios epistemológicos e regras metodológicas rígidas. O conhecimento produzido pela ciência torna-se o único conhecimento válido.

O paradigma dominante, de forma simplista, consistia na observação e na experimentação que levavam a idéias mais claras, e essas idéias claras significavam conhecimento mais profundo, por serem idéias matemáticas, quantificáveis. Descartes é um dos nomes que melhor representa tal paradigma. Naquele momento, a matemática fornece um instrumento privilegiado de análise e passa a ser a lógica das investigações. Como conseqüência dessa visão, conhecer passa a ser quantificar, ou seja, o rigor científico passa a ser o rigor das medições, e conhecer significa dividir e classificar para depois estabelecer relações sistemáticas, o que leva a um método científico que provoca uma redução da complexidade.

O conhecimento na Ciência Moderna estará pautado na formulação de leis calcadas na ordem e estabilidade dos sistemas. As leis da Ciência Moderna vão privilegiar o conceito de causalidade (como funciona? Qual o agente, qual o fim?), pautadas no entendimento de que o passado se repete no futuro, a idéia de Mundo-Máquina, ou Mecanicismo.

A racionalidade científica esteve presente também no grande projeto reformulador da sociedade – o Iluminismo – consubstanciada na idéia de que no conhecimento científico – a ciência – e na educação encontravam-se os instrumentos para a construção de uma sociedade mais justa e democrática. Os desdobramentos da Modernidade na sociedade a partir da abertura das bibliotecas e museus empreendida na Revolução Francesa deram-se de modo direto na secularização da arte e da cultura e na educação – que passa a ser crescentemente entendida como direito – a quem caberia propagar a nova racionalidade.

A idéia de que a produção do conhecimento se vale do método e do re-uso do próprio conhecimento desenvolve-se e ganha impulso com o desenvolvimento tecnológico. Para dar conta da articulação entre informação e conhecimento, Bush lança em 1945 as premissas de uma máquina informacional que denomina Memex (*Memory Extension*). Uma vez que os meios de recuperar o conhecimento não se expandem na mesma proporção do seu crescimento vertiginoso, Bush procura no modo associativo do funcionamento da mente humana uma possível solução para a questão considerada estratégica para o desenvolvimento da ciência. O Memex, ao mesmo tempo em que armazena informações, permite combiná-las. De modo específico, ele se apresenta como um dispositivo mecânico que permite ao indivíduo estocar todos os seus arquivos – livros, anotações, artigos etc. –, consultá-los, reproduzi-los, registrar e elaborar textos próprios e estabelecer contatos com membros da comunidade.

A situação descrita reflete, sem dúvida, a expansão das fronteiras intelectuais: a geração de conhecimento passa a ser ditada pela investigação e pelo avanço das tecnologias que permitem acessá-lo e utilizá-lo. O processamento do conhecimento em informação é a base para o seu próprio desenvolvimento. A informação resulta justamente das operações sobre os conteúdos dos registros do conhecimento, codificando-os de diferentes formas: bibliografias, resumos documentários (*abstracts*), índices, bases de dados, catálogos manuais ou eletrônicos.

O conhecimento funcional do mundo propiciado pela Ciência Moderna nos legou benefícios indiscutíveis, alargando "extraordinariamente as nossas perspectivas de sobrevivência" (SANTOS, 1985: 53).

A cultura científica: da ciência para a sociedade para a ciência da sociedade

Durante a primeira metade do século XX, a ciência participou de modo ativo da construção da nossa visão de mundo. A certeza de que o conhecimento moderno, utilitário e funcional, construído durante quatro séculos, fosse a única forma de inteligibilidade do mundo começa a desmoronar na segunda metade do século passado, quando então a humanidade assiste ao poder destrutivo do conhecimento que prometia bem-estar crescente. A ciência que se desenvolveu segundo uma lógica interna, que ampliou a vida humana e ajudou a ganhar a segunda guerra, passa a acumular desde então uma "sucessão de desastres...: vazamentos de resíduos poluentes, acidentes nucleares em reatores civis e de transportes militares, envenenamentos por produtos farmacêuticos, derramamentos de petróleo, etc. (SANTOS et al., 2004: 14). "Sob a visão mecânica de mundo que a forjou, esta ciência indiferente às dimensões humana, social e ecológica se transformou numa ciência sem consciência que anunciou uma relação prática com a sociedade intermediada pela tecnologia". A partir de então, a sociedade, que participara como receptora do conhecimento que só prometia benefícios, reconhece o conhecimento como processo inerentemente social.

Contribui sem dúvida para essa concepção social do conhecimento a idéia de informação como tradução do conhecimento. Embora semelhante idéia tenha se desenvolvido no contexto da própria geração do conhecimento científico, é, no século XX, que a informação passa a ganhar visibilidade no espaço da circulação social, assegurando que o público possa acessar os estoques de conhecimento através de formas sintéticas que o representem. Ao largo dessas formas não se pode conceber o modo de desenvolvimento informacional utilizado pela ciência contemporânea, cuja característica é a de aplicar conhecimentos sobre os próprios conhecimentos como principal fonte de produção.

Em meados do século XX, passamos a ter condições teóricas e sociológicas para que uma nova ordem científica pudesse emergir. Para tornar mais claras essas condições, destacam: a distinção entre Ciências Naturais e Ciências Sociais deixa de fazer sentido, pois tal distinção se assenta numa concepção mecanicista que se contrapõe ao ser humano, sociedade e cultura; as Ciências Sociais terão de recusar toda forma de positivismo lógico ou empirista, no entanto, passam a ser o pólo catalisador que irá operar com as Ciências Naturais, uma vez que há uma vocação antipositivista, voltada para uma tradição complexa, pragmática, hermenêutica, fenomenológica, interacionista, entre outras. Os estudos passam a ser temáticos e deixa de haver uma distinção hierárquica entre conhecimento científico e senso comum.

As Ciências Naturais começam a se aproximar das Ciências Sociais, tornando-as a marca da Pós-Modernidade. Isto fez com que o conhecimento que avançava pela especialização na Ciência Moderna passasse a ser indiviso, total, no paradigma emergente. Sendo total, ele também é local, constituído por temas escolhidos por grupos sociais. No paradigma dominante da Ciência Moderna tínhamos uma fragmentação disciplinar, enquanto que no paradigma emergente as questões passam a ser temáticas. Dessa forma, o conhecimento deixa de ser determinístico ou descritivista para se dar de acordo com as condições de possibilidade, sendo imetódico e com uma grande pluralidade metodológica.

Para essa questão complexa, algumas propostas estão sendo enunciadas, sem que, no entanto, pretendam esgotá-la. De fato, não se trata mais de explicar uma parcela do mundo, mas antes de resgatar a integridade do conhecimento voltado para sua apropriação pela sociedade. O que está posto é, portanto, que a produção do conhecimento – a pesquisa, em especial – é um ato da cultura e, como tal, encontra-se inserido na sociedade.

O paradigma contemporâneo de produção da ciência pode ser entendido a partir de uma dinâmica entre dois conjuntos de regras que dão conta simultaneamente da centralidade do conhecimento na sociedade e da substituição do vértice explicativo pelo compreensivo, largamente sustentado pelas noções de sistema e interdisciplinaridade, na produção da ciência. O primeiro conjunto constitui o dispositivo de produção do conhecimento, distribui as condições, problemas, equipamentos e os atores do processo de investigação, inclui as **regras distributivas** que garantem a sustentabilidade e desenvolvimento da estrutura do conhecimento. O segundo conjunto constitui um dispositivo que integra fluxos de informação resultantes das diferentes formas de organização do conhecimento, inclui as **regras contextualizadoras**. Esse dispositivo tem um funcionamento seletivo próprio da comunicação que lhe permite promover a apropriação social do conhecimento, segundo diferentes contextos e codificações.

Têm-se então articulados os dispositivos que respondem pela estrutura do conhecimento – produção da ciência – e pela organização informacional do conhecimento – circulação da ciência. Não interessa nesse patamar identificar todos os elementos e atores do processo, pois o foco não está na sua natureza física, mas nas relações que se estabelecem para sustentar a dinâmica de produção e assimilação social do conhecimento.

Semelhante processo, sob a ótica do seu funcionamento, institui um mecanismo de memória coletiva. De um lado, na entrada, tem-se o conhecimento que, uma vez tratado em um veículo que o diminui, materializa-o, sintetiza-o, tornando-o enfim concreto – informação –, encontra-se disponibilizado, acessível e manifesto em diferentes mapeamentos codificados que integram a base de produção de conhecimento.

Na sua tradução como informação, o conhecimento encontra-se, na sociedade contemporânea, mapeado por diferentes codificações: nos congressos científicos, na mídia, na escola, nos equipamentos culturais. De forma específica, a tarefa proposta à ciência pós-moderna consiste na transformação do conhecimento científico em conhecimento coletivo. Nesse sentido, a sociedade deixa de ser apenas receptora e passa a integrar a própria lógica de geração do conhecimento. A premissa de tal mecanismo é que "o conhecimento relevante é socialmente gerado e apropriado no contexto de sua aplicação (dimensão prática) e implicações (dimensão ética). Uma ciência com consciência, segundo Morin" (SANTOS et al., 2004: xiii).

Referências

BURKE, P. (2003). **Uma história social do conhecimento**: de Gutenberg a Diderot. Rio de Janeiro: Zahar.

BUSH, V. (1945). As we may think. **Atlantic Monthly**, vol. 176, n. 1, p. 101-108 [http://www.theatlantic.com/unbound/flashbks/computer/bushf.htm – Acesso em 08/03/2005].

CHARTIER, R. (1998). **A aventura do livro**: do leitor ao navegador. São Paulo: Unesp.

GRANGER, G.-G. (1994). **A ciência e as ciências**. São Paulo: Unesp.

KUHN, T. (s.d.). **A estrutura das revoluções científicas**. São Paulo: Perspectiva, p. 29-67, 145-172, 254-257.

LARA, M.L.G. de (2002). O processo de construção da informação documentária e do processo do conhecimento. **Perspectivas em Ciência da Informação**, vol. 7, n. 2, jul.-dez.

PEDRERO-SÁNCHEZ, M.G. (2000). **História da Idade Média**: textos e testemunhas. São Paulo: Unesp.

ROBREDO, J. (2003). **Da ciência da informação revisitada aos sistemas humanos de informação**. Brasília: Thesaurus.

SANTOS, B.S. (1987). **Um discurso sobre as ciências**. Porto: Afrontamento.

SANTOS, L.W. et al. (2004). **Ciência, tecnologia e sociedade**: o desafio da interação. Londrina: Iapar.

SHERA, J.H. (1980). Sobre biblioteconomia, documentação e ciência da Informação. In: GOMES, H.E. (org.). **Ciência da Informação ou Informática?** Rio de Janeiro: Calunga, p. 91-105.

TÁLAMO, M.F.G.M. & SMIT, J.W. (2006). Documentation – La mémoire et lês systèmes d'information. **Sciences de la Societé**, 68.

WALLERSTEIN, I. (2003). As estruturas do conhecimento ou quantas formas temos nós de conhecer? In: SANTOS, B.S. (org.). **Conhecimento prudente para uma vida decente**. São Paulo: Cortez, p. 123-129.

Gênero – educação: uma contribuição ao diálogo
Saberes e sabores a interrogar a ciência

Tânia Mara Sampaio

A presente reflexão visa identificar *aportes* das concepções de gênero na perspectiva de compor os instrumentais de análise na área da Educação bem como seus desdobramentos para a interlocução com outras áreas e campos de conhecimento, a exemplo da Educação Física e do Lazer. O propósito é instaurar a discussão sobre os paradigmas que orientam a socialização do saber acumulado, a produção de conhecimentos novos e os parâmetros que definem a relevância social da produção acadêmica e a intervenção que se realiza.

A conhecida afirmação de Simone de Beauvoir "Ninguém nasce mulher: torna-se mulher", no seu O *segundo sexo*, provocou um deslocamento da naturalização da condição feminina construída nos séculos XVIII e XIX e abriu um leque de possibilidades para pensar que a construção de identidade de gênero não tem uma fixa possibilidade localizada entre o binômio masculino e feminino. A perspectiva de que há uma essência feminina que justifica e legitima a condição de inferioridade das mulheres em relação aos homens, por longo período na história, tem sido paulatinamente des-construída pelos processos não apenas de luta por seus direitos, mas pela revisão das bases nas quais se alicerçam as várias áreas de conhecimento. Segundo Judith Butler (1988, p. 130, 131):

> Gênero é como uma maneira contemporânea de organizar normas culturais passadas e futuras, um modo de a pessoa situar-se em e através destas normas, um estilo ativo de viver o corpo no mundo. [...] Tornar-se um gênero é um impulso e ainda assim atento processo de interpretação da realidade cultural carregada de sanções, tabus e prescrições.

A proposta analítica pretendida depende de que gênero seja compreendido como referencial de análise que se baseia nas concretas relações sociais e que estrutura o cotidiano de vida e de produção do conhecimento das pessoas por meio de um complexo movimento relacional.

A contribuição dos estudos de Gênero na produção feminista significa superar a concepção que isola a mulher como categoria específica e exige que a relação mesma entre homens e mulheres seja o foco da análise. O eixo fundamental é o de identificar as estruturas de poder e controle imbricadas nas relações e seu respectivo reflexo na produção e reprodução do saber. Maria Luiza Heilborn (1992, p. 101) chama a atenção para equívocos e reducionismos ao dizer que:

> Passou-se a estudar mulher em tudo quanto é lugar e sob os mais diferentes ângulos. Depois de examinar a presença feminina, passou-se agora a falar em gênero. Do sexo passou-se ao gênero, mas a categoria tem sido usada sem a percepção do alcance que deve ter como imbricada a um sistema relacional, ou de que, se mantém algum vínculo com base anatômica, sua principal utilidade está em apontar e explorar a dimensão social que, em última instância, é o que importa quando se faz antropologia.

Nesse sentido, a concepção das relações sociais de gênero apresenta-se como um novo paradigma, capaz de não simplesmente visibilizar mulheres e/ou grupos oprimidos, mas de iluminar as descobertas sobre a estruturação das opressões e dos jogos de poder que organizam discursos normativos e estabelecem controles sociais. Mais do que um encontro entre histórias de vida, esse jeito de ler a realidade demarca uma nova trajetória dos paradigmas de construção dos conhecimentos e de decodificação dos discursos que permeiam a cultura. Lia Zanotta Machado (1998, p. 108) estabelece algumas balizas importantes ao afirmar que:

> [...] podemos falar da construção de um novo paradigma metodológico pelas análises de gênero. Em primeiro lugar, porque se está diante da afirmação compartilhada da ruptura radical entre a noção biológica de sexo e a noção social de gênero. Em segundo lugar, porque se está diante da afirmação do privilegiamento metodológico das relações de gênero, sobre qualquer substancialidade das categorias de mulher e homem ou de feminino e masculino. E em terceiro lugar, porque se está também diante da afirmação da transversalidade de gênero, isto é, do entendimento de que a construção social de gênero perpassa as mais diferentes áreas do social. Estes me parecem os três pilares que permitem diferenciar a proposta paradigmática dos estudos de gênero frente à proposta metodológica dos estudos sobre mulheres.

Os estudos mediados pela categoria de gênero evidenciam os processos normativos de construção do saber visando a des-naturalização de processos que são socialmente construídos e a identificação analítica das relações sociais de poder. Na perspectiva de Heleieth Saffioti (1987), o acesso crescente da mulher no processo de educação formal em diversos níveis não é suficiente para que haja eqüidade em termos de inserção nas atividades profissionais, na produção de conhecimento e na participação mais efetiva nos espaços de poder. Este é um processo histórico em construção que transcende a questão de gênero e articula-se com classe e etnia.

As teorias de gênero apontam para a perspectiva das relações sociais assimétricas entre homens e mulheres em virtude de ser o gênero uma construção social e histórica baseada na percepção do sexo anatômico, e é o campo primordial por meio do qual as relações de poder são articuladas, segundo Joan Scott (1991). Além de assumir que não existe uma homogeneidade nos grupos sociais de homens e mulheres, é importante perceber que outras dimensões se articulam às de gênero, como é o caso das dimensões étnicas e de classes sociais que complexificam os processos de relações hierárquicas de poder. "É de extrema importância compreender como a *naturalização* dos processos socioculturais de discriminação contra a mulher e outras categorias sociais constitui o caminho mais fácil e curto para legitimar a 'superioridade' dos homens, assim como as dos brancos, a dos heterossexuais, a dos ricos" (SAFFIOTI, 1987, p. 11).

Gênero e seus pressupostos na construção do saber

O propósito de mapear as relações sociais de gênero, na multiplicidade dos movimentos cotidianos, é uma tomada de posição teórico-metodológica. Esta, por sua vez, incide em uma atitude de ruptura epistêmica com as pretensões de neutralidade na produção do conhecimento. A perspectiva que ora se propõe não está desprovida de pressuposições e influência do contexto de quem procede a tarefa da reflexão; tampouco o estão as outras leituras com as quais qualquer discurso teórico estabelece diálogo e confronto. A reflexão de gênero implica, segundo Guacira Louro (1997), estudar um campo desconhecido e aceitar certo desconforto de ter certezas provisórias e inscrever no próprio processo de investigação a autocrítica constante, de forma que provoque a mobilização e não o contrário.

As construções de saber são datadas, contextualizadas, sexuadas, racificadas, socialmente classificadas e implicam relações de poder que precisam ser identificadas para desencadear processos de des-construção e construção. "Produção do saber e exercício do poder, longe de se constituírem em esferas estanques e separadas, aparecem historicamente indissociadas" (NUNES, 1995, p. 10). A correlação evidente entre poder e saber traz consigo, portanto, a pergunta pelo método de construção do conhecimento e seus pressupostos básicos.

O marco teórico em que se inscreve a concepção de um sujeito identificado com a escolha do objeto e do método de trabalho reafirma a neutralidade como um mito, segundo Hilton Japiassu (1981), trazendo também à tona o questionamento de uma objetividade pura para se associar aos estudos que afirmam ser a *objetividade situada* a única concebível. Além de ser datada, sexuada e racificada, implica tanto eliminar as dualidades sujeito-objeto, objetividade-subjetividade, racionalidade-emotividade, público-privado, pessoal-político etc., como questionar o caráter genérico, universal e atemporal das hermenêuticas e dos conhecimentos. Ao associar este debate ao de gênero, Ivone Gebara (2000, p. 115) reitera que:

> [...] a questão de gênero nos leva a uma crítica do universalismo das ciências humanas [...] as afirmações que diferentes ciências humanas fizeram sobre vários assuntos, freqüentemente foram apresentadas como sendo do "humano", quando na realidade elas se referem, sobretudo, à experiência masculina, aliás muitas vezes limitada ao mundo ocidental. A teoria universal é uma teoria masculina e centralizada nos lugares de poder dominante e nas relações sociais ligadas a poderes.

Com base nesses pressupostos de contextualização da objetividade da tarefa analítica, não é estranho admitir a subjetividade como parte integrante do método, resguardando-o da falácia de uma produção de conhecimento capaz de atingir concepções totalizantes e absolutas. A dinâmica objetividade-subjetividade significa assumir que quem produz o saber imprime aí seus condicionamentos pessoais e compromissos diante da realidade; por conseguinte, a escolha do objeto, método e categorias trazem essa marca. Todavia, é preciso considerar que admitir a subjetividade não significa assumir uma relativização total de métodos e resultados. Não se trata, tampouco, de cada um dizer o que pensa a respeito, nem de legitimar qualquer tipo de interpretação. Admite-se aqui a subjetividade como integrante do método e integrada ao arcabouço científico que possibilita a análise e a produção de saber. Pierre Bourdieu (1995) nos faz lembrar que as diferenças de gênero estão inscritas há milênios na objetividade das estruturas sociais e na subjetividade das estruturas mentais.

O que conduz a investigação, baseado na categoria de gênero, é o propósito de superar a dicotomia entre o concreto das relações humanas e os raciocínios abstratos das formulações científicas ou acadêmicas. Daí a opção por um trabalho de aproximação do cotidiano, privilegiando-se as relações sociais de poder presentes na dinâmica movimentação dos corpos para afirmar tanto a sua própria existência no mundo, como afirmar as demais existências que lhes animam.

Gênero uma construção histórico-cultural

O debate acerca do caráter fundamentalmente social das distinções baseadas no sexo adverte para a compreensão de que a dimensão de sexo não se restringe ao aspecto puramente biológico, mas transita nas construções sociais. Este dado nos permite não naturalizar processos de caráter histórico, interpondo-se aqui a categoria gênero como algo distinto de sexo. Maria Lygia Quartim de Moraes (1998, p. 103) afirma que:

> A expressão relações de gênero, tal como tem sido utilizada no campo das ciências sociais, designa, primordialmente, a perspectiva culturalista em que as categorias diferenciais de sexo não implicam reconhecimento de uma essência masculina ou feminina, de caráter abstrato e universal, mas, diferentemente, apontam para a ordem cultural como modeladora de mulheres e homens. Em outras palavras, o que chamamos de homem e mulher não é o produto da sexualidade biológica, mas sim de relações sociais baseadas em distintas estruturas de poder.

Percebe-se, dessa maneira, que gênero e suas diferenças não se expressam apenas no aspecto biológico, mas são culturalmente construídas a despeito de sua aparente naturalidade. Ivone Gebara (2000, p. 107) afirma que "o biológico humano é um biológico cultural, um biológico que não existe independentemente de nossa realidade social, comunitária e da alteridade vivida por cada pessoa. Não há meio de isolar o biológico humano e de exprimi-lo como um fato independente do conjunto da realidade humana".

A esta concepção corrobora o pensamento de Guacira Louro (1997) ao afirmar que as separações de sexos ou dos corpos são produzidas na cultura, impostas e ensinadas por meio de muitas instituições e práticas, que foram aprendidas e interiorizadas, tornando-se aparentemente naturais. Ou, segundo Edgard Morin (2001, p. 40), "O ser humano nos é revelado em sua complexidade: ser, ao mesmo tempo, totalmente biológico e totalmente cultural".

A percepção do sexo anatômico de uma criança, logo após o seu nascimento, não necessariamente corresponderá ao seu gênero. As matrizes de gênero desenhadas nas culturas e processos históricos têm força de imprimir aos corpos algo que transcende sua anatomia (SAMPAIO, 2002). Um dos marcos significativos no avanço das reflexões a esse respeito está na compreensão de Joan Scott (1991) ao dizer que o sexo é o que *percebemos* do sexo anatômico. A partir de tal "percepção" as diferentes esferas socioculturais iniciam o processo de socialização/culturalização desses corpos com base nas imagens do masculino e do feminino disponíveis na cultura. O corpo masculino é vestido de azul e o feminino de cor-de-rosa nos primeiros dias de vida sinalizando a "esperada" construção da identidade de gênero em base dos padrões normativos. Nas palavras de Daniela Auad (2003, p. 57),

> Gênero também é o conjunto de expressões daquilo que se pensa sobre o masculino e o feminino. Ou seja, a sociedade constrói longamente, durante os séculos de sua história, significados, símbolos e características para interpretar cada um dos sexos. A essa construção social dá-se o nome de "relações de gênero". Por causa do modo como as pessoas percebem os gêneros masculino e feminino na sociedade é que se espera uma série de coisas tanto dos homens quanto das mulheres.

Gênero precisa ser compreendido como uma categoria de análise, assim como uma categoria histórica. As sociedades elaboram imagens vinculadas à masculinidade e à feminilidade, sendo estas construções datadas e contextualizadas. Atualmente, ao assumir a reflexão de gênero, é fundamental considerar a pluralidade ao tratar do feminino e do masculino. As ações humanas não são apenas fruto de decisões racionais, mas se estruturam a partir do imaginário social com seus simbolismos que subsistem nas culturas. "São produções de sentido que circulam na sociedade e permitem a regulação dos comportamentos, de identificação, de distribuição de papéis sociais" (TEVES, 2000, p. 190). Isto cria um complexo mecanismo de construção do saber com características de algo "natural" e aparência de imutabilidade a ser desvelado por uma atitude científica de suspeita e superação epistemológica.

A perspectiva de que a cada anatomia sexual corresponde uma identidade de gênero torna-se cada vez mais necessário ser discutida. Se considerarmos na perspectiva afirmada por Scott (1991, p. 14) que "gênero é um elemento constitutivo de relações sociais baseado nas diferenças percebidas entre os sexos e o gênero é uma forma primeira de significar as relações de poder", será fundamental conceber que é essa uma maneira primária e não única de se estabelecer a questão do gênero. Considerando a existência de dois sexos, teremos que considerar não apenas uma dupla possibilidade de matrizes de gênero, mas admitir que a realidade nos apresenta hoje uma pluralidade de feminilidades e masculinidades que desafiam esse diálogo acadêmico.

Adriana Piscitelli (1998, p. 150, 151) questiona possíveis retrocessos nas discussões que ajudaram a ampliar o espectro plural e não simplesmente dualista das reflexões de gênero, reivindicando a continuidade da abertura nesse debate instalado:

> Nesse sentido, numa leitura de gênero, o importante é procurar explorar as complexidades tanto das construções de masculinidade quanto as de feminilidade, percebendo como essas construções são utilizadas como operadores metafóricos para o poder e a diferenciação em diversos aspectos do social. Após as densas discussões em torno do gênero terem aberto penosamente os caminhos para pensar na interação entre a multiplicidade de categorias de diferenciação, na relação entre essas categorias e diversas conceitualizações de masculinidade e feminilidade, inclusive em espaços que tendiam a ser considerados, até pouco tempo atrás, como homogêneos, que sentido faz a "nova" ênfase num dos lados das categorias (de gênero) que, mais uma vez, limita os aportes possíveis?

Gênero e relações sociais de poder

A identificação das questões de poder que estão em jogo nos processos de construção do saber ou na estruturação da realidade permite avaliar a relevância de uma análise de gênero acerca do processo de educação. Não se trata de um aspecto de fácil compreensão e possibilidade de detecção na realidade, uma vez que o poder encontra-se como que pulverizado. Perceber o poder como algo *molecularmente* presente nas várias esferas sociais e em sua característica de dispersão dificulta a localização dos mecanismos de controle e, conseqüentemente, sua des-instalação.

Compreender o conceito de relações de gênero como instrumento capaz de captar a trama das relações sociais, bem como as transformações historicamente sofridas através dos mais distintos processos sociais, implica admitir que o processo de dominação-exploração não presume o total esmagamento da personagem que figura no pólo de dominada-explorada.

Este dado é de fundamental importância quando desejamos superar o debate com a sociedade como se suas estruturas retirassem totalmente ou absolutamente o poder das mulheres, ou das minorias étnicas, etc. "Homem e mulher jogam, cada um com seus poderes, o primeiro para preservar sua supremacia, a segunda para tornar menos incompleta sua cidadania" (SAFFIOTI, 1992, p. 184). Com certeza o acesso ao poder é desigual, imprimindo esta marca nas relações sociais, sejam estas de gênero, de classe, ou de etnia.

A compreensão dos acontecimentos no viés das relações sociais de poder converte-se em uma chave de leitura que capta a multiplicidade de relações que se entrecruzam e se entredeterminam. Admitir a perspectiva de que falar em relações sociais é falar de relações de poder faz aflorar a realidade da existência de grupos sociais em confronto. Claudia de Lima Costa (1998, p. 130, 131) afirma que:

> Um dos principais ganhos que o conceito de gênero trouxe, quando aliado às correntes estruturalista e pós-estruturalista, foi a negação epistemológica de qualquer tipo de essência à mulher. Claro que no contexto das práticas e lutas dos movimentos feministas e de mulheres já assistíamos a essa passagem analítica da mulher para mulheres. A heteroglossia incipiente nesses movimentos, refratando suas diferenças internas – nos dias de hoje já completamente radicalizada –, há muito havia contribuído para o questionamento de qualquer posição essencialista, principalmente no que tange a noções sobre naturezas feminina e masculina. Mais que tudo, o gênero nos permitiu teorizar com mais destreza as complexas e fluidas relações e tecnologias de poder.

Esse procedimento analítico, o qual considera as relações de poder na própria construção do saber, implica reconhecer tal poder não como uma instância absoluta e estática, mas como um conjunto de forças que se move entre/contra/sobre/com os diversos sujeitos sociais. Portanto, trata-se da análise das distintas parcelas *de poder* vividas pelos grupos sociais em uma determinada estrutura social e seus reflexos na produção epistêmica (SAMPAIO, 2002).

O desafio que se instala é o de olhar a questão de modo mais dialético, dinâmico, pois a própria condição de subordinação está acompanhada de movimentos de resistência e apropriação destes espaços. Exaltar a participação da mulher, do negro, do empobrecido (em qualquer coisa) como justificativa de que não há discriminação é obscurecer o conflito. Ao contrário, é preciso assumir a conflitividade da relação entre os grupos sociais para reconhecer que tais protagonismos são mecanismos de resistência e por conseguinte cooperaram para a superação de uma visão de vitimação dos grupos sociais minoritários politicamente.

É importante reconhecer os grupos e poderes dominantes, mas não concebê-los como absolutos e únicos, a par deles os demais grupos sociais lutam com suas parcelas de poder e no jogo de forças vão estabelecendo "brechas" e/ou caminhos de mudanças. O protagonismo social/real – que é limitado – das mulheres, dos negros, dos indígenas, dos empobrecidos precisa ser olhado dentro das relações sociais de dominação vividas por estes grupos, para que a exaltação de sua ação resistente não falseie a realidade e, principalmente, que não encubra o fato de que entre os próprios grupos sociais não há homogeneidade. Na luta maior das mulheres, as diferenças entre os grupos sociais de mulheres marcadas pela condição de classe, de etnia, de acesso à educação etc. fazem significativas diferenças em seus processos e ações de maior ou menor "empoderamento".

Nesse sentido, a concepção de poder de Foucault (1989) tem sido apreciada e apropriada em muitas reflexões teóricas feministas, por sua perspectiva de considerar que o poder apresenta-se como constelações dispersas, em parcelas que são apropriadas diferentemente pelos grupos sociais e em contraposição a uma visão de poder como bloco homogêneo e único por parte das esferas dominantes. Ou, como afirma Joan Scott (1991, p. 14), "enfim, precisamos substituir a noção de que o poder social é unificado, coerente e centralizado por alguma coisa que esteja próxima do conceito foucaultiano de poder, entendido como constelações dispersas de relações desiguais constituídas pelo discurso nos 'campos de força'".

O processo de visibilizar as/os apagadas/os da história é importante, mas insuficiente. Seu protagonismo deve ser visto dentro dos limites das condições sociais. A contradição que perpassa toda a análise não é absolutamente nítida e unívoca. Por exemplo, "as mulheres não sobrevivem graças exclusivamente aos poderes reconhecidamente femininos, mas também mercê da luta que travam com os homens pela ampliação-modificação da estrutura do campo do poder" (SAFFIOTI, 1992, p. 184).

Segundo Joan Scott (1991), à medida que gênero constitui-se em uma categoria de análise, é possível estabelecer analogias com a classe e a etnia, levando-se em consideração que as desigualdades de poder estão organizadas segundo, no mínimo, esses três eixos. Muito embora não se possa afirmar uma paridade entre esses três termos e sua aplicabilidade analítica aos processos estruturais. Na visão da autora, a articulação das categorias de classe, de etnia e de gênero assinala um duplo compromisso, o da inclusão dos discursos das pessoas que experimentam a opressão e o da realização de uma análise do sentido e da natureza dessas opressões.

A concepção de poder tratada na análise de gênero busca discutir a perspectiva de concebê-lo apenas como hierárquico e absoluto. A despeito de considerar que essa maneira de pensar é a que predomina historicamente e é responsável por nortear relações de subordinação e dominação de mulheres por homens, de negros por brancos, do ecossistema pelos seres humanos, há que considerar que não é a única. O poder, mesmo com suas características hierárquicas, precisa ser visto como dominante, mas que tem diante de si inúmeros movimentos de resistência. Considerando a perspectiva de *constelações dispersas de parcelas de poder*, pode-se admitir que cada qual joga com a parcela de força ou de poder que lhe é possível historicamente. Sem falar que hoje, com a urgência de pensar em novas relações com o ecossistema, tem sido construída uma nova perspectiva de poder que se desenha na perspectiva de redes, pois se coadunam com concepções de conexidade e interdependência.

Debate epistemológico como decorrência da análise de gênero

Na visão de Ivone Gebara (1997) as epistemologias tradicionais precisam ser desafiadas não apenas pela agregação de aspectos novos, mas por carecer de uma revisão de seu núcleo básico. Entre outras coisas, implicam uma nova antropologia. Exigem que os seres humanos tomem posição frente a si mesmos, aos demais seres humanos, aos seres vivos e ao ecossistema. Requer, dessa maneira, que se pergunte pela percepção de mundo que se tem a fim de superar dogmatismos contra os quais ela propõe o movimento da vida. E, este, como dinâmica instigadora do que parece óbvio e definitivo. Em palavras de outros autores que instigam novas perspectivas epistemológicas, pode-se conferir a afirmação de que *a* "dinâmica da vida é essencialmente processual, e suas metáforas-guias não podem ser emprestadas da mecânica, porque precisam provir de processos vivos. Todos os sistemas vivos são sistemas aprendentes e desejantes" (ASSMANN & SUNG, 2000, p. 27).

O processo acadêmico é um espaço importante, embora não o único, para desencadear novas percepções da vida e dar vazão aos desejos capazes de construir outros mundos possíveis. No cerne dessa discussão epistemológica ganha força a reflexão analítica de Fritjof Capra que afirma estarmos diante de uma crise de percepção. A mudança de percepção e de construção do pensamento parece ao autor um dado irreversível. Em questão está a necessidade de superar o paradigma dominante e quase universal de percepção do universo e do ser humano como um sistema mecânico, no qual, segundo Capra (1996, p. 25), "a crença no progresso material ilimitado anda par e passo com a crença em uma sociedade na qual a mulher é classificada em posição inferior ao homem (o que seguiria uma lei básica da natureza), bem como a própria natureza se encontra em posição subalterna ao ser humano".

A este modelo de percepção do mundo apresenta-se a perspectiva de se reconhecer a interdependência fundamental de todos os fenômenos e seres vivos do ecossistema. Sua proposta de acercamento da realidade para a construção do conhecimento apresenta-se nos seguintes termos: "do ponto de vista sistêmico, as únicas soluções viáveis são as soluções 'sustentáveis'. [...] Uma sociedade sustentável é aquela que satisfaz suas necessidades sem diminuir as perspectivas das gerações futuras" (CAPRA, 1996, p. 24). A perspectiva da interdependência introduz uma nova compreensão do conhecimento e repercute nas posturas éticas. Segundo Ivone Gebara, a concepção de interdependência no conhecimento "é a experiência mais básica de todos os seres, anterior à nossa consciência dela. [...] Temos de abrir-nos para experiências mais amplas do que aquelas a que nos habituamos secularmente. Temos de introduzir nos processos educacionais a perspectiva de 'comunhão com' e não a de conquista da Terra e do Cosmos" (GEBARA, 1997, p. 60, 61).

Desse modo, há que aliar à dimensão de gênero a dimensão da complexidade com seus desafios de inaugurar novas percepções do mundo, das relações e da diversidade de manifestações da vida. Abertura para uma percepção de interdependência e conexidade destas expressões plurais de vida do ecossistema, nas quais se localiza a expressão de vida dos seres humanos como uma parte, um fio dessa grande teia da vida. Não necessariamente o ser mais importante, nem mesmo centro da vida, mas como outro distinto. Para Edgar Morin (2000, p. 55), "a complexidade humana não poderia ser compreendida dissociada dos elementos que a constituem: todo desenvolvimento verdadeiramente humano significa o desenvolvimento conjunto das autonomias individuais, das participações comunitárias e do sentimento de pertencer à espécie humana".

O debate epistemológico, nesse novo marco teórico, requer a inauguração do *tempo e do desejo* de sermos *seres aprendentes*, para sonhar novos sentidos para a existência, para afirmar a vida na superação de relações de dominação-exploração de um gênero sobre outro, de uma etnia sobre outra, de uma classe sobre outra, de seres humanos sobre o ecossistema. É preciso superar o poder no sentido de dominação sobre os outros e pensá-lo a partir de uma mudança do paradigma de hierarquia para o de redes de conexões e interdependências.

Urge re-pensar e re-inventar nossas relações e referências de percepção do mundo e do conhecimento e realizar des-construções e construções que promovam a interlocução e não o dogmatismo. Conseqüentemente, torna-se importante revisitar as epistemologias de corte patriarcal, androcêntrico e antropocêntrico, inclusive, para inaugurar a possibilidade de uma nova episteme aberta a pensar a interdependência e a realidade processual na estruturação do conhecimento superando pretensas superioridades dos seres humanos.

O eixo privilegiado de sentido das relações sociais de gênero que orienta esta análise apóia-se na convicção de que as diversas ciências são saberes construídos e permeados de questões de poder. Portanto, passíveis de serem desconstruídos, reconstruídos e construídos a partir de novas bases e critérios.

Caso possamos – e penso que estamos sendo forçados/as – inaugurar uma experiência que redimensione o ser humano em relação ao ecossistema não como superior, mas como distinto, então a concepção de poder como rede de relações diversas nessa grande teia da vida, irá desdobrar em novas possibilidades de relações entre as pessoas, independente de sua condição de gênero, de etnia ou de classe.

Gênero e desdobramentos para a Educação, Educação Física e o Lazer

Ainda que não se possa reduzir a educação à escola, uma vez que a educação se desenvolve em diversas esferas entre as quais a familiar, a das instituições formais e informais de ensino, a cultura, a brincadeira, o lazer entre outras vivências, não se pode minimizar o papel da escola na construção do ser humano e no possível reforço de processos culturais normativos e dominantes.

No que tange às relações de gênero e a escola cabe observar o destaque feito por Guacira Louro (1997, p. 57) ao dizer que "a escola que nos foi legada pela sociedade ocidental moderna começou por separar adultos de crianças, católicos de protestantes. Ela também se fez diferente para os ricos e para os pobres e ela imediatamente separou os meninos das meninas". De outra parte, Elaine Romero (1995, 246) comenta que: "na escola, os diferentes comportamentos também podem ser gratificados ou punidos, segundo as expectativas de modelo masculino ou feminino que a professora tem para um ou outro sexo, perpetuando-se o modelo de gratificações e sanções conforme a adaptação ao comportamento adequado".

Daniela Finco (2003), em um estudo realizado com as brincadeiras de meninos e meninas em uma escola de Educação Infantil, observou que as crianças não rotulam as brincadeiras em "certas" e "erradas" ao seu sexo. Na hora em que estão brincando realizam tudo que lhes dá prazer, não se limitando a valores, costumes e idéias e não delimitando o que podem ou não fazer. Entretanto, também afirma que se a professora não faz uma reflexão sobre as relações de gênero, as suas práticas, através das brincadeiras, podem favorecer o sexismo no qual as crianças se dividem em grupos segundo seu sexo, mesmo não dando uma ordem explícita para que isso aconteça.

A intervenção do professor ou da professora pode ser momento em que se descortinam caminhos ainda não explorados pelas crianças, favorecendo através dos brinquedos e das brincadeiras que elas se conheçam enquanto seres humanos e avancem em suas diversas possibilidades, em seu faz-de-conta tão real. Em relação à brincadeira, por exemplo, não se pode esquecer de seu potencial "subversivo" em relação aos padrões normativos, pois a criança transita entre o real e a fantasia com muita tranqüilidade e sem fronteiras rígidas, não sendo apenas espaço de reprodução do mundo adulto.

Na própria educação física, embora meninos e meninas venham estudando nas mesmas escolas e classes há algum tempo, ainda são separados no momentos das aulas. Não é raro ver meninos e meninas, cada um para o seu lado, realizando atividades "próprias de acordo com o sexo". Na grande maioria das vezes, os meninos dominam as quadras e as meninas brincam nos pátios.

Os problemas nas aulas de educação física vão além dos métodos e conteúdos de ensino, estendendo-se à própria relação social docente-discente, devido à dificuldade de se trabalhar com as diferenças entre os sexos, que é, na maioria das vezes, concebida do ponto de vista biológico. A exemplo do que ainda se pratica muito nas modalidades esportivas no âmbito da escola, quando algumas delas são rotuladas como próprias ou mais adequadas para cada sexo. A exemplo do futebol e das lutas para homens e do vôlei e ginástica rítmica ou dança para mulheres. Segundo Eustáquia Salvadora de Sousa e Helena Altmann (1999, p. 57, 58):

> Com a introdução do esporte moderno como conteúdo da educação física escolar no Brasil, principalmente a partir dos anos 30, a mulher manteve-se perdedora porque era um corpo frágil diante do homem. Todavia, era por "natureza" a vencedora nas danças e nas artes. O corpo da mulher estava, pois, dotado de docilidade e sentimento, qualidades negadas ao homem pela "natureza". Aos homens era permitido jogar futebol, basquete e judô, esportes que exigiam maior esforço, confronto corpo a corpo e movimentos violentos; às mulheres, a suavidade de movimentos e a distância de outros corpos, garantidas pela ginástica rítmica e pelo voleibol. O homem que praticasse esses esportes correria o risco de ser visto pela sociedade como efeminado. O futebol, esporte violento, tornaria o homem viril e, se fosse praticado pela mulher, poderia masculinizá-la, além da possibilidade de lhe provocar lesões, especialmente nos órgãos reprodutores.

Em síntese, pode-se afirmar que a mediação de gênero tem possibilidades de contribuir para: desvelar os mecanismos por meio dos quais se produz e se reproduz a dominação das mulheres ou de outros grupos sociais; trazer à tona processos históricos de resistência à opressão; considerar os embates atuais sobre processos de exclusão e inferiorização; enfrentar a paralisação diante da perspectiva de que o poder reside exclusivamente nos setores dominantes; afirmar que esse poder se encontra também disperso em uma relação social de forças continuamente em mutação; identificar que não apenas o saber em sua construção e transmissão teórica, mas igualmente a realidade está estruturada por relações sociais de gênero, isto é, marcada por interesses e relações assimétricas que subordinam as mulheres; discutir tais assimetrias como oriundas de construções sociais que podem ser desconstruídas ou reconstruídas sobre outras bases e critérios; interrogar os processos normativos de construção do saber, as linguagens acadêmicas, a seleção de conteúdos, a organização administrativo-acadêmica visando a desnaturalização de processos que são socialmente construídos e a análise das relações sociais de poder.

Referências

ASSMANN, Hugo & SUNG, Jung Mo (2000). **Competência e sensibilidade solidária** – Educar para a Esperança. Petrópolis: Vozes.

AUAD, Daniela (2003). **Feminismo**: que história é essa? Rio de Janeiro: DP&A.

BEAUVOIR, Simone de (1980). **Segundo sexo**. Rio de Janeiro: Nova Fronteira.

BOURDIEU, Pierre (1995). A dominação masculina. **Educação e Realidade**, vol. 20, n. 2. jul.-dez., p. 133-184. Porto Alegre.

BUTLER, Judith (1988). Variations on sex gender. In: BENHABIB, Seyla; CORNELL, Drucilla (eds.). **Feminism as critique**. Mineapolis: University of Minnesota Press, p. 128-142.

CAPRA, Fritjof (1996). **A teia da vida**: uma nova compreensão científica dos sistemas vivos. São Paulo: Cultrix.

COSTA, Claudia de Lima (1998). O tráfico do gênero. **Cadernos Pagu**, 11, p. 127-140. Campinas: Unicamp.

FINCO, Daniela (2003). Relações de gênero nas brincadeiras de meninos e meninas na educação infantil. **Pró-posições** – Revista Quadrimestral da Faculdade de Educação/Unicamp, vol. 14, n. 3 (42), set.-dez., p. 89-101.

FOUCAULT, Michel (1989). **Microfísica do poder**. Rio de Janeiro: Graal.

GEBARA, Ivone (2000). **Rompendo o silêncio**: uma fenomenologia feminista do mal. Petrópolis: Vozes.

_____ (1997). **Teologia ecofeminista**: ensaio para repensar o conhecimento e a religião. São Paulo: Olho d'Água.

HEILBORN, Maria Luíza (1992). Fazendo gênero? A antropologia da mulher no Brasil. In: COSTA, Albertina de Oliveira & BRUSCHINI, Cristina (orgs.). **Uma questão de gênero**. Rio de Janeiro: Rosa dos Ventos.

JAPIASSU, Hilton (1981). **O mito da neutralidade científica**. Rio de Janeiro: Imago.

LOURO, Guacira Lopes (1997). **Gênero, sexualidade e educação**: uma perspectiva pós-estruturalista. Petrópolis: Vozes.

MACHADO, Lia Zanotta (1998). Gênero, um novo paradigma? **Cadernos Pagu,** 11, p. 107-125. Campinas: Unicamp.

MORAES, Maria Lygia Quartim de (1998). Usos e limites da categoria gênero. **Cadernos Pagu**, 11, p. 99-105. Campinas: Unicamp.

MORIN, Edgar (2001). **A cabeça bem feita** – Repensar a reforma, reformar o pensamento. 5. ed. Rio de Janeiro: Bertrand.

_____ (2000). **Os sete saberes necessários à educação do futuro**. São Paulo/Brasília: Cortez/Unesco.

NUNES, Maria José F.R. (1995). Gênero: saber, poder e religião. In: **Mandrágora n. 2**: Estudos feministas e cristianismo. São Bernardo do Campo: Instituto Metodista de Ensino Superior [Pós-graduação em Ciências da Religião].

PISCITELLI, Adriana (1998). Pagu – Gênero em perspectiva. **Cadernos Pagu**, 11, p. 141-155. Campinas: Unicamp.

ROMERO, Elaine (1995). **Corpo, mulher e sociedade**. Campinas: Papirus.

SAFFIOTI, Heleieth I.B. (1992). Rearticulando gênero e classe social. In: COSTA, Albertina de Oliveira & BRUSCHINI, Cristina. **Uma questão de gênero**. Rio de Janeiro: Rosa dos Tempos.

_____ (1987). **O poder do macho**. 12. impres. São Paulo: Moderna.

SAMPAIO, Tânia Mara Vieira (2002). Avançar sobre possibilidades: horizontes de uma reflexão ecoepistêmica para redimensionar o debate sobre os esportes. In: MOREIRA, Wagner Wei & SIMÕES, Regina (orgs.). **Esporte como fator de qualidade de vida**. Piracicaba: Unimep, p. 85-99.

SCOTT, Joan (1991). **Gênero**: uma categoria útil para análise histórica. Recife: SOS-Corpo.

SOUSA, Eustáquia Salvadora de & ALTMANN, Helena (1999). Meninos e meninas: expectativas corporais e implicações na educação física escolar. **Cadernos Cedes**, ano XIX, n. 48, ago., p. 52-68.

TEVES, Nilda (2000). Corpo e esporte: símbolos da sociedade contemporânea. In: MOREIRA, Wagner Wey & SIMÕES, Regina. **Fenômeno esportivo no início de um novo milênio**. Piracicaba: Unimep, 2000.

Motricidade humana e pesquisa: um possível olhar para a investigação da corporeidade

Wagner Wey Moreira
Eline Porto
Ida Carneiro Martins
Simone S.M. Guimarães
Michele V. Carbinatto
Regina Simões

Introdução

Pesquisa é uma atividade corriqueira na universidade, sempre no sentido de descobrir respostas aos problemas levantados. Todavia, em muitos casos, alguns questionamentos anteriores à ação de pesquisar não são levados em consideração ou não são alvos de reflexão dos pesquisadores, tais como: O que significa pesquisar? Qual a importância para o ser humano da pesquisa? Como associar pesquisa à qualidade de vida? Qual a abrangência dos resultados da pesquisa no que diz respeito à acessibilidade à mesma por parte da população mundial? Enfim, questões que possam ser identificadas por valores associados ao ato de pesquisar.

Este trabalho, ao tentar relacionar a área da Motricidade Humana e a pesquisa, não pode deixar de lado as questões anteriormente formuladas, devendo as mesmas tornarem-se pano de fundo dos caminhos escolhidos ou das propostas metodológicas construídas pela e para a Motricidade Humana.

Feita essa observação inicial, o propósito do texto é apresentar o significado da área denominada Motricidade Humana e como esta pretende se utilizar dos mecanismos de pesquisa para empreender sua produção de conhecimento. Para tanto, o texto foi construído com a seguinte estrutura: no primeiro momento, procuramos levantar considerações sobre o termo corporeidade, pois esse novo conceito de corpo existencial é que vai exigir a efetivação da área da Motricidade Humana; num segundo momento, tentamos expor o quadro atual da Teoria da Motricidade Humana, instaurada num primeiro momento por Sergio (1996) e revisitada e redimensionada por outros autores; por fim, demonstrar quais as possibilidades de pesquisa que podem fazer parte do trilhar metodológico da área, indicando inclusive alguns exemplos de trabalhos já realizados por professores pesquisadores que militam na Motricidade Humana.

Corporeidade: a (re)significação do corpo

Para se falar em motricidade humana, é necessário associá-la a uma outra concepção emergente hoje nas ciências humanas: a corporeidade. Ambas, motricidade e corporeidade, fazem parte de um contexto que visa superar os valores do tradicional paradigma cartesiano quando de sua missão de tratar o corpo humano.

Moreira et al. (2005) afirmam que ao analisar a cultura ocidental é possível identificar que a compreensão mais difundida de corpo é aquela que o considera como instrumento da alma. A concepção de motricidade humana, neste caso, não cabe no entendimento aludido, uma vez que ela investe na noção de corpo como sendo uma forma de experiência vivida, ou como um modo de ser no mundo.

Para autores como Merleau-Ponty (1994), o corpo não é uma coisa, não é uma idéia; ele é movimento, é expressão criadora, é sensibilidade. Aqui já se nota a oposição entre essa interpretação e a noção tradicional mecanicista de corpo, pois agora a relação corpo-mente não se materializa como integração de partes distintas, mas é representada como uma unidade indissociável.

No fluir de seu pensamento, Merleau-Ponty chega ao conceito de corporeidade, estruturado no corpo em movimento, em sua presentidade/facticidade. Em sua sensibilidade. Notadamente, na obra *Fenomenologia da percepção* encontra-se a noção de corpo relacionada à noção de consciência, onde esta última invade a primeira, sendo dimensionada por ela, via universo da percepção, compreendida como motricidade. Assim, a consciência do corpo é um conhecimento perceptivo possibilitado pelo movimento.

Toda percepção é, em princípio, movimento. Daí, compreender o corpo em sua complexidade necessita da compreensão de sua motricidade, de sua capacidade de pôr-se em movimento, de mover-se. Também conseqüência disto é a substituição da noção de consciência corporal, eivada de significados que garantem a soberania da consciência e das análises fracionadas e mecanicistas do corpo e do movimento, por corporeidade, sendo esta mais abrangente e mais adequada para representar a unidade corpo-mente. Lembramos que se falarmos em consciência corporal, já partimos, *a priori*, de que consciência é um atributo mental e, quando pretendemos aplicá-la ao corpo, adjetiva-mo-la de corporal.

As idéias de Merleau-Ponty e de outros pensadores modernos propiciaram a construção dos conceitos de corporeidade e de motricidade.

Para compreender a vivência e o conceito de corporeidade, nosso discurso tem que se despojar de palavras-chave já desgastadas ao longo do tempo, e se apropriar de novas propostas, condizentes com novas opções teóricas, nas quais teorias como a da complexidade (MORIN, 1986), da visão sistêmica (CAPRA, 1999), dentre outras, tenham espaço para apresentar o seu ver-conhecer o mundo.

Ao longo da história da civilização ocidental, optamos em privilegiar o lógico, o racional, o testemunhal como forma correta de pensar o mundo, Hoje, descobrimos que nossas percepções podem ser enganadas também por componentes de nosso pensar lógico e racional. Assim, uma atitude recomendável é desconfiarmos da nossa percepção daquilo que parece evidente. Devemos associar, para bem saber e compreender, a racionalidade ou o concreto à sensibilidade perceptiva ou o abstrato, porque assim estaremos mais disponíveis para ver o visível e o invisível das relações humanas, existencializadas na corporeidade (MOREIRA, 1998).

Outro ponto fundamental para se entender a concepção de corporeidade é o pressuposto de ver bem. As coisas e os outros devem ser vistos partindo do interior de sua própria corporeidade e não apenas das janelas dos olhos para fora. Morin (1986, p. 31) afirma que "[...] isto quer dizer que seremos incapazes de ver bem se não formos capazes de olhar para nós mesmos". Olhar, conhecer, significa também olhar-se, ter conhecimento de si mesmo, estar prédisposto a ir em direção ao outro e ao mundo.

Para ver bem é preciso saber pensar aquilo que se vê. Assim, há uma reciprocidade intrínseca, onde saber ver implica saber pensar, e saber pensar implica saber ver. Quando se trata do conceito de corporeidade, saber pensar não é só aplicar a lógica da verificação de dados de uma determinada experiência, como também não é só ser capaz de aplicar técnicas, métodos ou correlacionar dados com padrões preestabelecidos. A corporeidade independe de padrões, independe de conceituações dogmáticas, pois ela é, sem necessidade de adjetivações.

Para o estudo do fenômeno corporeidade é fundamental traçarmos nossa caminhada balizados pelos critérios da elaboração de teorias e não de doutrinas, pois a complexidade do conceito só pode ser assumida de forma aberta e reflexiva. Enfatizamos isto calcados no pensamento de Morin (1986, p. 103), o qual revela que "[...] uma teoria permite ao teórico reconhecer, fora da teoria, a realidade que ela não pode conceber. Uma doutrina impede o doutrinado de ver a realidade que ela oculta".

Conhecer corporeidade é superar as tentativas de explicar o ser humano como um ser mutilado, reduzido, unidimensional, ou melhor, explicitando mais uma vez nas palavras de Morin (1986, p. 113):

> Vamos partir do homem. Ele é concebido como *homo sapiens* e *homo faber*. Ambas as definições são redutoras e unidimensionais. Portanto, o que é *demens* – o sonho, a paixão, o mito – e o que é *ludens* – o jogo, o prazer, a festa – são excluídos de *homo*, ou, no máximo, considerados como epifenômenos. O sentimento, o amor, a brincadeira, o humor passam a não ter mais lugar, senão secundário ou contingente, em todas as visões controladas pelo paradigma de *homo sapiens/faber*.

Conhecer corporeidade leva à necessidade de superar a noção de homem apenas técnico, *homo faber*, associando a essa noção o conceito de homem imaginativo, aquele capaz de criar e destruir fantasmas, de sonhar, de criar e destruir mitos. No conceito de corporeidade concorrem em iguais condições o *homo sapiens* e o *homo demens*, pois aquele que produz sabedoria, técnica e ciência é o mesmo que produz poesia e arte. É necessário conceber imbricados os conceitos de trabalho e ócio, não como opostos em que o primeiro é valorizado e o segundo desprezado, mas ambos compondo o modelo de ser humano vivo, existencializado.

Ao engendrar pesquisas, ao nos preocuparmos com a ciência, com as explicações e com as soluções para os problemas humanos, devemos ver o ser humano através do conceito de corporeidade, no sentido do olhar complexo, de fenômeno ocorrente e não de causalidade factual. Mas, reconhecemos, é sempre mais difícil pensar a corporeidade como fenômeno, pois nela necessitamos saber distinguir e relacionar, mas evitando paralelamente a disjunção e a confusão. Precisamos, ao mesmo tempo, distinguir, analisar, associar e sintetizar.

Há autores no tempo presente que estão preocupados com a (re-)significação do conceito de corpo, transformando-o em corporeidade. Um exemplo é Santin (2005) quando enfatiza a necessidade de a área da Educação Física modificar a história de uma corporeidade disciplinada, aquela que é conseqüência da compreensão de corpo como parte secundária do ser humano, que deve ser sacrificada, em função dos ideais humanos, por uma corporeidade cultuada e cultivada, vivida sob os signos de abundância, pois corporeidade humana não pode ficar presa à satisfação apenas de suas necessidades primárias. Diz mais o autor que a Educação Física deve ser repensada para cultivar e cultuar a corporeidade humana, inspirada no impulso sensível, na harmonia musical, nos ideais de beleza e nos valores estéticos.

Outro autor que tem se preocupado com o tema é Regis de Morais (2005), dimensionando o futuro onde o entendimento de corporeidade se dá na passagem do trato com o corpo problema para o corpo mistério. Diz o autor que os profissionais da corporeidade, os que ensinam e preparam os corpos para a dança, para o esporte, para a atividade física, para a ginástica, sentirão, cada vez mais, a necessidade da reflexão filosófica para o seu "que fazer?", deixando para traz os preconceitos de que uns pensam e os outros tecnicamente fazem.

Assmann (1994) é convincente ao demonstrar que as culturas, as ideologias e as organizações sempre inventam um corpo humano adequado e conforme. Para provar essa afirmação utiliza-se de metáforas como: *corpo jardim fechado*, aquele que é sinônimo de templo ou morada do espírito, virgem, sagrado; *corpo aberto e devassável*, da ciência tradicional, onde se podia interferir, manipular, cortar, enfim, corpo dessacralizado, devassado, invadido; *corpo ajustável ao que se precisa*, moldado segundo as exigências profissionais da força de trabalho da sociedade moderna, corpo relação mercantil em última análise. Termina seu texto de forma enfática, afirmando que o corpo é a instância fundamental e básica para articular conceitos para uma teoria pedagógica, e que somente uma teoria da corporeidade pode fornecer as bases para uma teoria pedagógica consistente.

Claro está que a corporeidade, vista desta forma e dentro dos princípios colocados anteriormente, exige um entendimento e uma forma de pesquisa que supere a tradição presente na ciência até hoje. Por isso a necessidade de se (re-)significar a pesquisa que trata do corpo humano.

Uma das possibilidades de superação da visão tradicional de pesquisar o corpo humano pode ser conseguida através do conceito da Motricidade Humana, proposta essa delineada a seguir.

Motricidade humana: uma proposta emergente

Sergio (1996) retoma seus escritos quando da defesa de sua tese de doutorado ocorrida em 1987, mostrando a necessidade da efetivação de uma epistemologia da Motricidade Humana no sentido da efetivação desta como uma área de conhecimento científico. Em sua primeira formulação, o autor mostra a Motricidade Humana como uma área de conhecimento científico que estuda o ser humano que se movimenta intencionalmente na direção de sua auto-superação, apresentando ainda como ramo pedagógico dessa área a Educação Motora, com a finalidade de ensinar na escola o que a área da motricidade produz.

Já Trigo et al. (1999, p. 72) juntam-se a Sergio e dizem:

> Nós entendemos a motricidade como "a vivência da corporeidade para expressar ações que implicam desenvolvimento do ser humano". Dado que o conceito de corporeidade refere-se exclusivamente ao ser humano, a motricidade, pelo mesmo motivo, também se contextualiza somente na pessoa, e não no animal.

Mais tarde o mesmo Sergio (1996, p. 162) conceitua motricidade da seguinte forma:

> Motricidade: processo adaptativo, evolutivo e criativo de um ser práxico, carente dos outros, do mundo e da transcendência. Intencionalidade operante, segundo Maurice Merleau-Ponty. O físico, o biológico e o antropossociológico estão nela, como a dialética numa totalidade. Como ser carente, o homem é um ser práxico e onde, por isso, a motricidade se afirma na intencionalidade eletiva. Mas motricidade humana e, conseqüentemente, cultura, acima do mais – cultura não ancilosada em erudição inerte, mas cultivada porque praticada. A motricidade não se confunde com a motilidade. Essa não excresce a faculdade de execução de movimentos que resultam da contração de músculos lisos ou estriados. A motricidade está antes da motilidade, porque tem a ver com os aspectos psicológico, organizativo, subjetivo do movimento. A motricidade é virtual e a motilidade, o atual, de todo o movimento. Afinal, a motilidade é expressão da motricidade.

Desde logo se percebe que uma possível área de conhecimento científico, a Motricidade Humana, que se preocupa em estudar e pesquisar o ser humano que se movimenta intencionalmente para auto-superação, ou mesmo que se preocupa em entender o ser adaptativo, evolutivo e carente dos outros, do mundo e da transcendência, exige mecanismos metodológicos que balizarão suas pesquisas diferenciados dos que centram sua preocupação exclusivamente nos métodos quantitativos ou que encare o corpo como um objeto que deva ser simplesmente invadido em sua intimidade.

O termo motricidade tem, segundo Kolyniak Filho (2001), alguns elementos centrais que são atributos do próprio termo, a saber: a) a motricidade refere-se exclusivamente ao ser humano e caracteriza-se como o conjunto de possibilidades que o ser humano tem para movimentar-se, quer como indivíduo ou como espécie; b) a motricidade é resultante das heranças biológica e histórico-sociocultural, em que o conjunto de capacidades e habilidades de cada indivíduo (biológico) é resultante de um processo de aprendizagem ocorrido em um determinado tempo (histórico), em um determinado grupo social (social) que é portador de uma determinada cultura (cultural); c) a motricidade implica intencionalidade e, portanto, é produtora e portadora de significados, daí os movimentos realizados intencionalmente pelo ser humano serem indissociáveis do significado que estes têm para o sujeito e para o grupo social a que pertencem; d) a motricidade representa a forma concreta de interação do ser humano com a natureza e com seus semelhantes, resultando daí que toda atividade humana expressa-se na e pela motricidade.

Diz mais Kolyniak Filho (2001) que todas as ações humanas que interferem no ambiente são possíveis por intermédio dos movimentos. As relações interpessoais ocorrem pelo movimento, o sentimento ou o pensamento e não podem ser expressas sem a interveniência dos movimentos.

Já está demonstrado que motricidade é muito mais do que movimento corporal, que motilidade, que mobilidade, e, por isso, exige instrumentos mais adequados para sua análise e estudo, bem como para produzir conhecimento na área.

Enfatizando essas diferenças, Moreira et al. (2005) advertem que motricidade exige o reconhecimento e a consideração de que o corpo em movimento é pertencente a um sistema autopoiético, é um fenômeno impossível de ser reduzido a causalidades, a linearidades. A motricidade integra, no tempo, no espaço, no movimento, a vida concreta, a vida em abundância, não sendo limitada por acontecimentos do passado nem por projeções do futuro. Na motricidade a vida é, com todas as tatuagens adquiridas de ontem e com todas as perspectivas e os sonhos do amanhã: mas é!

A permanente superação, vivida e buscada por todo ser em movimento, em qualquer valor de juízo que se possa ter, depende da motricidade, pois ela engloba ações, aspirações, intencionalidades, percepções, qualidades e características essas que compõem a própria motricidade.

Ainda Moreira et al. (2005) indicam que a Motricidade revela o corpo sujeito, dialeticamente objetivo e subjetivo, hominal e humano, realizando história e cultura e sendo modificado por sua história e por sua cultura. A motricidade é a expressão do corpo, e corpo sou eu, sujeito práxico e carente, dependente do movimento para garantir a vida. Motricidade é, portanto, a complexidade da relação e do intercambiamento de movimentos e expressões significativas e significantes, vivenciada pelo humano em sua humanidade, em sua experiência de vida.

Pesquisar, na área da Motricidade Humana, exige uma visão de ciência que seja diferenciada do modo tradicional de se fazer pesquisas com seres humanos. E para que nosso trabalho não fique apenas nos aspectos teóricos sobre motricidade e corporeidade, arrolamos a seguir algumas pesquisas, cujos temas e forma de operação procuraram seguir os critérios balizadores da área da Motricidade Humana.

Pesquisas em motricidade humana: alguns exemplos

Os exemplos aqui apresentados não podem ser vistos como modelos, pois neste caso estaríamos contrariando pressupostos revelados anteriormente. São, sim, apenas alguns exemplos de formas de pesquisar, encontrados pelos professores que advogam os princípios da Motricidade Humana e que já ousaram colocá-los em prática na forma de pesquisa. Afirmamos a ousadia por não se enquadrarem com a forma hegemônica de concepção de ciência.

Utilizamos os princípios da abordagem qualitativa "Análise de Conteúdo: Técnica de Elaboração e Análise de Unidades de Significado", mencionada em Moreira, Simões e Porto (2005), procedimento metodológico de pesquisa resultante da combinação de dois outros instrumentos já consagrados que são a Análise de Conteúdo (BARDIN 1977) e a Análise do Fenômeno Situado (MARTINS & BICUDO, 1989; GIORGI, 1978).

Os grandes momentos das pesquisas realizadas, segundo os padrões anteriormente referidos, podem ser definidos em três: o relato ingênuo do sujeito pesquisado, onde o pesquisador procura entender o discurso formulado por ele; a identificação de atitudes, fase em que o pesquisador recorta do discurso do sujeito as unidades mais significativas, procurando criar indicadores e, posteriormente, categorias que possam servir de referencial para a sua interpretação; e, finalmente, a interpretação, na qual se faz a análise interpretativa do fenômeno pesquisado, tanto no sentido individual quanto no sentido de possíveis convergências e divergências entre os discursos dos sujeitos participantes da pesquisa, sem com isto querer caracterizar um princípio de generalização.

Apenas no intuito de demonstrar a operacionalização da proposta, mencionamos aqui dois exemplos de pesquisa.

O primeiro, com base no Projeto de Iniciação Científica "O fenômeno corporeidade nos cursos de formação profissional da Unimep", elaborado por

Inforsato, Moreira, Simões e Porto (2000) e desenvolvido com o apoio do CNPq/Unimep, teve como objetivo desvelar a visão de corpo que têm os alunos do último ano de graduação dos cursos de Fisioterapia, Psicologia e Pedagogia da Universidade Metodista de Piracicaba, através das seguintes perguntas geradoras: O que é corpo para você? Em sua ação profissional, como é seu trabalho com o corpo de seu aluno/paciente? O universo da pesquisa foi representado por vinte alunos de cada curso envolvido, perfazendo 60 alunos concluintes. Como resultados, pudemos identificar em relação à primeira pergunta: no Curso de Pedagogia, "corpo é pensamento e comunicação", resposta presente em 60% dos pesquisados; no Curso de Psicologia, "corpo é fonte de criações expressivas que traz em si sentimentos, emoções e desejos", opinião de 10 entrevistados; no Curso de Fisioterapia, "corpo é um meio de expressar emoções, sentimentos, vontades, pensamentos, sendo portanto a nossa identidade", relato de 50% dos entrevistados. Já em relação à segunda pergunta, tivemos: no Curso de Pedagogia, 60% relataram que "corpo é trabalhado através do lúdico, de brincadeiras, de jogos, de mímica, permitindo que o aluno se expresse corporalmente"; na Psicologia, as duas maiores convergências, representadas por 40% dos sujeitos, apontam "a análise para se conhecer o paciente está na associação das manifestações corporais e verbais" e "o aspecto emocional é importantíssimo para o bem-estar global do corpo como um todo"; já para os concluintes em Fisioterapia, 35% revelam a necessidade de "trabalhar com o corpo do paciente como um todo e realizar isto em perfeita harmonia, mantendo a integridade e proporcionando o bem-estar do paciente".

Como conclusões, podemos observar: 1) Os discentes em Pedagogia revelam a compreensão de corpo que supera a tradição cartesiana, já havendo referências a um corpo unitário, dinâmico, integrado com o ambiente e com outros corpos. 2) Os formandos em Psicologia apresentam uma certa contradição, pois as visões utilitarista e sistêmica de corpo são simultâneas. 3) Os alunos de Fisioterapia também demonstram em seus discursos a contradição identificada no item anterior, onde o corpo é identidade e é visto como habitação do espírito ou ligado à idéia de funcionalidade restrita ao sistema neurológico.

O segundo exemplo, alicerçado em Porto (2001), teve como objetivo analisar e compreender como e em quais instâncias a pessoa deficiente é enfocada pelas diferentes áreas do conhecimento que compõem o currículo de Educação Física. A pesquisa denominada: "A pessoa portadora de deficiência e as áreas de conhecimento no curso de Educação Física da UNIMEP", entrevistou vinte e três professores, sendo oito da área da Educação Física, seis das Ciências Biológicas, sete das Ciências Humanas e dois das Ciências Exatas. O questionário de investigação foi elaborado da seguinte forma: "Você ministra disciplina no Curso de Educação Física? Qual? É solicitado a você que englobe no conteúdo geral de sua disciplina a pessoa portadora de deficiência. O que você tem a comentar sobre isto?"

Como resultados, podemos relatar as maiores convergências da forma seguinte: em relação a área da Educação Física, seis professores afirmam e sugerem que as atividades físicas podem e devem ser adaptadas às pessoas portadoras de deficiências, enquanto que cinco profissionais dessa área informam que, sempre que possível, relacionam o conteúdo específico da disciplina a essa clientela. Em relação aos profissionais da área de Ciências Biológicas, cinco consideram um tema interessante e importante para ser tratado com os alunos, ao mesmo tempo em que revelam problemas estruturais para abordar o assunto como "é necessário aumentar a carga horária", "a disciplina ministrada não é sobre patologia", "o assunto não foi solicitado" ou "a Educação Física trabalha com pessoas e atletas sem deficiências", revelando a contradição entre a importância do assunto e a falta de sua operacionalização.

Cinco dos sete professores da área de Ciências Humanas informam que a temática tem sido abordada de acordo com o conteúdo da disciplina e apenas um dos sujeitos revela a importância de se despertar a sensibilidade das pessoas para a identificação das pessoas portadoras de deficiência no cotidiano e para as desigualdades sociais. Já entre os dois profissionais da área das Ciências Exatas foi possível identificar contradições em seus depoimentos, pois enquanto um afirma ver o homem na sociedade empresarial como um ser humano e não como objeto, o outro relata que a disciplina enfoca o processo e o controle de eventos na área de Educação Física numa perspectiva mensurável. Mediante os resultados apresentados neste trabalho, notam-se os problemas e a complexidade, nos pensamentos dos docentes da Unimep, no trato com o conhecimento e a com a aprendizagem relacionada ao tema da pessoa portadora de deficiência como uma população que pode e deve ser atendida pela Educação Física.

Considerações finais

Numa época em que há expectativas de mudanças na concepção de ciência, o trabalho aqui elaborado deixa a mensagem de que termos como corporeidade e motricidade devem fazer parte do conhecimento trabalhado na formação profissional dos pesquisadores que se dedicam a entender e refletir sobre o fenômeno corpo em movimento.

Pesquisar o ser humano em sua complexidade vai muito além de entendê-lo como a soma do conhecimento de suas partes. Daí a razão de adotarmos um olhar-conhecer estruturado em novas propostas epistemológicas, algumas das quais referenciadas neste escrito.

Referências

ASSMANN, H. (1994). **Paradigmas educacionais e corporeidade**. Piracicaba: Unimep.

BARDIN, L. (1977). **Análise de conteúdo**. Lisboa: Ed. 70.

CAPRA, F. (1999). **A teia da vida**. São Paulo: Cultrix.

GIORGI, A. (1978). **A psicologia como ciência humana**: uma abordagem de base fenomenológica. Belo Horizonte: Interlivros.

INFORSATO, C.F.; MOREIRA, W.W.; SIMÕES, R.; PORTO, E.T.R. (2000). O fenômeno corporeidade nos cursos de formação profissional da Unimep. In: **Anais do VIII Congresso de Iniciação Científica Pibic/CNPQ-Unimep**. Piracicaba: Unimep, p. 252-255.

KOLYNIAK FILHO, C. (2001). Qualidade de vida e motricidade. In: MOREIRA, W.W. (org.). **Qualidade de vida**: complexidade e educação. Campinas: Papirus.

MARTINS, J. & BICUDO, M.A.V. (1989). **A pesquisa qualitativa em psicologia**: fundamentos e recursos básicos. São Paulo: PUC.

MERLEAU-PONTY, M. (1994). **A fenomenologia da percepção**. São Paulo: Martins Fontes.

MOREIRA, W.W. (1998). Corporeidade e a busca de novas palavras para o saber: uma das tarefas da educação motora. In: VENÂNCIO, S. et al. (orgs.). **Anais do I Congresso Latino-Americano de Educação Motora e II Congresso Brasileiro de Educação Motora**, p. 143-149. Foz do Iguaçu.

MOREIRA, W.W.; SIMÕES, R.; PORTO, E. (2005). Análise de conteúdo: técnica de elaboração e análise de unidades de significado. **Revista Brasileira de Ciência e Movimento**, vol. 13, n. 4, out.-dez., p. 107-114. Brasília: UnB.

MOREIRA, W.W.; SIMÕES, R.; PORTO, E.; MARTINS, I.C.; CARBINATTO, M. (2005). Motricidade humana e desenvolvimento: reflexões necessárias. In: COUTOR, J.M.P. (org.). **Libro de Actas do IV Congreso Internacional de Motricidad Humana**, p. 72-79. Porto do Son/A Coruña (Espanha).

MORIN, E. (1986). **Para sair do século XX**. Rio de Janeiro: Nova Fronteira.

PORTO, E.T.R. (2001). A pessoa portadora de deficiência e as áreas de conhecimento no Curso de Educação Física da Unimep. **Revista da Sobama** – Sociedade Brasileira de Atividade Motora Adaptada, vol. 6, n. 1, p. 19-26.

REGIS DE MORAIS, J.F. (2005). Consciência corporal e dimensionamento do futuro. In: MOREIRA, W.W. (org.). **Educação física e esportes**: perspectivas para o século XXI. 12. ed. Campinas: Papirus.

SANTIN, S. (2005). Perspectivas na visão da corporeidade. In: MOREIRA, W.W. (org.). **Educação física e esportes**: perspectivas para o século XXI. 12. ed. Campinas: Papirus.

SERGIO, M. (1996). **Epistemologia da motricidade humana**. Lisboa: FMH.

TRIGO, E. et al. (1999). **Creatividad y motricidad**. Barcelona: Inde.

PARTE III

O CAMINHO DA PRODUÇÃO DE CONHECIMENTO

MÉTODOS E TÉCNICAS DE PESQUISA: A METODOLOGIA EM QUESTÃO

Roberta Gaio
Roberto Brito de Carvalho
Regina Simões

Introdução

Fazer ciência requer comprometimento com a busca de soluções de problemas para o enfrentamento da sociedade como um todo, frente à existencialidade humana, acerca da natureza e de um olhar crítico e reflexivo sobre as realidades social, psicológica, tecnológica, cultural, econômica, política, entre outras formas de enxergar e analisar o real.

Desde tempos remotos, o ser humano busca entender o mundo, e "as imposições derivadas das necessidades práticas da existência foram sempre a força propulsora da busca destas formas de saber" (MATALLO JR., 1995, p. 13).

Assim, parafraseando Rubem Alves, Ciência é coisa boa!

Ela nos propicia chegar bem perto dos mistérios da vida, da nossa existencialidade e de tudo que nos rodeia, e esse fascínio pelo conhecimento pode nos dar prazer, saber e poder. Porém, "a vida é muito mais que a Ciência. Ciência é uma coisa entre outras, que empregamos na aventura de viver, que é a única coisa que importa" (ALVES, 1991, p. 17).

E, assim, Regis de Morais (1995, p. 87) comenta "a ciência e a técnica se constituem nas glórias e nas misérias do presente século", pois:

> [...] se, hoje em dia, uma parte da população do mundo morre porque não tem comida – morre de fome, a outra parte da população está morrendo porque a tem; isto é: em termos de substituição do natural pelo quimicamente preparado, conta-se com alimentos cada vez menos confiáveis, como os diabéticos da maior parte do chamado Terceiro Mundo que adoçam suas bebidas com sacarina, substância extraída de um derivado do petróleo já comprovadamente cancerígeno.

Sem voltar os olhos para o conflito entre o conhecimento científico, a relevância dos resultados alcançados, frente ao poder que esses podem trazer aos cientistas e às nações envolvidas, mas sim propondo abordar pesquisa como construção do conhecimento ou conhecimento em processo de construção, pelo viés da metodologia, temos:

> Uma parte mais restrita da epistemologia, pois, como a palavra sugere, ela investiga fundamentalmente os métodos, ou seja, os procedimentos que a ciência deve seguir para alcançar com êxito seu ideal, que é a produção do saber (CARVALHO, 1995, p. 63).

Preparar-se para fazer pesquisa e entender os mecanismos necessários para tal é a preocupação central desse texto, ao trazer à baila os métodos e técnicas, discutindo metodologia e ciência à luz de possíveis investigações que se dizem qualitativas ou quantitativas e até mesmo as que se denominam qualitativa e quantitativa simultaneamente.

Reconstruindo o conhecimento: quantidade e qualidade

É unânime entre os mais diversos pesquisadores, que estamos vivendo um período de transição desde meados do século XX. O mundo e a forma de interpretá-lo alteraram-se e continuam se alterando depois da 2ª Grande Guerra Mundial. Esse tempo de transição visto, de uma forma muito mais ambígua e complexa, recebeu de alguns autores o nome de Pós-Modernidade.

Para que possamos entender melhor a Ciência Pós-Moderna, faz-se necessário nos remetermos à forma de conhecimento que a precedeu: a Ciência Moderna.

A Ciência Moderna é considerada uma "revolução científica" ocorrida no século XVI, onde alguns dos seus precursores são respeitados e estudados até os dias de hoje, como Copérnico, Galileu e Newton, dentre muitos outros. Apesar de ter surgido no século XVI, é no século XVIII que a Ciência Moderna vai provocar grandes transformações técnicas e, por conseqüência, também sociais.

Considerando o contexto no qual estamos conduzindo nosso raciocínio, entendemos que a tarefa colocada para a Ciência Pós-Moderna seria maximizar as oportunidades de levar mais longe o conhecimento científico atingindo o conhecimento coletivo. O conhecimento coletivo (senso comum) não ensina, simplesmente persuade.

Os sistemas sociais humanos são complexos, e é também a não-uniformidade da realidade social que faz necessário analisarmos o contexto social em que todos os conhecimentos foram elaborados, respeitando e valorizando a racionalidade do outro.

Nas palavras de Matallo Jr. (1995, p. 18) temos:

> O senso comum é a base sobre a qual se constroem as teorias científicas. Estas teorias se distanciam tanto quanto possível das valorações e opiniões, gerando um conhecimento mais ou menos racional, entendendo racional como argumentativo e coerente. Este conhecimento, por sua vez, interage com o senso comum e modifica-o, sendo absorvido parcial e totalmente, dependendo do seu grau de isoterismo. Assim, o senso comum vai progressivamente se modificando ao longo das gerações, incorporando novas informações e eliminando aquelas que se tornam imprestáveis para as explicações.

Essas mudanças que ocorreram na Ciência também foram acompanhadas de alterações na estrutura social, econômica e política no mundo. Se no século XVIII a Ciência Moderna possibilitou a industrialização com máquinas a vapor, a combustão e elétrica, assim como a construção de ferrovias e locomotivas, que reorganizaram a sociedade moderna, notadamente, as novas Tecnologias da Informação e Comunicação, também representam uma grande transformação para a Sociedade Pós-Moderna, uma vez que há um redimensionamento do espaço e do tempo tanto nas atividades produtivas quanto na vida social e política da nova civilização "globalizada".

Segundo Delcin (2005, p. 59), temos:

> O ser humano em transformação transita entre as fronteiras do moderno para o pós-moderno, imerso em contextos naturais, culturais, tecnológicos e semânticos. A interação cooperativa e conflitiva sempre foi complexa nesse vasto contexto e a expansão científico-tecnológica da atualidade aumenta ainda mais essa complexidade. Do pensamento linear para o pensamento em rede, caracterizado pela imprevisão, o acaso, o desconhecido, o complexo, o ser humano procura um novo discurso para explicar o mundo das novas tecnologias, da globalidade, da inovação e compreender a mudança permanente da sociedade atual.

Na esfera produtiva as mudanças acompanharam as transformações da Ciência. A administração empirista do século XIX deu lugar à Administração Científica de Taylor, à Administração de Fayol, à Teoria da Burocracia de Weber e a tantas outras teorias de gestão que surgiram durante o século XX. Atualmente, em função dos avanços das Tecnologias da Informação e Comunicação, muito se tem pensado e discutido sobre a Gestão do Conhecimento.

Mas, pensando especificamente na Educação, Delcin (2005, p. 58), falando sobre as novas tecnologias digitais e a transformação do ambiente de aprendizagem, comenta:

> O mundo em transformação vai tecendo as redes de significações. Novos conceitos, preconceitos, metáforas, comportamentos, emoções e pensamentos surgem a cada nova experiência de vida. Mas, a Educação ainda está aquém da onda contemporânea do conhecimento e tem utilizado muito pouco os veículos disponíveis a serviço da construção do conhecimento e da formação das pessoas. É preciso conhecer e avaliar a onda digital para saber lidar e até confrontar as transformações de pensamento, comportamentos, regras sociais e atitudes que estão se formando e podem educar ou deseducar o ser humano na atual sociedade da informação.

Esta preocupação do mundo capitalista e pós-moderno carece de uma compreensão ampla e complexa. Discutir conhecimento necessita compreendê-lo em suas várias etapas: desde sua produção até a sua assimilação e conseqüentemente geração de um novo conhecimento. Esse ciclo, aparentemente simples, está intimamente ligado à produção, processamento, disseminação, recuperação, apreensão e gestão de informações.

A ciência por muito tempo somente priorizou o paradigma positivista de pesquisa que, como Moreira e Caleffe (2006) dizem:

> Em resumo, o positivismo adota uma ontologia externo-realista, uma epistemologia objetiva e prefere uma metodologia nomotética. Com relação à ontologia, o positivismo postula que o mundo social é externo à cognição do indivíduo, é um mundo real constituído de fatos rígidos, tangíveis e relativamente imutáveis que podem ser observados, medidos e conhecidos pelo que eles realmente são.

Hoje, os/as pesquisadores/as das ciências sociais e educacionais acreditam, mesmo que com certo receio e críticas, que o conhecimento se faz seja pelo paradigma positivista ou pelo paradigma interpretativo e que, o fundamental é "lidar com os mundos naturais e sociais em que as pessoas habitam. Para entender melhor esses mundos devemos nos concentrar sobre a construção social da realidade e as formas pelas quais a interação social reflete os desdobramentos das definições dos autores de suas situações" (MOREIRA & CALEFFE, 2005, p. 63).

Para além de discutirmos sobre temas atuais que afligem os pesquisadores das diversas áreas de conhecimento, queremos com esse texto refletir especificamente sobre **saber fazer ciência e produção científica**, objetivando contribuir com o conjunto de textos presentes nessa obra, no sentido de orientar o leitor a entender e se colocar no desafio de pesquisar, instigando um novo olhar para o fazer ciência.

Assim, podemos dizer que há muito tempo, em especial no final do século XX e início do XXI, que fazer pesquisa, seja em qualquer área do conhecimento, deixou ser exclusivamente privilégio daqueles que reconheciam o modelo tradicional, isto é, os inspirados no modelo positivista de ciência, de ordem epistemológica e metodológica com enfoque cartesiano e mecanicista da física, como o único caminho a seguir.

Pérez Lindo (2000, p. 24), abordando o século XX como a era das mutações, corrobora com nossas idéias, quando diz:

> Nos debates filosóficos clássicos opunham-se o realismo e o idealismo, o empirismo e o racionalismo, o materialismo e o espiritualismo, o positivismo e o subjetivismo. Por caminhos diferentes, o século XX conseguiu configurar um paradigma interacionista do processo de conhecimento, no qual intervêm realidade, sujeito, linguagem e relação social. As visões monistas ou dualistas perderam consistência.

Pensando, especificamente na nossa história de vida, como estudiosos/as e pesquisadores/as da área de Educação, Educação Física, Economia e Ciência da Informação, podemos discutir como fazer ciência a partir do sentido qualitativo e quantitativo de coletar os dados numa investigação, sem, contudo, valorizar uma atitude em detrimento da outra, na qual o fundamental é que os dados quantitativos possam ser complementados com os detalhes contextuais fornecidos pelos dados qualitativos, ou os discursos coletados possam ser referenciados estatisticamente, oferecendo um panorama numérico do universo pesquisado.

Para André (2003, p. 15), os termos qualitativo e quantitativo devem ser reservados somente "[...] para designar o tipo de dado coletado", necessitando, assim, de outros termos para identificar as diversas modalidades de pesquisa existentes.

Coletar qualitativamente dados não significa somente deixar de mensurar os dados, isto é, não quantificar os resultados, não apresentá-los numericamente aos leitores. Esse tipo de análise de dados envolve uma interpretação complexa dos fenômenos humanos e sociais, transcendendo a manipulação de variáveis ou tratamento experimental.

A abordagem qualitativa de pesquisa tem suas raízes no final do século XIX, quando os cientistas sociais começaram a indagar se o método de investigação das ciências físicas e naturais, que por sua vez se fundamentava numa perspectiva positivista de conhecimento, deveria continuar servindo como modelo para o estudo dos fenômenos humanos e sociais (ANDRÉ, 2003, p. 16).

Segundo a mesma André (2003), a abordagem qualitativa de pesquisa tem suas raízes teóricas na fenomenologia, e muitas são as correntes que a influenciaram, entre elas o interacionismo simbólico, a etnometodologia e a etnografia. Esse tipo de abordagem tem algumas características, que a diferenciam da pesquisa positivista, a saber:

• O instrumento de coleta de dados é marcado pela visão de mundo, pela postura teórica e valores do/a pesquisador/a ou grupo de pesquisadores/as;

• Esse tipo de coleta de dados prevê a interação do/a pesquisador/a com o objeto a ser estudado, sendo essa interligação caracterizada como parte do mundo vivido pelos que investigam o fenômeno;

• Ao reconhecer a marca da subjetividade presente no instrumento de coleta, o/a pesquisador/a se afasta da pesquisa como forma positivista;

• Os possíveis dados quantitativos coletados servirão de base para a análise qualitativa a ser realizada pelo/a pesquisador/a, sem com isso caracterizar positivismo em ciência;

• Quantidade e qualidade se associam para melhor explicitar o fenômeno na dimensão qualitativa, que é proposta de alguns tipos de investigação;

• A atitude qualitativa de coleta de dados não considera os fatos rígidos, tangíveis e relativamente imutáveis, portanto não podem ser medidos, conhecidos e analisados na forma de generalizações.

Já uma atitude estritamente quantitativa de coleta de dados frente a um fenômeno a ser investigado prevê algumas posturas, que, segundo Moreira e Caleffe (2006), traduzem em ações, tais como:

• A atitude quantitativa de pesquisa está intimamente ligada a uma visão positivista de Ciência, que acredita que os fenômenos não apresentam variáveis significantes e, portanto, ao testarem hipóteses, eles esperam alcançar resultados semelhantes, já alcançados em outras experimentações;

• A análise de um determinado fenômeno está relacionada aos fatos rígidos, tangíveis, relativamente imutáveis, que podem ser medidos, observados, analisados, interpretados e compreendidos na forma de generalizações;

• Uma atitude quantitativa de pesquisa necessita de que os dados sejam analisados estatisticamente, apoderando-se numericamente da realidade investigada;

• O positivista, ao analisar quantitativamente os dados de uma investigação, não aceita o uso do pronome "eu" para relatar a mesma, pois acredita que os dados, com certeza, já foram apresentados por outros pesquisadores, quando investigando o mesmo fenômeno, o que necessita de um tratamento impessoal para tal.

Para além do discurso esclarecedor e ao mesmo tempo dicotômico sobre qualidade e quantidade, o que queremos nesse texto é chamar a atenção para a responsabilidade de um indivíduo que se coloca frente à tarefa de fazer pesquisa, objetivando encontrar respostas às questões relacionadas ao cotidiano acadêmico, tais como: do que se trata a metodologia? O que são métodos e técnicas? Quais são os tipos de pesquisa?

O que se percebe, nos dias de hoje, é uma grande variedade de fontes para a coleta de dados e também de tipos de análise, sendo escolhidas e utilizadas em investigações sociais e educacionais, o que prevalece a premissa da importância da pesquisa, pois a mesma "torna o ato de ensinar mais do que a simples aplicação de conhecimento e de habilidades técnicas" (MOREIRA & CALEFFE, 2005, p. 12).

A pesquisa: métodos e técnicas

Quando nos propomos a aprender sobrepondo o conhecimento já disponível nos livros, periódicos, dissertações e teses, e nos predispomos a buscar esse conhecimento a partir de problemas oriundos da nossa prática cotidiana, valorizando as experiências existentes, iniciamos o processo de pesquisar. Para isso precisamos nos preparar rigorosamente para encontrar caminhos adequados, que nos levem a resultados fidedignos frente ao objeto de estudo definido como sendo o foco a ser investigado.

Para pesquisar precisamos de métodos e técnicas que nos levem criteriosamente a resolver os problemas, fruto das nossas necessidades enquanto profissionais das diversas áreas do conhecimento.

Segundo Almeida Júnior (1995, p. 99):

> Tais métodos são "caminhos para" orientar seu trabalho acadêmico para um saber sempre mais, para uma incorporação rica de informações, a fim de que, no domínio desse conhecimento, possa pensar globalmente a realidade e analisá-la com rigor e crítica.

Nesse sentido, é pertinente que a pesquisa científica esteja alicerçada pelo método e pela metodologia, o que significa elucidar a capacidade de observar, selecionar e organizar cientificamente os caminhos que devem ser percorridos para que a investigação se concretize. Para auxiliar os profissionais das diversas áreas de conhecimento que atuam no processo de pesquisa, apresentamos algumas reflexões sobre método e metodologia, a partir de uma concepção contemporânea.

O método tem a gênese no latim, e significa caminho, ou seja, estabelece a atitude que torna possível conhecer uma determinada realidade. O método pressupõe regras, tendo por objetivo normatizar e definir os procedimentos científicos, ou seja, leva-nos a identificar a forma pela qual alcançamos determinado fim ou objetivo.

Pádua (2000) comenta que foi através do método que a ciência se propôs a construir um conhecimento sistemático, sendo necessária uma visão multidimensional do fenômeno humano. Este fenômeno é psíquico, sociológico, econômico, histórico, demográfico, o que significa que esses aspectos não devem ser separados e sim "polioculares", como aponta Morin (1989).

Metodologia vem do grego *meta*, que significa ao largo; *odos*, que é caminho e *logos*, que está relacionado ao estudo. Logo, metodologia é a ciência dos caminhos a seguir.

Também pode ser definida como uma doutrina filosófica que estuda as técnicas de pesquisa próprias de um determinado campo de saber ou como comenta Barros e Lehfeld (2000, p. 1):

> Consiste em estudar e avaliar os vários métodos disponíveis, identificando suas limitações ou não em nível das implicações de suas utilizações. A Metodologia, em um nível aplicado, examina e avalia as técnicas de pesquisa, bem como a geração ou verificação de novos métodos que conduzem à captação e processamento de informações com vistas à resolução de problemas de investigação.

Completando, os mesmos autores anteriormente citados dizem que a visão abstrata da ação é representada pelo método e a visão concreta da operacionalização é a metodologia, ou seja:

> A Metodologia é, pois, o estudo da melhor maneira de abordar determinados problemas no estado atual de nossos conhecimentos. A Metodologia não procura soluções, mas escolhe as maneiras de encontrá-las, integrando os conhecimentos a respeito dos métodos e vigor nas diferentes disciplinas científicas ou filosóficas (BARROS & LEHFELD, 2000, p. 2).

A metodologia definida possibilita ao/à pesquisador/a identificar o tipo de estudo a ser realizado. Dentre os diversos tipos de estudos existentes, vamos abordar, a título de ilustração, os seguintes: bibliográfico, descritivo, história oral e experimental.

Pesquisa bibliográfica – por si só já é uma investigação e promove o contato do/a pesquisador/a com tudo o que já foi produzido na área de interesse, diferentemente da revisão de literatura, que "é um componente obrigatório de todo e qualquer tipo de pesquisa" (MOREIRA & CALEFFE, 2005, p. 74).

Esse tipo de pesquisa prevê o levantamento das obras, principalmente livros e artigos científicos, fundamentais para o estudo em questão, a partir das palavras-chave elencadas como representantes do assunto. Os/as pesquisadores/as têm como tarefas leitura, reflexão crítica e elaboração do material teórico, fruto da análise interpretativa do discurso identificado nas obras selecionadas e não somente uma repetição do que já foi dito.

Gil (1999, p. 65) salienta a vantagem desse tipo de pesquisa, pois considera que ela permite "a cobertura de uma gama de fenômenos muito mais ampla do que aquela que poderia pesquisar diretamente. Esta vantagem se torna particularmente importante quando o problema de pesquisa requer dados muito dispersos pelo espaço".

Segundo Severino (2002, p. 61), esse tipo de pesquisa deve seguir as seguintes etapas para elaboração de um material consistente e representativo:

> **Análise textual** – preparação do texto, a partir de uma visão de conjunto, da busca de esclarecimentos e esquematização do mesmo;
>
> **Análise temática** – compreensão da mensagem do autor, a partir do entendimento do tema, do problema e da tese defendida pelo autor ou autores;
>
> **Análise interpretativa** – interpretação da mensagem do autor a partir da situação filosófica e influências, pressupostos, associação de idéias e crítica;
>
> **Problematização** – levantamento e discussões de problemas relacionados com a mensagem do autor;
>
> **Síntese** – reelaboração da mensagem com base na reflexão pessoal.

Porém há que se chamar a atenção, principalmente, dos/das discentes para que possam iniciar a caminhada rumo à produção do conhecimento, com responsabilidade e seriedade, em prol da execução de uma pesquisa bibliográfica com qualidade, não correndo, assim, o risco de análises distorcidas dos fatos, de dados coletados e/ou processados de forma equivocada.

O/a professor/a orientador/a, nesse caso, é de fundamental importância, pois deve incentivar os/as discentes a "assegurarem-se das condições em que os dados foram obtidos, analisar em profundidade cada informação para descobrir possíveis incoerências ou contradições e utilizar fontes diversas, cotejando-se cuidadosamente" (GIL, 1999, p. 66).

Pesquisa descritiva – está interessada em descobrir e observar fenômenos, procurando descrevê-los, classificá-los e interpretá-los (RUDIO, 2003, p. 71).

Na pesquisa descritiva, o/a pesquisador/a está interessado/a em conhecer a realidade, sem num primeiro momento interferir para modificá-la, o que denota uma contribuição indireta, pois esse tipo de pesquisa necessita, não mais que os outros, porém de forma eficiente e abrangente, de que os dados sejam publicados para conscientização da população pesquisada, quanto à realidade em questão. Além disso, fica claro que o retorno ao universo investigado, trazendo à baila os resultados alcançados com a pesquisa descritiva, é fundamental para possíveis mudanças, senão imediatas, para provocar um processo de transformações internas e externas.

Dentre as diversas formas que a pesquisa descritiva pode aparecer, segundo Rudio (2003), como exemplos temos: pesquisa documental, pesquisa de opinião e estudo de caso.

> **Pesquisa documental** – assemelha-se muito à pesquisa bibliográfica, tendo como única diferença o tipo de fonte pesquisada. Enquanto a primeira busca dados em livros e artigos científicos, a segunda prevê a produção do conhecimento novo em função dos documentos, tenham eles já recebido tratamento analítico, denominados de primeira mão (documentos oficiais, reportagens de jornal, contratos, diários, filmes, fotografias, gravações, entre outros) ou não, denominados de segunda mão (relatórios de pesquisa, relatórios de empresas, tabelas estatísticas, entre outros).

> **Pesquisa de opinião** – procura identificar atitudes, pontos de vista e preferências que têm as pessoas a respeito de algum tema/problema. Os dados coletados podem ser analisados qualitativamente, utilizando-se de palavras para descrever a realidade e/ou quantitativamente, com intuito de oferecer, numericamente, o referencial sobre a realidade estudada e descrita.

> **Estudo de caso** – prevê a descrição exaustiva de um determinado fenômeno, seja relacionado a um indivíduo, família, grupo ou comunidade, com o objetivo de conhecer especificamente a realidade total ou parcial desse universo.

Pesquisa em história oral – é um tipo de pesquisa que valoriza, além dos dados escritos, os relatos orais, enfatizando a importância da memória e dos fatos contados a partir dessa. Para Ferreira (1997, p. 66), "a grande riqueza da história oral é a comunicação em presença, a energia, o envolvimento multisensorial que inclui, entre outras, a categoria da fascinação".

É o mesmo Ferreira (1997, p. 9) que nos leva a entender que um dos objetivos da história oral é:

> [...] preencher as lacunas deixadas pelas fontes escritas. Esta abordagem tem-se voltado tanto para os estudos das elites, das políticas públicas implementadas pelo Estado, como para a recuperação da trajetória dos grupos excluídos, cujas fontes são especialmente precárias.

Dentre as formas em que se apresenta a história oral temos: história de vida e depoimentos pessoais.

> • **História de vida** – "relato de um narrador sobre sua existência através dos tempos, tentando reconstituir os acontecimentos que vivenciou e transmitir a experiência que adquiriu" (QUEIROZ, 1988, p. 20).
> • **Depoimentos pessoais** – "está intimamente ligada à técnica de história de vida, e deve ser utilizada quando o pesquisador quer atingir um lapso de tempo mais reduzido, mais localizado" (GAIO, 2006, p. 98).

Nesse tipo de pesquisa é solicitado que o/a pesquisador/a tenha um contato direto com o sujeito ou os sujeitos a serem investigados, e que possam os mesmos relatar livremente sobre sua vida (história de vida), além de posicionar-se (depoimentos) sobre questões que lhes são colocadas como fundamentais para o entendimento do fenômeno pesquisado. Ao/a pesquisador/a só resta, num primeiro momento, ouvir, gravar e na seqüência trabalhar os dados levantados por outros procedimentos. "Este é o grande desafio da utilização deste processo metodológico; não se trata apenas de aplicá-lo habilmente, mas de demonstrar habilidade no uso das informações por ele fornecidas" (GAIO, 2006, p. 99).

Em pesquisa sobre a história dos corpos deficientes, Gaio (2006, p. 96) enfatiza os objetivos alcançados com esse tipo de pesquisa, que pode servir de exemplo para outros estudos:

> Acreditamos que a metodologia de história oral, com a técnica de história de vida e depoimentos pessoais, somada aos dados colhidos junto aos documentos já existentes, nos conduzirá a uma história mais completa do ponto de vista das necessidades e anseios dessas pessoas frente à problemática da discriminação instituída pelas diferenças.

Pesquisa experimental – promove o conhecimento do fenômeno estudado a partir das causas e modos que o mesmo é produzido.

Para Rudio (2003, p. 72), a pesquisa experimental:

> [...] está interessada em verificar a relação de causalidade que se estabelece entre variáveis, isto é, em saber se a variável X (independente) determina a variável Y (dependente). E, para isto, cria uma situação de controle rigoroso, procurando evitar que, nela, estejam presentes influências alheias à verificação que se deseja fazer. Depois interfere-se diretamente na realidade, dentro de condições que foram preestabelecidas, manipulando a variável independente para observar o que acontece com a dependente. Nestas circunstâncias, X (variável independente) será causa de Y (variável dependente) se: a) Y não apareceu antes de X; b) se Y varia quando há também variação de X; c) se outras influências não fizeram X aparecer ou variar.

De acordo com Gil (1999), Rudio (2003) entre outros, um estudo reconhecido como pesquisa experimental pode apresentar as seguintes características:

• Estuda a relação entre fenômenos, com objetivo de saber se um é causa do outro;

• Propõe-se a admitir ou não veracidades das hipóteses anteriormente levantadas;

• Prevê que o universo da pesquisa seja composto por dois grupos com características semelhantes, sendo um denominado experimental e o outro controle;

• Prevê também que os grupos recebam tratamentos diversos, porém acompanhamentos semelhantes;

• Em função da comparação entre dois grupos, é necessário um tratamento estatístico complexo.

Percebe-se, atualmente, no mundo da ciência e da produção científica, que todos os tipos de pesquisas, em especial a experimental, desenvolvidas com porções de líquidos, bactérias ou ratos, não encontram grandes limitações e impedimentos; contudo, em ciências sociais e educacionais, para pesquisa envolvendo seres humanos, a aprovação para a realização de tal tipo de pesquisa deve vir de um comitê de ética e o projeto deve contemplar, entre outros, os seguintes itens: relevância social da pesquisa e os riscos e benefícios que a mesma pode trazer para a comunidade investigada.

Como complemento, para que a metodologia se concretize, surge a técnica, identificada como a parte prática, o suporte ou o instrumento, pelo qual se desenvolve a habilidade de ensinar, aprender, produzir, descobrir e inventar; em outras palavras, tenta responder por quais meios chega-se a um determinado conhecimento.

As palavras de Marconi e Lakatos (2002, p. 57) expõem o conceito de técnica: "[...] é um conjunto de preceitos ou processos de que se serve uma ciência ou arte; é a habilidade para usar esses preceitos ou normas, a parte prática".

A técnica está associada aos instrumentos que vão auxiliar a busca dos resultados, ou seja, ela define os procedimentos empregados pelo pesquisador para os levantamentos dos dados e das informações necessárias para responder ao problema estabelecido.

São exemplos de técnicas o questionário, a entrevista, o formulário e a observação.

1) Questionário

Ao optar pela elaboração do questionário é preciso considerar o fim e o propósito a ser alcançado, selecionando questões que efetivamente representem o objetivo da investigação.

Em geral, o questionário é respondido pelo próprio entrevistado, sendo composto de perguntas abertas (aquelas em que o pesquisado tem liberdade total para responder), de perguntas fechadas (aquelas que restringem a liberdade de respostas) ou mistas em que se mesclam as duas opções.

Segundo Barros e Lehfeld (2002), as perguntas podem ser estabelecidas de acordo com seus objetivos:

a) **Perguntas de fato** – são as que têm relação com o perfil do participante, ou seja, idade, sexo, religião, estado civil, tempo de formação acadêmica, entre outras.

b) **Perguntas de ação** – são as que estão relacionadas ao comportamento e ações do presente e do passado.

c) **Perguntas de opinião** – são as que focam a opinião dos participantes em relação a um assunto ou assuntos em questão.

d) **Perguntas de intenção** – são as relativas ao futuro, buscando identificar as ações ou intervenções que o participante pretende fazer num dado período.

São pontos relevantes a serem considerados na elaboração do questionário: a determinação do tamanho, do tipo de letra, da disposição das questões, do conteúdo, e a clareza de apresentação das questões, as quais devem estar em consonância com o(s) objetivo(s) da pesquisa. É recomendável que o questionário seja respondido em aproximadamente 15 a 20 minutos, pois se for muito extenso é desmotivante e pode condicionar respostas muito rápidas e superficiais, mas se for curto pode não oferecer as informações necessárias.

É importante atentar para a redação das questões, sugerindo-se um estudo piloto ou um pré-teste com uma pequena população, visando aferir a fidedignidade (qualquer pessoa pode aplicar e obter os mesmos resultados), a validade (os dados recolhidos são necessários à pesquisa), a operatividade (vocabulário acessível e claro), a verificação de dúvidas, as dificuldades no preenchimento e a necessidade de introdução ou supressão de perguntas. Uma outra opção é validar o instrumento por profissionais que estudam a temática em foco (BARROS & LEHFELD, 2002; MARCONI & LAKATOS, 2002).

Uma das preocupações na elaboração das questões é a possibilidade de sentidos ambíguos ou induzidos ou mesmo aqueles que não são claros quanto ao propósito.

As vantagens da aplicação do questionário estão na abrangência em número de pessoas, principalmente aquelas que estão geograficamente distantes, no custo reduzido que ele propicia, obtenção de respostas mais rápidas e mais precisas, maior liberdade nas respostas em função do anonimato, maior tempo para responder e em momento mais favorável, maior uniformidade na avaliação, como conseqüência da natureza impessoal, sendo a exigência mínima o participante ser alfabetizado.

Porém, nem todos têm boa disposição e vontade para respondê-lo, o que acarreta desvantagens neste tipo de opção de coleta de dados. Também o desconhecimento das circunstâncias em que foram preenchidos dificulta o controle e a verificação, pois, por exemplo, pode ser respondido por outra pessoa que não a selecionada.

O questionário pode ser aplicado de duas formas: através do contato direto ou ser enviado pelo correio. Se a opção for pela entrega aos respondentes, pode ser acompanhado de uma explicação dos objetivos da pesquisa, esclarecendo possíveis dúvidas com relação a certas questões.

Caso o instrumento seja enviado pelo correio, deve estar acompanhado de uma carta garantindo o sigilo e contendo todas as instruções necessárias ao preenchimento do mesmo, além de motivar e demonstrar a importância da participação na investigação. Também deve ser acompanhado de uma carta resposta endereçada ao pesquisador, para evitar que o participante tenha preocupações com esta questão.

2) Formulário

Caracteriza-se por designar um rol de questões que são perguntadas e anotadas por um entrevistador, numa situação "face a face" com o entrevistado.

Em geral, se constitui de perguntas fechadas, sendo mais adequados à quantificação por serem mais fáceis de codificar e tabular. As perguntas devem ser ordenadas das mais fáceis às mais complexas, referindo-se a uma idéia de cada vez, respeitando o nível de conhecimento dos informantes.

Recomenda-se a aplicação de um pré-teste para validação do instrumento, bem como dados que identifiquem o participante como sexo, idade, estado civil, profissão, entre outros.

Este tipo de instrumento apresenta as seguintes vantagens: pode ser aplicado a qualquer segmento da população, pois é preenchido pelo pesquisador; permite explicações considerando o contato com o pesquisador; flexibilidade por adaptar-se às necessidades de cada situação; facilidade na aquisição de um número representativo de participantes e uniformidade nas respostas em função de ser respondido pelo pesquisador.

Como desvantagem oferece menos liberdade de respostas; risco de distorções, pela influência do aplicador; menor tempo para responder às perguntas; mais demorado por ter que ser aplicado a uma pessoa de cada vez e pessoas imprescindíveis na investigação, que moram distantes, podem tornar a resposta difícil, demorada e dispendiosa.

3) Observação

É uma técnica de coleta de dados no campo, que tem por objetivo conseguir informações de determinados aspectos da realidade. Neste sentido apenas ver e ouvir não são suficientes para que a investigação ocorra, mas também é preciso examinar com rigor os fatos ou fenômenos que estão sendo estudados.

Com base em Marconi e Lakatos (1990, p. 79) a observação tem como propósito auxiliar o pesquisador a:

> [...] identificar e a obter provas a respeito de objetivos sobre os quais os indivíduos não têm consciência, mas que orientam seu comportamento. Desempenha papel importante nos processos observacionais, no contexto da descoberta, e obriga o investigador a um contato mais direto com a realidade.

Nesta técnica, em geral, são explicitadas diretamente as atitudes comportamentais do grupo investigado, permitindo a evidência dos dados que podem ser suprimidos em outras técnicas de pesquisa.

O maior risco que esta técnica apresenta é quanto à duração dos acontecimentos, pois estes podem sofrer variações, serem rápidos demais ou lentos inesperadamente, como também podem ter a possibilidade de acontecer duas situações ao mesmo tempo, o que dificulta a coleta dos dados.

A observação pode ocorrer de diferentes formas, a saber: quanto aos meios ou à estruturação, quanto à participação do observador, em relação ao número de observações e quanto ao local da observação.

• Quanto aos meios: assistemática e sistemática

A observação assistemática ou não-estruturada está relacionada aos acontecimentos que ocorrem sem planejamento e sem controle anteriormente elaborado, como decorrência de fenômenos que surgem de imprevisto, sendo que a complementação pode ser feita através de fotos, filmes, gravações, noticiários, entre outros.

A característica é que muitas vezes é a única oportunidade para estudar determinados fenômenos, sendo impossível prever uma situação controlada, o que significa que o pesquisador deve ter uma atitude de *prontidão e atenção*.

Nesta lógica, o êxito da utilização desta técnica está intimamente relacionada às atitudes de atenção do observador, como também na fidelidade dos registros dos dados, colocando em suspensão envolvimento a aspectos emocionais e emissão de juízos de valor para os acontecimentos.

Rudio (2003, p. 35) diz que "[...] é o fato de o conhecimento ser obtido através de uma experiência casual, sem que se tenha determinado de antemão quais os aspectos relevantes a serem observados e que meios utilizar para observá-los".

Para alguns autores não é considerada uma técnica científica, podendo ser identificada como um estudo exploratório. Porém para outros, como Ander-Egg (1978, p. 97), a observação assistemática "[...] não é totalmente espontânea ou casual, porque um mínimo de interação, de sistema e de controle se impõem em todos os casos, para chegar a resultados válidos. De modo geral, o pesquisador sempre sabe o que observar".

Rudio (2003) contrapõe dizendo que a caracterização desta técnica está associada ao fato de o conhecimento ser obtido a partir de uma experiência casual, sem que sejam estabelecidos *a priori* quais os aspectos relevantes a serem observados, assim como os meios usados para tal.

Já a observação sistemática, estruturada ou planejada ocorre em condições controladas para responder a propósitos que foram definidos antecipadamente; neste caso o observador deve aprender a usar sua própria pessoa como o principal e mais confiável instrumento de observação, seleção, coordenação e interpretação (MAZZOTTI & GEWANDSZNAJDER, 1999).

Sugere-se, nesta técnica, estabelecer um Roteiro ou as Unidades de Observação, para que o pesquisador obtenha todas as informações necessárias no momento em que está analisando o fenômeno, exigindo atenção redobrada para que tudo o que ocorra possa ser observado, evitando, se possível, fatos imprevisíveis.

Markoni e Lakatos (1990, p. 81) apresentam uma definição que deve ser destacada: "Na observação sistemática o observador sabe o que procura e o que carece de importância em determinada situação; deve ser objetivo, reconhecer possíveis erros e eliminar sua influência sobre o que vê ou recolhe".

O Roteiro ou as Unidades de Observação não deve significar um engessamento para a pesquisa, mas devem ser planejadas e sistematizadas.

Para o planejamento desta técnica é necessário responder às seguintes questões:

1) Por que observar? Refere-se ao planejamento e registro da observação.

2) Para que observar? Estabelece os objetivos da observação.

3) Como observar? Está relacionado aos instrumentos utilizados.

4) O que observar? Significa definir o campo de observação (população, circunstância e local).

A sistematização pode ser feita, preferencialmente, através do que chamamos de Diário de Campo. Este instrumento é um registro de fatos observados através de anotações pessoais. Estes apontamentos podem ser feitos a mão, gravados em fitas cassete ou vídeo ou fotografados. O pesquisador deve anotar as atividades realizadas, as não-realizadas, as justificativas, as percepções subjetivas, as vivências e experiências obtidas na pesquisa, sendo uma espécie de agenda cronológica do processo da investigação.

Diante do exposto, segundo Mazzotti e Gewandsznajder (1999), o observador deve assimilar algumas habilidades como: ser capaz de estabelecer uma parceria de confiança com os sujeitos participantes; ter sensibilidade no convívio com as pessoas; saber ouvir; formular perguntas relevantes; ter familiaridade com as questões investigadas; ser flexível em situações inesperadas e não se preocupar imediatamente com padrões e juízos de valor aos fenômenos observados.

- **Quanto à participação: não participante e participante**

A não-participante é quando o pesquisador toma contato com a comunidade, grupo ou realidade estudada, mas não se integra a ela, ou seja, aparece como um elemento que "vê de fora". Enquanto na observação participante o investigador interage com a população de estudo, podendo até se confundir com ela. Com esta ação o pesquisador fica no mesmo patamar do observado, o que explicita a subjetividade, podendo surgir preferências pessoais ou antipatias.

Nesta técnica, os sujeitos sabem que o observador é o pesquisador, e os membros do grupo, ao mesmo tempo, participam dos objetivos do planejamento ao mesmo tempo em que o observador se integra às atividades do grupo de sujeitos.

Segundo Markoni e Lakatos (1990) a observação participante pode ser natural quando o observador é membro da comunidade investigada e artificial quando ele se integra a ela com o objetivo de investigar.

Esta técnica não é só um instrumento de captação de dados, mas também um instrumento de modificação do meio pesquisado, ou seja, de mudança social. Em outras palavras, um compartilhar consciente e sistemático, conforme as circunstâncias o permitam, nas atividades de vida e, eventualmente, nos interesses e afetos de um grupo de pessoas (BRUYNE, 1977).

- **Quanto ao número de observadores: individual e equipe**

A individual, o próprio nome já diz, é realizada por uma única pessoa, sendo que as suas vantagens estão associadas à objetividade das informações.

Já a observação em equipe tem o recurso de vários observarem as ocorrências por vários ângulos. Nessa opção, de acordo com Marconi e Lakatos (2002), a observação pode ocorrer de diversas formas. Uma é quando todos observam ao mesmo tempo para evitar distorções que podem surgir de cada pesquisador; outra quando cada um observa um aspecto diferente; uma outra possibilidade é parte da equipe se responsabilizar pela observação e parte por outros procedimentos e finalmente a possibilidade de estabelecer uma rede de observação em locos diferentes, como outra cidade, região ou país, ou seja, é uma observação "em massa".

- **Quanto ao local da observação: vida real e em laboratório**

Quanto à observação na vida real, está relacionada às observações *in loco*, registrando os fatos na medida em que ocorrem. As observações em laboratório estão vinculadas às condições cuidadosamente dispostas e controladas, embora fatos humanos dificilmente são aferidos neste local.

4) Entrevista

A entrevista pode ser a principal fonte de coleta de dados ou ser parte de outras formas de buscar as informações necessárias, permitindo tratar de temas complexos que dificilmente poderiam ser investigados adequadamente através de questionários ou outras formas de coleta.

De acordo com Mazzotti e Gewandsznajder (1999, p. 168), "Tipicamente, o investigador está interessado em compreender o significado atribuído pelos sujeitos a eventos, situações, processos ou personagens que fazem parte de sua vida cotidiana".

Quanto aos objetivos da entrevista, Marconi e Lakatos (2002) comentam que visam determinar averiguar a opinião sobre "fatos"; identificar os sentimentos e anseios frente ao fenômeno investigado; descobrir planos de ação para determinada situação e verificar a conduta atual, do passado ou do futuro frente a diversidades de situações.

Em geral utiliza-se um gravador para transcrição posterior, sendo necessária a autorização do entrevistado.

Em média, as entrevistas podem ser: estruturadas, semi-estruturadas, não-estruturadas ou mistas. As estruturadas são aquelas que trazem questões previamente formuladas em geral o que chamamos de "perguntas geradoras". Neste caso, o pesquisador estabelece um roteiro prévio de perguntas, não sendo permitido alteração e nem inclusão de questões ao longo do processo da investigação.

As semi-estruturadas podem ser comparadas a uma conversa sem uma ordem rigidamente estabelecida para as perguntas, porém complementada por perguntas específicas ou questões-guia. Neste tipo de opção, em geral, o pesquisador está interessado em compreender o significado atribuído pelos sujeitos a situações que fazem parte de seu cotidiano.

Esta proposta é utilizada quando o entrevistador tem pouca clareza sobre aspectos mais específicos a serem abordados, sendo complementados ao longo da entrevista (MAZZOTI & GEWANDSZNAJDER, 1999).

Nas entrevistas não-estruturadas, o entrevistador introduz o tema da pesquisa, solicitando que o sujeito fale sobre ele, eventualmente inserindo alguns tópicos de interesse no fluxo da conversa, com vistas a coletar dados que possam ser utilizados para interpretar os aspectos mais relevantes do fenômeno investigado. Nesta opção há necessidade de o pesquisador ter um domínio do quadro teórico que vai investigar para não perder o foco do que vai interpretar, considerando que a resposta a uma questão origina a pergunta seguinte e uma entrevista ajuda a direcionar a subseqüente.

As mistas são os tipos de entrevista que misturam as duas opções anteriormente definidas.

As vantagens da entrevista estão em poder ser aplicada a qualquer segmento da população; há maior flexibilidade pelo contato pessoal que se estabelece; oferece maior oportunidade de avaliar atitudes, condutas do entrevistado; possibilita obtenção de dados que não se encontram em fontes documentais e que sejam relevantes e significativas, além de permitir informações mais precisas, podendo ser comprovadas imediatamente as discordâncias.

As desvantagens são a dificuldade de expressão e comunicação de ambas as partes; incompreensão, por parte do entrevistado, do significado das perguntas, podendo levar à falsa interpretação; possibilidade de o entrevistado ser influenciado pelo aspecto físico, idéias, opiniões do pesquisador; retenção de dados relevantes, receando a identificação e tempo de realização por ser feita individualmente.

A entrevista requer uma preparação, exigindo tempo do pesquisador no que se refere a: contato inicial com o entrevistado; agendamento da entrevista; garantia de sigilo para o entrevistado; conhecimento antecipado do local; roteiro/objetivos da entrevista; formulação das perguntas; registro das respostas e término da entrevista.

Definido o instrumento de coleta de dados, é preciso definir o **Universo da Pesquisa** que deve ser dividido em local e aqueles que participam da pesquisa, os quais podem ser identificados como: participantes, população de estudo, público-alvo, sujeitos ou amostra, dependendo do método escolhido.

O local da pesquisa está relacionado ao estabelecimento e à caracterização do espaço em que será desenvolvida a pesquisa. A tendência é ressaltar o espaço físico, o organograma, os funcionários, os responsáveis/coordenadores ou outras questões que dão identidade ao *locus* da investigação.

Este item pode ser concretizado, a partir do estabelecimento de critérios de inclusão ou de exclusão. Os critérios de inclusão estão relacionados a itens que o pesquisador estabelece de acordo com os objetivos do estudo. Já os critérios de exclusão estão associados às características definidas pelo/a investigador/a, como indesejáveis para o local a ser pesquisado.

Sugere-se que o pesquisador faça o levantamento do número total do(s) local(is) da investigação e, ao estabelecer os critérios, defina o número real a ser pesquisado. Tendo como base o local, passa-se à definição dos participantes da pesquisa. Inicialmente, sugerimos que a identificação dos sujeitos ocorra a partir da ajuda de informantes que conheçam as características e/ou funções do contexto estudado; ou a partir de experiências empíricas vivenci-adas pelo pesquisador; ou através de dados cadastrados e sistematizados.

Para a definição dos sujeitos há os seguintes critérios: não probabilísticos, probabilísticos.

• **Critérios não probabilísticos**

A característica principal é a de que a seleção não se dá por via estatística, mas pode ser a partir de critérios de inclusão e ou exclusão, ou também pode ser feita por conveniência, intencional, por júris ou por tipicidade.

Por conveniência (acidental) – baseia-se na viabilidade, ou seja, os parti-cipantes são selecionados por proximidade ou disponibilidade. Exemplo: es-colhemos alguns alunos do curso de graduação em Educação Física, disponí-veis no intervalo das aulas, para identificar a opinião deles sobre o Laboratório de Informática.

Intencional – quando o pesquisador faz a seleção por juízo particular, de acordo com o conhecimento do participante ou representatividade subjetiva. Nesta situação o pesquisador pode selecionar um conhecedor específico de determinado assunto e aqueles que usufruem do espaço para emitir a sua per-cepção sobre a qualidade dos serviços.

Nesta opção o pesquisador está interessado na opinião (ação, intenção, entre outros) de determinados elementos da população e não representativos dela.

Por júris – está relacionado a obter informações detalhadas, durante cer-to tempo, sobre questões particulares. São escolhidos sujeitos representati-vos de um determinado grupo.

Por tipicidade – está relacionado à procura de um subgrupo que seja típi-co em relação à população como um todo.

• **Critérios probabilísticos**

Neste caso, os participantes da pesquisa têm a mesma chance de serem escolhidos. A seleção ocorre aleatoriamente ou ao acaso, sem critérios previa-mente estabelecidos, partindo do princípio de que há uma probabilidade igual para todos participarem.

Nesta opção, há necessidade da relação de todos os elementos que for-mam a população, sendo que entre os possíveis métodos temos os seguintes:

Casual simples ou aleatória – a seleção é feita a partir de uma tabela com nomes aleatórios e supõe uma lista completa e correta de todos os indivíduos que fazem parte da população (feita por tabela de números aleatórios – computador).

Sistemática – é empregada quando a lista da população é longa. O pesquisador escolhe na lista um indivíduo a cada X lugares.

Estratificada – a população é cadastrada e dividida, formando estratos, ou seja, seleciona-se uma amostra de cada subgrupo da população considerada. Pode ser em propriedades como sexo, idade ou classe social (exemplo: mulher com mais de 18 anos ou homem com mais de 18 anos; mulher com menos de 18 anos ou homem com menos de 18 anos). O grupo deve ser homogêneo; preferencialmente (usado em comparação de grupos), chega-se a uma amostra aleatória simples.

Conglomerados – utilizada quando é difícil a identificação dos seus elementos (é o caso de todos os habitantes de uma cidade) (BARROS & LEHFELD, 2002). Divide-se a população em um número elevado de grupos (conglomerados), o mais heterogêneo possível, ou se utiliza grupos já formados. Conglomerados típicos são: quarteirões, famílias, organizações. Seleciona-se um número de conglomerados de forma aleatória, os quais farão parte da amostra (evita listas completas).

A partir da definição do universo real da pesquisa passa-se à fase de coleta de dados, sendo que o encerramento se dá, considerando as seguintes formas:

• Pela redundância ou saturação dos dados, ou seja, quando as informações já obtidas são suficientes para interpretar o fenômeno estudado, não necessitando incluir mais elementos;

• A partir do momento em que todos os participantes são ouvidos/entrevistados.

Saboreando o saber: uma prática na formação de educadores

Nesse momento do texto, queremos apresentar algumas dicas para os/as profissionais que trabalham na árdua tarefa de ensinar os discentes dos diversos cursos de graduação e pós-graduação a fazer pesquisa ou se tornar pesquisadores, no que tange especificamente à estruturação do método e da metodologia:

• Refletir sobre conhecimento, ciência e pesquisa;

• Analisar os métodos qualitativo e quantitativo;

• Discutir metodologia, estabelecendo tipos de estudos, possíveis técnicas de coleta de dados e o universo da pesquisa;

- Auxiliar no estabelecimento dos procedimentos metodológicos;

- Orientar a tabulação dos dados;

- Possibilitar a aprendizagem de formas de análise e interpretação dos resultados à luz do referencial teórico produzido;

- Estimular a redação acadêmica do trabalho final, visando a elaboração das considerações finais;

- Incentivar a participação e publicação do trabalho em eventos científicos e/ou periódicos da área em questão.

É fundamental que nós, professores-pesquisadores, tomemos como referencial que "um conhecimento é novo se ele é admitido como tal pela comunidade mais autorizada para sustentar um julgamento desse tipo (seja em razão do momento, da importância ou da originalidade da qualidade de novo)" (BEILLEROT, 2002, p. 74).

Assim, nossa tarefa é ensinar aos discentes que uma produção científica, para ser considerada como tal, necessita de:

- Ser conhecimento novo para a sociedade em geral, para além de simples descobertas programadas;

- Ter sido gerada a partir de rigorosos encaminhamentos metodológicos, suficientemente sistematizados para serem reproduzidos;

- Estar prevista a comunicação de resultados em níveis nacionais e internacionais, visando possíveis discussões, críticas e trocas de conhecimento.

Referências

ALVES, R. (1991). Ciência é coisa boa. In: MARCELLINO, N.C. (org.). **Introdução às ciências sociais**. 4. ed. Campinas: Papirus.

ANDER-EGG, E. (1978). **Introdución a lás técnicas de investigación social**: para trabajadores sociales. 7. ed. Buenos Aires: Humanitas.

ANDRÉ, M. (org.) (2002). **O papel da pesquisa na formação e na prática de professores**. 2. ed. Campinas: Papirus.

ANDRÉ, M.E.D.A. (2003). **Etnografia da prática escolar**. 10. ed. Campinas: Papirus.

ASSMANN, H. (org.) (2005). **Redes digitais e metamorfose do aprender**. Petrópolis: Vozes.

BARROS, A.J.S. & LEHFELD, N.A.S. (2000). **Fundamentos de metodologia científica**. 2. ed. São Paulo: Makron Books.

_____ (2002). **Projeto de pesquisa**: propostas metodológicas. São Paulo: Vozes.

BEILLEROT, J. (2002). A "Pesquisa": esboço de uma análise. In: ANDRÉ, M. (org.). **O papel da pesquisa na formação e na prática de professores**. 2. ed. Campinas: Papirus.

BRUYNE, P. et al. (1977). **Dinâmica da pesquisa em ciências sociais**: os pólos da prática metodológica. Rio de Janeiro: Francisco Alves.

CARVALHO, M.C.M. (org.) (1995). **Construindo o saber**: metodologia científica, fundamentos e técnicas. 5. ed. Campinas: Papirus.

_____ (1995). A construção do saber científico: algumas posições. In: CARVALHO, M.C.M. (org.). **Construindo o saber**: metodologia científica, fundamentos e técnicas. 5. ed. Campinas: Papirus.

DELCIN, R.C.A. (2005). A metaformose da sala de aula para o ciberespaço. In: ASSMANN, H. (org.). **Redes digitais e metamorfose do aprender**. Petrópolis: Vozes.

DUARTE, J. & BARROS, A. (2005). **Métodos e técnicas de pesquisa em comunicação**. São Paulo: Atlas.

FACHIN, O. (2001). **Fundamentos de metodologia**. São Paulo: Saraiva.

FERREIRA, J.P. (1997). Os desafios da voz viva. In: SIMSON, O.M.V. (org.). **Os desafios contemporâneos da história oral**. Campinas: Unicamp.

GAIO, R. (2006). **Para além do corpo deficiente**: histórias de vida. Jundiaí: Fontoura.

GIL, A.C. (1999). **Métodos e técnicas de Pesquisa Social**. São Paulo: Atlas.

HÉBERT-LESSARD, M.; GOYETTE, G.; BOUTIN, G. (1990). **Investigação qualitativa**: fundamentos e práticas. 2. ed. Lisboa: Instituto Piaget.

KÖCHE, J.C. (2005). **Pesquisa científica**: critérios epistemológicos. Petrópolis: Vozes.

MARCELLINO, N.C. (org.) (1991). **Introdução às ciências sociais**. 4. ed. Campinas: Papirus.

MARCONI, M.A. & LAKATOS, E.V. (2002). **Técnicas de pesquisa**. 5. ed. São Paulo: Atlas.

MATALLO JR., H. (1995). A problemática do conhecimento. In: CARVALHO, M.C.M. (org.). **Construindo o saber**: metodologia científica, fundamentos e técnicas. 5. ed. Campinas: Papirus.

MAZZOTTI, A.J.A. & GEWANDSZNAJDER, F. (1999). **O método nas ciências naturais e sociais**: pesquisa quantitativa e qualitativa. São Paulo: Thomson.

MORAIS, J.F.R. (1995). Ciência e perspectivas antropológicas hoje. In: CARVALHO, M.C.M. (org.). **Construindo o saber**: metodologia científica, fundamentos e técnicas. 5. ed. Campinas: Papirus.

MOREIRA, H. & CALEFFE, L.G. (2005). **Metodologia da pesquisa para o professor-pesquisador**. Rio de Janeiro: DP&A.

MORIN, E. et al. (1989). **Idéias contemporâneas**. São Paulo: Ática.

OLIVEIRA, S.L. (1997). **Tratado de metodologia científica**. São Paulo: Pioneira.

PÁDUA, E.M.M. (2000). **Metodologia da pesquisa**: abordagem teórico-prática. 6. ed. Campinas: Papirus.

PÉREZ LINDO, A. (2000). **A era das mutações**: cenários e filosofias de mudanças no mundo. Piracicaba: Unimep [Tradução de Francisco Cock Fontanella].

QUEIROZ, M.I.P. (1988). Relatos orais: do "indizível" ao "dizível". In: SIMSON, O.M.V. (org.). **Experimentos com histórias de vida** (Itália-Brasil). São Paulo: Vértice/Revista dos Tribunais.

RUDIO, F.V. (2003). **Introdução ao projeto de pesquisa científica**. 31. ed. Petrópolis: Vozes.

SANTO, A.E. (1992). **Delineamentos de metodologia científica**. São Paulo: Loyola.

SEVERINO, A.J. (2002). **Metodologia do trabalho científico.** 22. ed. São Paulo: Cortez.

SIMSON, O.M.V. (org.) (1997). **Os desafios contemporâneos da história oral**. Campinas: Unicamp.

_____ (1988). **Experimentos com histórias de vida** (Itália-Brasil). São Paulo: Vértice/Revista dos Tribunais.

PRODUÇÃO CIENTÍFICA: TOQUES E RETOQUES

Roberta Gaio
Denis Terezani
Flávia Fiorante

Introdução

Atualmente não se concebe a vida acadêmica sem o alicerce construído a partir do tripé ensino, pesquisa e extensão. Toda e qualquer universidade que se diz detentora, reprodutora e produtora do saber científico, deve promover espaços de diálogo, de intervenção e de investigação.

Intervenção quando, junto à comunidade, se propõem ações de ensinar e aprender, fazendo e compreendendo, através da articulação entre teoria e prática, as relações interpessoais que se estabelecem em projetos de extensão. Investigação quando se busca o conhecimento novo, uma vez que o conhecimento, de uma certa forma, é resultado de uma sociedade mutante, que está sempre em transformação, e o diálogo entre o conhecimento que já existe e um novo olhar para o mesmo fenômeno, para que o ensino possa acontecer com e de qualidade.

Como diz Köche (2005, p.13):

> A universidade é o lócus por excelência da produção, desenvolvimento e socialização do conhecimento. Um dos seus objetivos principais, paralelamente ao de qualificar profissionalmente em uma determinada área do conhecimento, é o de ensinar aos seus alunos o processo científico de investigação.

Saber fazer – o que, quando e como – é fruto de um constante movimento de ensino, pesquisa e extensão. Pensar na educação como um diálogo que necessita de investigações que, muitas vezes, priorizem o *feedback* da comunidade em momentos de intervenção é o que propomos para uma educação que se diz voltada à realidade social.

Gaio e Porto (2004, p. 85), pela leitura da "Política Acadêmica da Universidade Metodista de Piracicaba" apontam as concepções de ensino, pesquisa e extensão instalada nessa instituição, que abaixo são relatadas:

• **Ensino:** constitui-se na ação pedagógica da transmissão do conhecimento, contextualizado nos projetos pedagógicos de cada curso. Sobretudo, paralelamente à exposição do conhecimento, a apresentação e a construção do método devem ser inseparáveis, explicitando a inserção do mesmo no âmbito social, considerando sua história, sua contemporaneidade e relevância. Dessa forma, a ação pedagógica assim concebida desperta no alunado o desenvolvimento crítico e criativo no dia-a-dia da sala de aula, bem como, na práxis social, em que estará estabelecendo vínculos diretos entre a teoria e a prática;

• **Pesquisa:** na dimensão ético-valorativa da pesquisa a Política apresenta duas direções: a) a universidade gera questionamentos e propostas que busquem soluções científicas a problemas situados na comunidade a qual deve servir, exigindo constante análise da relação sociedade-universidade; b) só haverá sociedade a partir da possibilidade do compartilhar o bem comum, em bases sociais, econômicas e culturais justas, em que a participação na construção desse bem seja democraticamente garantida a todos;

• **Extensão:** ocorre através de seus cursos ou institucionalmente, em que são criados espaços de diálogo da universidade com a sociedade na interpretação da situação histórico-cultural da totalidade, comprometidos com as lutas de transformação social, atraindo para a construção da cidadania como patrimônio coletivo da sociedade.

Um profissional que se diz responsável e compromissado com o saber, em qualquer área, deve instigar questionamentos constantes e, ao mesmo tempo, oferecer condições para os discentes buscarem soluções criativas para as questões levantadas, estimulando-os à autonomia e à emancipação intelectual, melhorando constantemente a prática pedagógica em sala de aula.

Estar em pesquisa e fazer pesquisa são estados que devem ser priorizados no ensino superior e é o que propomos para um espaço que se diz ser, também e fundamentalmente, responsável pela **Produção Científica.**

Segundo Beillerot (2002, p. 73), estar em pesquisa "designa-se toda pessoa que *reflete* sobre problemas e dificuldades que ela encontra, ou então, sobre os sentidos que ela tenta descobrir, seja em sua vida pessoal ou em sua vida social".

Já fazer pesquisa é um estado constante de organização rigorosamente sistematizada para "encontrar os meios para uma objetivação de questões e de preocupações para poder estudá-las" (BEILLEROT, 2002, p. 73).

O que não é o mesmo que ser pesquisador, pois esta condição implica *status* e reconhecimento social para além do simples ato de fazer pesquisa, como bem nos lembra o autor acima mencionado.

É nesse ambiente diversificado, que ora nos coloca em estado de pesquisa e ora nos impulsiona a fazer pesquisa, que propomos, neste capítulo que encerra esta obra, apresentar considerações sobre produção científica, tendo como pano de fundo a prática pedagógica em Educação e Educação Física.

Diversidade do trabalho científico: apresentação e reflexão

É fundamental que entendamos conhecimento científico a partir dos limites da visão daquele que o define, pois "nenhum fenômeno tem contornos nítidos, muito menos fenômenos sociais e históricos" (DEMO, 2000, p. 13).

Os fenômenos são complexos e a busca para conhecê-los, desvendá-los não pode simplesmente descaracterizá-los ou limitá-los. Há que se entender como produzir conhecimento a partir da aceitação do fenômeno na sua amplitude máxima, conseqüente redução a partir do olhar de quem o investiga e necessidade constante de revisão, pois o fenômeno é sempre o mesmo.

Desde a sua origem, relatos nos mostram que o ser humano busca conhecer a realidade, a verdade em relação a sua vida biológica, social, cultural, histórica entre outras formas de olhar para o fenômeno vida. E, para isso, o ser humano buscou e ainda busca explicações medidas, analisadas, interpretadas, descritivas, enfim toda e qualquer forma de produzir o conhecimento.

Nas palavras de Matallo Jr. (1995, p. 13), temos:

> A preocupação com o conhecimento não é nova. Praticamente todos os povos da Antiguidade desenvolveram formas diversas de saber. Entre os egípcios a trigonometria, entre os romanos a hidráulica, entre os gregos a geometria, a mecânica, a lógica, a astronomia e a acústica, entre os indianos e muçulmanos a matemática e a astronomia, e entre todos se consolidou um conhecimento ligado à fabricação de artefatos de guerra. As imposições derivadas das necessidades práticas da existência foram sempre a força propulsora da busca destas formas de saber.

O ser humano com seus estudos sempre buscou resolver problemas gerados pelas estruturas e desestruturas da natureza e assim, distanciado de crenças e mitos, através da produção do saber, construiu o conhecimento científico para além do senso comum.

Atualmente, vários são os tipos de trabalho que se dizem científicos e entre eles temos: resumos, resenhas, artigos, monografias, dissertações e teses.

Um resumo é fruto de um trabalho já realizado e pode ser informativo ou indicativo. Deve conter, em poucas palavras, objetivo, método, resultados e conclusão. Um bom resumo apresenta ao leitor o trabalho a ser lido, podendo o mesmo selecioná-lo ou não conforme interesse de estudo.

Já a resenha é um resumo crítico de uma obra lida e traz à baila não só os dados dessa obra, como a análise e interpretação do discurso do(a) autor(a) ou autores(as) a partir do olhar de quem a produz. Quando se tem contato com uma resenha é importante que conheçamos o seu elaborador, para que possamos entender a interpretação do mesmo sobre a obra em questão, pois somos o que somos a partir das nossas leituras e estudos, e tudo que analisarmos parte do pressuposto do que acreditamos e construímos como conhecimento e vida.

Um artigo é fruto de uma investigação, seja ela qualitativa, quantitativa ou quali-quantitativa. Apresenta sempre uma matriz teórica sobre um tema a partir de palavras-chave, fruto de uma pesquisa bibliográfica e como complemento pode ou não apresentar uma pesquisa de campo, com dados coletados, analisados e interpretados à luz da revisão de literatura realizada.

Já uma monografia é um relatório produzido a partir da investigação sobre um tema ou um estudo aprofundado sobre uma época ou um autor determinado, enfim é um trabalho que apresenta uma escrita sobre um único assunto em especial. O que diferencia a monografia da dissertação e da tese é o nível de exigência e responsabilidade, em função do grau de dificuldade e originalidade, sendo que cada trabalho finaliza uma etapa acadêmica, seja graduação, especialização, mestrado ou doutorado.

Não importa o nível de exigência posto para a produção de um trabalho científico, o que conta realmente é o rigor com que esse trabalho é produzido. Escolher a melhor metodologia para a realização da pesquisa, ser fiel aos dados coletados e discutir esses dados a partir da matriz teórica elaborada, tendo como objetivo contribuir para a produção do conhecimento novo é tarefa condicional para aquele ou aquela que se diz "fazendo pesquisa".

> Redigir um relatório de pesquisa, enfim, é simplesmente uma questão de pensar por escrito. Assim, suas idéias terão a atenção que merecem. Apresentadas por escrito estarão "ali" (sic), desvencilhadas de suas recordações, opiniões e desejos, prontas para serem mais

amplamente analisadas, desenvolvidas, combinadas e compreendidas, porque você estará cooperando com seus leitores em uma empreitada comum para produzir um conhecimento novo. Em resumo, pensar por escrito pode ser mais meticuloso, sistemático, abrangente, completo e mais adequado àqueles que têm pontos de vista diferentes – mais ponderado – do que quase todas as outras formas de pensar (BOOTH; COLOMB; WILLIAMS, 2000, p. 13).

Assim, como nos diz Ruben Alves (1991), "ciência é coisa boa", pesquisar pode dar muito prazer, não só para quem realiza a investigação como também para aquela pessoa que se apodera do conhecimento produzido, e é um dos fatores que compõem o fenômeno vida. Mas precisamos fazer pesquisas que tragam benefícios para os seres vivos, em especial para os seres humanos, sem promover prejuízos àqueles que participam das investigações. Para tal é fundamental que conheçamos os princípios da ética em pesquisa, os quais sucintamente abaixo comentamos.

Ética em pesquisa: respeitar para valorizar a investigação

A ciência criada pelo e para o ser humano deve estar a serviço desse mesmo ser humano, para além de premiações e *status* que um pesquisador possa conseguir com a ou as investigações, trazendo benefícios e evitando riscos para o universo a ser pesquisado. E quem verifica se realmente uma investigação pode auxiliar a humanidade sem com isso necessitar sacrificar alguns?

É o chamado Comitê de Ética em Pesquisa (CEP), isto é:

> [...] um colegiado interdisciplinar e independente, com "munus público", de caráter consultivo, deliberativo e educativo, criado para defender os interesses dos sujeitos da pesquisa em sua integridade e dignidade e para contribuir no desenvolvimento da pesquisa segundo padrões éticos (CONSELHO NACIONAL DE SAÚDE 196/96 II, p. 14).

A ética aqui mencionada significa que, segundo esse mesmo conselho, os sujeitos que participam da pequisa devem ser:

• Esclarecidos quanto aos objetivos da pesquisa, a metodologia, os interesses do grupo de pesquisadores, quanto à divulgação dos dados e discussões temáticas sobre o assunto, tratando os mesmos com dignidade, respeitando suas vontades, dando-lhes autonomia para participar ou não da investigação e defendendo-os em sua vulnerabilidade. Para tanto os sujeitos devem ler, assinar e devolver para o grupo de pesquisadores o Termo de Consentimento Livre e Esclarecido (anexo 1);

• Conhecedores dos benefícios e dos possíveis riscos que a investigação poderá trazer, sendo que os pesquisadores devem comprometer-se com o máximo de benefícios e o mínimo de riscos;

• Informados quanto à relevância social da pesquisa, inclusive tendo direito ao contato direto com os resultados da investigação, que serão posteriormente divulgados.

Os professores responsáveis pela pesquisa nas diversas áreas do conhecimento devem manter um relacionamento direto com o Comitê de Ética da sua instituição, com o objetivo de conhecer o seu regimento e, assim, poder orientar os discentes quanto aos trâmites legais para enviar projetos de pesquisa para aprovação, quando o mesmo prevê investigações com seres humanos, sejam elas qualitativas ou quantitativas.

Trabalhos de conclusão de curso: possibilidades para aprendizagem

Como professoras e professores do ensino superior, especificamente na disciplina de Trabalho de Conclusão de Curso, optamos neste item do capítulo apresentar algumas dicas, isto é, **toques e retoques** para os docentes que orientam e para os discentes que estão em vias de produzir seu primeiro trabalho científico. Assim, num breve relato, apresentamos as etapas de um projeto de pesquisa, de um artigo e de uma monografia.

❏ PROJETO DE PESQUISA

Constitui a primeira etapa da produção científica; deve servir como um guia para o discente em momentos de pesquisa. Contemplando essa afirmação, Gonsalves (2005, p. 11) salienta que mesmo sendo "[...] um roteiro preestabelecido e rigorosamente elaborado, o projeto não é imutável, ao contrário, o caminho percorrido ao longo da pesquisa acaba por imprimir-lhe novas características, novos aspectos, colocando novas exigências para o investigador".

Esta primeira etapa é de fundamental importância para o sucesso da pesquisa, pois o projeto fornecerá elementos concretos para o discente, situando-o no universo a ser pesquisado. Dentro dessa perspectiva, recorremos a Rudio (2004, p. 55) ao afirmar que:

Um principiante pode supor que elaborar projetos é perder tempo e que o melhor é começar imediatamente o trabalho da pesquisa. No entanto, a experiência vai lhe ensinar que o início de uma pesquisa, sem projeto, é lançar-se à improvisação, tornando o trabalho confuso, dando insegurança ao mesmo, reduplicando esforços inutilmente, e que, agir desta maneira, é motivo de muita pesquisa começada e não terminada, num lastimoso esbanjamento de tempo e recursos.

Diante desses pressupostos, o discente deverá ser estimulado a formular perguntas para serem respondidas ao longo do trabalho; entre muitos autores especializados no assunto, iremos nos apropriar dos questionamentos propostos por Gonsalves (2005).

• O que pesquisar? – Esta questão leva à definição do problema.

• Para que pesquisar? – Com esta questão se define os objetivos do estudo.

• Como pesquisar? – Com esta questão se encontra a metodologia adequada para a elaboração da pesquisa.

• Por que pesquisar? – A resposta a esta questão define a justificativa do trabalho.

Essas perguntas caracterizam a construção do instrumento de pesquisa, iniciando num primeiro momento com o projeto, estendo-se para a pesquisa propriamente dita e futuramente sua finalização como monografia, quando da conclusão do curso de graduação. Para tanto, o projeto deverá ser produzido de acordo com as seguintes etapas:

1) Assunto: Deverá surgir de acordo com a afinidade do discente com a temática, estando diretamente relacionada com a experiência de vida, leituras já realizadas, resultando em maior rendimento das informações. No entanto, alguns questionamentos podem dar embasamento para a escolha do assunto, tais como:

– O assunto pode ser tratado em forma de pesquisa?

– O assunto terá contribuições para a sociedade atual e a ciência?

– O assunto tem algo novo para oferecer?

2) Tema: A escolha do tema deverá ser significativa, para que o discente obtenha prazer no ato da produção, tornando o texto de melhor compreensão aos futuros leitores. Ressaltamos que o assunto pode ser considerado como a área mais abrangente do trabalho; já o tema tem como principal objetivo iniciar as restrições da temática, caminhando para torná-lo monográfico.

3) Problema: Toda pesquisa inicia-se com a formulação do problema, sendo este um fato significativo, pois não possui respostas explicativas, ou

seja, o problema deve ser formulado como pergunta. A vantagem está em facilitar a identificação do mesmo para o leitor, bem como tornar rápida a associação com os objetivos do projeto (GONSALVES, 2005). Assim, a pergunta poderá ou não ser respondida ao final do trabalho científico. Essa possível resposta ou até mesmo a falta de um resultado esperado trará de qualquer forma contribuições para a respectiva área em que a mesma se encontra, "... é conhecimento da mesma forma como as palavras beco sem saída são conhecimentos" (DIMENSTEIN & ALVES, 2003, p. 55).

No entanto, para que o problema seja delineado, o discente necessita impor algumas condições para a construção da sua pesquisa, com a intenção de respondê-las ao longo do desenvolvimento do trabalho. Sendo assim, buscamos respaldo em Gonsalves (2005), Rudio (2004) e Pádua (2004) ao proporem as seguintes indagações para a formulação do problema:

- Este problema pode ser resolvido pelo processo de pesquisa científica?
- O problema é relevante a ponto de justificar que a pesquisa seja realizada?
- Tenho fontes bibliográficas de consulta acessíveis?
- Terei tempo disponível para investigar essa problemática?
- Tenho condições concretas para realizar esse estudo?
- É necessário ou não recursos financeiros para a realização da pesquisa?

Durante nossas aulas, notamos que muitas vezes os alunos sentem uma certa dificuldade para delimitarem um problema que possa ser respondido ao longo do seu trabalho científico. Isso, na graduação, é muito comum, pois muitos ainda não conseguiram se identificar com alguma área específica ou que mais lhe agrade. Diante dessas barreiras a serem transpostas no ciclo acadêmico, aconselhamos que os mesmos sigam alguns pontos importantes:

- Qual área ou disciplinas da graduação mais lhe agrada ou cativa?
- Quais são suas perspectivas na área profissional?
- Dentre os diversos estágios realizados, com qual você mais se identificou?
- Levar o discente a valorizar as experiências anteriores, seja na área escolar, esportiva, de lazer, alto rendimento, entre outras.

4) Objetivos: São os resultados ou metas que se pretende alcançar ao finalizar a pesquisa. Entretanto, eles indicam o que se pretende medir e provar no decorrer da investigação, iniciando-se sempre por um verbo no infinitivo.

Ao estabelecer os objetivos, o discente estará novamente evidenciando seu problema. Desta forma, uma maneira prática de organizar seu objetivo é reavaliar o problema (GONSALVES, 2005).

Para facilitar a escolha dos objetivos, apresentamos uma lista de verbos no infinitivo que podem ser utilizados para a elaboração dos mesmos:

- Aprender, analisar, averiguar;
- Caracterizar, conhecer, comparar, constatar, comprovar;
- Desvelar, detectar, estudar, evidenciar;
- Investigar, identificar, levantar, oportunizar;
- Refletir, qualificar, quantificar;
- Verificar, visualizar, viabilizar.

Os objetivos da pesquisa são divididos em gerais e específicos. O objetivo geral é de maior amplitude de acordo com a problemática proposta; já os objetivos específicos são vinculados diretamente à problemática da pesquisa e contribuem para que o resultado geral seja alcançado.

5) Metodologia: Está relacionada ao caminho percorrido pelo discente a fim de atingir os objetivos propostos. Como nos diz Parra Filho e Santos (2000, p. 64):

> A metodologia da pesquisa informa os meios empregados na coleta dos dados para posterior apresentação destes na pesquisa. Ou seja, estabelece o procedimento do pesquisador para o levantamento das informações, que pode ser por meio de questionário, formulário, teste, pesquisa de mercado, entrevista, dados estatísticos, livros, jornais, revistas, entre outros.

6) Justificativa: É uma narração sucinta para explicar o propósito da pesquisa, na qual evidenciam-se as raízes da preferência pela escolha do assunto. O discente deverá redigir a justificativa enfatizando os seguintes aspectos:

- Caráter pessoal: Principais motivos que o levaram a se aprofundar em tal tema, os quais podem estar relacionados com o histórico pessoal, vivências profissionais, perspectivas profissionais, fruto da afinidade com a temática escolhida.

- Caráter acadêmico-científico: O discente deverá justificar a importância e a relevância do seu trabalho para a área de conhecimento e para o projeto pedagógico do curso que está inserido. As áreas de conhecimento, segundo o CNPq, apresentam-se como Humanas, Biológicas, Exatas e Tecnológicas.

- Caráter social: O discente deverá salientar a contribuição do trabalho para a sociedade, buscando nos resultados obtidos promover ações efetivas para a mesma. Assim Bernardes e Jovanovic (2005, p. 35) salientam que:

À medida que se anuncia, delimita-se e situa-se o tema, deve-se mostrar a importância do mesmo, a fim de despertar o interesse do leitor. Lembre-se de que o interesse será direcionado para a leitura do trabalho através da força dos argumentos.

7) Bibliografia: É o espaço determinado para citar as obras consultadas para a produção do projeto, devendo seguir a padronização indicada pela Associação Brasileira de Normas Técnicas (ABNT). O volume de documentos consultados em um projeto deve estar relacionado com as palavras-chave que definem a temática a ser estudada e investigada, devendo o discente delinear o caminho a ser percorrido ao longo do trabalho científico.

❑ ARTIGO

Produção de uma matriz teórica, tendo como requisito opcional uma pesquisa de campo sobre determinado assunto, objetivando a publicação em periódicos (*on-line* ou impresso), livros e anais de congressos científicos.

Para tanto, o artigo constitui-se dentro de uma estrutura seqüencial, devendo apresentar: resumo científico, introdução, desenvolvimento, apontamentos finais e referências. Abaixo relatamos as etapas do artigo, apresentando sucintamente dicas para sua elaboração:

a) Resumo científico

Apresentação concisa do conteúdo do artigo científico, tendo a finalidade de fornecer ao leitor a idéia completa do artigo produzido. Deve ser formatado em parágrafo único, justificado, espaçamento simples entre as linhas, contendo no máximo de 150 a 250 caracteres, citando as palavras-chave. Dessa forma, atentamos que as palavras-chave devem ser elencadas de acordo com o conteúdo proposto no respectivo artigo.

Durante a transcrição do resumo, o autor deve evidenciar sucintamente a problemática, os objetivos do trabalho, como também a metodologia aplicada, deixando claro para o leitor a linha de pesquisa a ser apresentada.

b) Introdução

Nesta etapa do trabalho científico, indica-se que o autor apresente um parecer geral sobre o tema, devendo ser elaborada após a conclusão do trabalho, levando em consideração os aspectos supracitados no item anterior (problemática e objetivos). Para tanto, a justificativa deverá ser apresentada evidenciando a proximidade com a pesquisa; dessa forma indicamos que sejam utilizadas as diretrizes elaboradas no item projeto já mencionado neste texto.

c) Desenvolvimento

Esta etapa, também conhecida como corpo do trabalho, constitui a parte mais extensa e fundamental de acordo com a proposta da pesquisa, na qual os respectivos autores deverão buscar embasamentos nos documentos e serem fidedignos às palavras-chave do projeto. Entretanto, nesta etapa o discente deverá exercer um diálogo com as fontes de pesquisa consultadas, porém sem exercer o ato do plágio, o qual significa transcrição literal de uma passagem de outro autor sem fazer a devida indicação da fonte citada e sua referência completa ao final do trabalho.

As citações são elementos retirados dos documentos consultados durante a pesquisa bibliográfica e que se revelam úteis para contemplar as idéias desenvolvidas pelo discente no decorrer do seu trabalho. Elas dividem-se em três tipos.

• Citação Direta ou Literal: referem se às idéias ou conceitos retirados na íntegra do texto do autor consultado e devem seguir as normas da ABNT. Utiliza-se este tipo de citação quando se deseja reproduzir fielmente os conceitos que se considere importantes para o desenvolvimento de sua pesquisa.

• Indireta ou Paráfrase: são idéias do autor transcritas com outras palavras, sem mudar a conotação da idéia central. Esse tipo de citação tem como finalidade promover um diálogo entre as diversas idéias já publicadas em obras científicas e as colocações de quem produz o trabalho.

• Citação da citação: este elemento referencial é utilizado quando o pesquisador necessita de um conceito apresentado por um autor em um outro documento. Estes documentos podem ser livros, artigos, periódicos impressos ou *on-line*, entre outros. Esta citação não deve ser utilizada com grande freqüência, devido a, muitas vezes, não transcrever a idéia original do autor. Para tanto, aconselhamos que seja utilizada como último recurso, quando os documentos originais não forem encontrados, por vários motivos, tais como: obras não mais reeditadas, documentos estrangeiros de difícil aquisição ou muito antigos com baixa circulação nas bibliotecas, livrarias, editoras, etc.

d) Apontamentos finais

As considerações finais não devem ser entendidas como um simples resumo final, mas sim o fechamento conclusivo da idéia central do trabalho (problemática) e dos pormenores desenvolvidos no decorrer dos capítulos. Portanto, as considerações finais devem apresentar as respostas para a problemática em questão, apropriando-se de conceitos formulados por outros autores; esta parte deve estar balizada nos dados que o autor coletou, analisou e interpretou. Enfim, o autor pode desenvolver seu raciocínio lógico com maior liberdade, apresentando seu ponto de vista embasado nos autores consultados, propiciar novas perspectivas e discussões, propor novas pesquisas e apontar relações da temática com outras áreas do conhecimento.

e) Referências

As referências do artigo seguem os mesmos padrões apresentados no pré-projeto regidas pela Associação Brasileira de Normas Técnicas (ABNT). No entanto, o volume de documentos consultados em um artigo geralmente deve ser superior a um projeto.

❑ MONOGRAFIA

Severino (2002) afirma que o trabalho monográfico se reduz a um assunto específico e à identificação de uma problemática. Assim, a estrutura de um trabalho monográfico é baseada em elementos pré-textuais, textuais e póstextuais, direcionados a um só tema.

❖ **Pré-textuais:** São elementos que antecedem o corpo do trabalho, os quais não recebem numeração nas referidas páginas, porém são contados como parte integrante do trabalho. Essa etapa apresenta elementos obrigatórios que devem constar em qualquer trabalho monográfico, e os opcionais ficando a critério do discente utilizá-los ou não. Entre eles encontramos:

• Capa (obrigatório)
• Folha de rosto (obrigatório)
• Errata (opcional)
• Termo de aprovação (obrigatório)
• Dedicatória (opcional)
• Agradecimentos (opcional)
• Epígrafe (opcional)
• Resumo em língua vernácula (obrigatório)
• Resumo em língua estrangeira ou *abstract* (obrigatório)
• Lista de ilustrações (opcional)

- Lista de tabelas (opcional)
- Relação de tabelas apresentadas no texto
- Lista de abreviatura e siglas (opcional)
- Lista de símbolos (opcional)
- Sumário (obrigatório)

❖ **Textuais:** São os elementos que compõem o corpo do trabalho, os quais são divididos em introdução, desenvolvimento e considerações finais ou conclusão.

- A introdução e considerações finais seguem os mesmos critérios da produção do artigo.

- No desenvolvimento o autor deverá apresentar os capítulos, sendo definidos de acordo com o assunto, tema e problemática abordada. Os capítulos devem conter títulos que despertem o interesse e a curiosidade do leitor; em contrapartida, o conteúdo do mesmo deve ser fidedigno ao título, seguindo, portanto, as mesmas diretrizes metodológicas apresentadas no item artigo.

❖ **Pós-textuais:** São os elementos que constituem a parte final do trabalho. Entre eles encontramos:

- Referências (obrigatório): Seguem o mesmo critério do projeto.

- Glossário (opcional): Listagem em ordem alfabética de termos técnicos específicos contidos no corpo de trabalho seguidos das devidas explicações.

- Apêndice (opcional): Elementos elaborados pelo autor, tendo como principal objetivo complementar a pesquisa em questão. Esses elementos vêm acoplados ao final do trabalho, para não interromper a linha de raciocínio da pesquisa, ou quando não propiciam estrita relação com o corpo do texto em si; em contrapartida, demonstram fidelidade aos métodos empregados. Como exemplos encontramos os formulários, entrevistas na íntegra, questionários aplicados, etc.

- Anexo (opcional): Elementos não elaborados pelo autor, apresentando-se como comprovação de alguma etapa da pesquisa em si. Podemos citar como exemplos os recortes de jornal, gráficos consultados, figuras explicativas, modelo de questionário aplicado a outras pesquisas, entre outros.

Encarando a ABNT

Chegou a hora de pensar, organizar e elaborar o estudo a partir das normas da Associação Brasileira de Normas Técnicas, isto é, da conhecida ABNT, que é uma "associação civil sem fins lucrativos, fundada em 28 de setembro de 1940, considerada de utilidade pública pela Lei n° 4.150, de 21 de novembro de 1962, com prazo de duração indeterminado, com sede e foro na cidade do Rio de Janeiro, Estado do Rio de Janeiro" (ESTATUTO, 2003, p. 2)[1].

Muitas são as finalidades dessa Associação, que é constituída por pessoas físicas e jurídicas, ligadas direta ou indiretamente à normatização de trabalhos científicos. Entre elas, segundo o Estatuto (2003, p. 2), temos:

> ➤ Promover a elaboração de normas técnicas e fomentar seu uso nos campos científico, técnico, industrial, comercial, agrícola e correlatos, mantendo-as atualizadas, apoiando-se, para tanto, na melhor experiência técnica e em trabalhos de laboratório;

> ➤ Incentivar e promover a participação das comunidades técnicas na pesquisa, desenvolvimento e difusão na normatização técnica do país;

> ➤ Representar o Brasil nas entidades internacionais de normatização técnica e delas participar;

> ➤ Colaborar com organizações similares estrangeiras, intercambiando normas e informações técnicas;

> ➤ Intermediar junto aos poderes públicos os interesses da sociedade civil no tocante aos assuntos de normatização técnica.

Entre tantas regras que devem ser estudas e seguidas para a produção de um trabalho científico, abaixo apresentamos as essenciais para os discentes que estão iniciando sua caminhada rumo a produção do conhecimento novo, considerando os elementos pré-textuais, textuais e pós-textuais de um relatório de pesquisa, já mencionados anteriormente.

---

1. Site http::/www.abnt.org.br – Acessado em 14/10/2006.

➤ Capa:

NOME DA INSTITUIÇÃO
(Letra Maiúscula – Centralizado – fonte 14)

AUTOR(A) DO TRABALHO
(Letra Maiúscula – Centralizado – fonte 14 – Negrito)

TÍTULO DO TRABALHO: Subtítulo
(Letra Maiúscula – Centralizado – fonte 14
Subtítulo – fonte 12)

LOCAL
(Letra Maiúscula – fonte 12)
ANO
(Letra Maiúscula – fonte 12)

➤ Folha de Rosto:

NOME DA INSTITUIÇÃO
(Letra Maiúscula – Centralizado - fonte 14)

AUTOR(A) DO TRABALHO
(Letra Maiúscula – Centralizado - fonte 14 –
Negrito)

TÍTULO DO TRABALHO: Subtítulo
(Letra Maiúscula – Centralizado - fonte 14
Subtítulo – fonte 12)

> Monografia apresentada para
> obtenção do grau de licencia-
> do em Educação Física à Pon-
> tifícia Universidade Católica de
> Campinas.

LOCAL
(Letra Maiúscula – fonte 12)
ANO
(Letra Maiúscula – fonte 12)

➢ Folha de aprovação:

NOME DA INSTITUIÇÃO
(Letra Maiúscula – Centralizado – fonte 14)

FOLHA DE APROVAÇÃO
(Letra Maiúscula – Centralizado – fonte 12 –
Negrito)

AUTOR(A) DO TRABALHO
(Letra Maíuscula – Centralizado – fonte 14 –
Negrito)

TÍTULO DO TRABALHO: Subtítulo
(Letra Maiúscula – Centralizado – fonte 14
Subtítulo – fonte 12

Orientador: Prof(a) Dr(a) Roberta Gaio
Ms. Denis Terezani
Ms. Flávia Fiorante

Data de aprovação:__ /__ /__

> Resumo em língua vernácula:

RESUMO
(Letra Maiúscula – Centralizado – fonte 14)

Neste estudo, procurou-se analisar a composição coreográfica na Ginástica Rítmica através de uma reflexão crítica sobre o Código de Pontuação, sobre a arte, sobre a estética e a expressão. A pesquisa de campo foi realizada por meio de entrevistas com treinadores durante o Campeonato Brasileiro Interclubes Infantil da modalidade, com o intuito de analisar e apresentar perspectivas em relação ao diálogo entre o compreender e o fazer em composições coreográficas. Os resultados aqui apresentados demonstraram-se significativos, levando-nos a considerar que as melhores composições são aquelas que realizamos simultaneamente: treinador e ginasta; em que o respeito à individualidade da atleta passa a ser fator essencial atrelado ao conhecimento técnico. Poderemos então, tendo como ponto de partida este estudo, nos desprender do porto que todos até então acreditam ser o mais seguro e, possibilitando novas e audaciosas criações de composições coreográficas em Ginástica Rítmica, construir e inovar a partir do que realmente se pretende.

➤ Resumo em língua estrangeira:

RESUMO
(Letra Maiúscula – Centralizado – fonte 14 – Negrito)

In this study, it was looked to investigate the choreographic composition in the Rhythmic Gymnastics through a reflection on the Code of Punctuation, the art, aesthetic and the expression. At as a moment, one became a fullfilled interview with coaches during the Brazilian Championship Interclubes of at children competition the modality with intention to analyze and to present perspectives in relation to the dialogue between understanding and making in choreographic compositions. The results presented here had been demonstrated significant, taking us it considering that the best compositions are those that we carry through simultaneously: trainer and gymnast; where the respect to the individuality of the athlete starts to be essential factor to the knowledge technician. We will be able then, having as starting point this study, to unfasten of the port that all until then believe to be safest, making possible new and audacious creations of choreographic compositions in Rhythmic Gymnastics, constructing and innovating from that really it is intended.

➢ Sumário:

SUMÁRIO

(Letra Maíuscula – Centralizado – fonte 14 – Negrito)

INTRODUÇÃO (Letra Maiúscula, Fonte 12)

Capítulo I – O ENSINO SUPERIOR NO MUNICÍPIO DE PIRACICABA
1.1   Economia e Sociedade
1.2   Educação Particular
1.3   O ensino superior na UNIMEP
1.3.1   – Alunos
1.3.2   – Professores

Capítulo II – O CURSO DE EDUCAÇÃO FÍSICA
2.1 – Universidades Públicas: Antecedentes históri-cos
2.2 – Universidades Particulares: A pedagogia por Lei 9394/96

APONTAMENTOS FINAIS

REFERÊNCIAS

ANEXOS

➢ Citações bibliográficas: direta ou literal, indireta ou paráfrase e citação da citação.

☞ Citação Direta ou Literal

· Idéias ou conceitos retirados na íntegra do texto do autor consultado: utiliza-se aspas no início e ao final da citação, quando esta contiver no máximo 3 linhas, dessa forma devemos utilizar fonte 12 e espaçamento duplo. Quando passar de 3 linhas, devemos utilizar o recuo de 4cm na barra de ferramenta e diminuir o espaçamento para simples entre as linhas e o tamanho da fonte para 11; o autor poderá ser referenciado no início, meio ou no final da citação; quando for referenciado no início ou no meio, devemos evidenciar o sobrenome do autor em caixa baixa (letra minúscula), ano de publicação da obra e página da qual a citação foi retirada. Quando o autor for referenciado no final da frase, utilizamos o SOBRENOME em caixa alta (letra maiúscula), ano de publicação da obra e página da qual a citação foi retirada.

Utiliza-se este tipo de citação quando o pesquisador deseja reproduzir fielmente os conceitos que considere importantes para o desenvolvimento de sua pesquisa. Como exemplo temos:

> A pior deficiência é a deficiência da alienação, do silêncio que leva os membros de uma sociedade que têm olhos, ouvidos, cérebro em perfeitas condições, enfim corpos biologicamente perfeitos, a não verem, a não ouvirem, a não entenderem e nem pensarem nas necessidades dos seres humanos. Estes, que nasceram ou se tornaram diferentes em sua estrutura corporal, são igualmente capazes e gritam por liberdade moral e social (GAIO, 2006, p. 158).

⮧ Indireta ou Paráfrase

Idéias do autor transcritas com outras palavras sem mudar a conotação da idéia central. Quando o autor for referenciado no início ou no meio da frase, deve-se utilizar o sobrenome em caixa baixa (letra minúscula), seguido do ano de publicação da obra. Porém, quando referenciado no final da frase, deve-se usar o SOBRENOME em caixa alta (letra maiúscula), seguido do ano de publicação da obra. Assim, nesse caso temos o seguinte exemplo retirado do texto de Gaio e Porto (2004, p. 85), do livro *Educação Física*: intervenção e conhecimento científico, organizado por Wagner Wey Moreira e Regina Simões e editado pela UNIMEP:

> Ao tratar-se de projeto, este se firma na intencionalidade, bem como requer reflexão compartilhada de pontos de partida e concepções iniciais para a sua construção, em que muitos pontos se apresentam pelas questões práticas. Portanto, o projeto pedagógico é produto de uma ação humana, em que as relações se assentam entre a instituição educativa e o contexto social mais amplo (VEIGA, 2001).

✧ Citação da citação

Este elemento referencial é utilizado quando o pesquisador necessita de um conceito apresentado por um autor em um outro documento. Esses documentos podem ser livros, artigos, periódicos impressos ou *on-line*, etc. Dessa forma, a citação deverá ser referenciada da seguinte maneira, retirada do texto de Gaio e Porto (2004, p. 85), do livro *Educação Física*: intervenção e conhecimento científico, organizado por Wagner Wey Moreira e Regina Simões e editado pela UNIMEP:

> É nesse constante exercício de ir e vir, do diálogo entre o compreender em sala de aula e o fazer nos espaços comunitários criados entre as parcerias existentes da universidade com as diversas Instituições, onde a prática da extensão se efetiva, que o conhecimento sai do papel e se concretiza como uma realidade social, política, ética e técnica. Educar é fazer experiências de aprendizagem pessoal e coletiva (BOFF, apud ASSMANN, p. 12).

Esta citação não deve ser utilizada com grande freqüência, porque muitas vezes não transcreve a idéia original do autor. Para tanto, aconselhamos que seja utilizada como último recurso, quando os documentos originais não forem encontrados, por vários motivos: obras não mais reeditadas, documentos estrangeiros de difícil aquisição ou muito antigos com baixa circulação nas bibliotecas, livrarias, editoras, entre outros locais.

➢ Referências

Apresentam a lista de material bibliográfico utilizado para elaboração do trabalho científico, seja ele uma monografia, dissertação ou tese, entre outros, e devem estar de acordo com as normas da ABNT, que se encontram esclarecidas e exemplificadas no capítulo de Referências Bibliográficas conforme a NBR-6023:2002.

As regras citadas devem ser obedecidas e, assim, quando elaboramos as referências, devemos criar uma padronização de letra, espaço, ordem de apresentação dos elementos inseridos na referência, pontuações, recursos tipográficos do título da obra, podendo escolher entre negrito, grifo ou itálico; além dos elementos essenciais e complementares, que devem estar presentes em todas as obras citadas nas referências (BERNARDES; JAVANOVIC, 2005).

É fundamental que o/a pesquisador/a seja atencioso/a nesse item, pois um erro pode impedir que seu estudo seja referência para outras investigações, independente da área de conhecimento que esteja em foco.

➤ Apêndice

Elementos elaborados pelo autor, tendo como principal objetivo complementar a pesquisa em questão. Esses elementos vêm acoplados ao final do trabalho, para não interromper a linha de raciocínio da pesquisa, ou quando não propiciam estrita relação com o corpo do texto em si, em contrapartida, demonstram fidelidade aos métodos empregados. Como exemplos encontramos os formulários, entrevistas na íntegra, questionários aplicados, etc.

➤ Anexo

Elementos não elaborados pelo autor, apresentando-se como comprovação de alguma etapa da pesquisa em si. Podemos citar como exemplos os recortes de jornal, gráficos consultados, figuras explicativas, modelo de questionário aplicado a outras pesquisas etc.

Saber fazer: apontamentos sobre o ensino do trabalho de conclusão de curso

Nesse momento do capítulo, queremos apresentar algumas dicas para os docentes que têm a árdua tarefa de ensinar os alunos, a saber, fazer e apresentar os trabalhos de conclusão de curso das diversas áreas do conhecimento. Abaixo relatamos os passos para um fazer com qualidade em aulas que priorizam a produção científica:

• Discutir ciência, trazendo à baila a história da humanidade, fazendo um paralelo entre conhecimento científico e conhecimento no senso comum.

• Estimular os discentes a pensarem no assunto de interesse para sua iniciação na ciência, partindo de uma problematização que esteja relacionada com sua experiência ou perspectiva de vida acadêmica.

• O aluno deve, nesse momento, definir seu orientador e/ou co-orientador, sendo os mesmos profissionais que possuem conhecimento na respectiva área de interesse. Como sugestão apresentamos em anexo uma carta-convite para orientação.

• Elaborar o projeto, dando seqüência à produção iniciada, definindo objetivos geral e específicos, justificativas, metodologia e referências. Segue modelo em anexo 2.

• Execução da pesquisa com possíveis contribuições do docente responsável pela disciplina de Trabalho de Conclusão de Curso[2], em conjunto com possíveis orientadores. Segue modelo de ficha para controle de orientação (anexo 3), bem como declaração de "não plágio" (anexo 4) que coloca o discente frente ao compromisso de apresentar um trabalho original, produzido a partir das suas leituras, com ética e com responsabilidade profissional.

• Organizar o seminário de monografias, definindo professores membros da banca, horários de apresentação e dinâmica para efetivação do evento. Cada membro da banca deve receber, além do trabalho com um prazo mínimo de 20 dias para leitura, análise e possíveis contribuições, também uma ficha de avaliação (anexo 5) para balizar seus comentários.

• Ensinar os discentes a confeccionarem seus pôsteres e a prepararem os *slides* em multimídia, bem como propiciar espaço de vivência de apresentações em sala de aula, para que os discentes saibam aproveitar o tempo estipulado para o seu trabalho, expondo a pesquisa, os dados e os apontamentos finais, demonstrando a contribuição da sua investigação para a área de estudo.

• Segue (anexo 6) regulamento de trabalho de Conclusão de Curso entregue à Universidade Metodista de Piracicaba em 2006, como sugestão para estudo, reformulações ou formulações em outras instituições, em consonância com a política acadêmica das mesmas.

Apontamentos finais

Chegamos, nesse momento, ao encerramento desse capítulo e fim dessa obra que pretende ser uma ferramenta prática para elaboração de trabalhos científicos, não só, mas principalmente para os discentes que estão iniciando sua vida acadêmica, de leituras, investigações, intervenções, reflexões, enfim de reprodução e produção de conhecimento.

---

2. Essa disciplina se apresenta com outras nomenclaturas, de acordo com o Projeto Pedagógico da Instituição.

Queremos estimular, instigar, auxiliar e também criar dúvidas quanto à produção do conhecimento novo que emana dos conhecimentos já existentes, trazendo à baila as características de um trabalho científico, as etapas a serem vencidas, o rigor científico necessário e que deve ser, norma a norma, passo a passo, criteriosamente seguido e, fundamentalmente, a relação desse conhecimento a ser produzido com e para a sociedade, numa atitude de responsabilidade e profissionalismo, pois a universidade é o lócus da sistematização e ampliação do conhecimento, seja ele produzido no laboratório ou colhido em espaços populares, como nos dizem Gaio e Porto (2004, p. 92) ao refletirem sobre a extensão e a pesquisa:

> Assim, estas experiências viabilizam acreditarmos e visualizarmos a universidade como detentora da produção do conhecimento científico atrelado ao do senso comum que, sobretudo, atenta-se e atende às necessidades da comunidade acadêmica e da sociedade em geral, gerando profissionais analíticos, reflexivos, críticos, criativos e motivados a enfrentarem as situações adversas, surgidas no dia-a-dia da ação profissional, com compreensão, aceitação e solidariedade à diversidade humana.

Referências

ALVES, R. Ciência é coisa boa. In MARCELLINO, N.C. (organizador.). **Introduções a Ciências Sociais**. 4ª edição, Campinas: Papirus, 1991.

ANDRÉ, M. (organizadora). **O papel da pesquisa na formação e na prática dos professores**. 2ª edição, Campinas, Papirus, 2002.

ASSOCIAÇÃO BRASILEIRA DE NORMAS TÉCNICAS. **NBR 6023: informação e documentação: referências: elaboração**. Rio de Janeiro, 2002.

BEILLEROT, J. A "Pesquisa": esboço de uma análise. In ANDRÉ, M. (organizadora). **O papel da pesquisa na formação e na prática dos professores**. 2ª edição, Campinas, Papirus, 2002.

BERNARDES, M.E.M.; JOVANOVIC, M.L. **A produção de relatórios de pesquisa**. Jundiaí: Fontoura, 2005.

DEMO, P. **Metodologia do Conhecimento Científico**. 4ª edição, São Paulo: Atlas, 2000.

DIMENSTEIN, G.; ALVES, R. **Fomos maus alunos**. 5ª edição, Campinas: Papirus, 2003.

GAIO, R. e PORTO, E. Intervenção: o diálogo entre o fazer e o compreender em propostas de atividades motoras adaptadas. In MOREIRA, W.W.M. e SIMÕES,

R.(organizadores). **Educação Física: intervenção e conhecimento científico**. Piracicaba: UNIMEP, 2004.

GONSALVES, E.P. **Conversas sobre iniciação a pesquisa científica**. 4ª edição, Campinas: Alínea, 2005.

KÖCHE, J.C. **Pesquisa Científica: critérios epistemológicos**. Petrópolis: Vozes, 2005.

MARCELLINO, N.C. (organizador). **Introduções a Ciências Sociais**. 4ª edição, Campinas: Papirus, 1991.

MOREIRA, W.W.M. e SIMÕES, R.(organizadores). **Educação Física: intervenção e conhecimento científico**. Piracicaba, UNIMEP, 2004.

PÁDUA, E.M.M. de. **Metodologia da Pesquisa: abordagem teórico-prática**. 10ª edição, Campinas: Papirus, 2004.

RUDIO, F.V. **Introdução ao projeto de pesquisa científica**. 32ª edição, Petrópolis: Vozes, 2004.

SEVERINO, A.J. **Metodologia do trabalho científico**. 22ª edição, São Paulo: Cortez, 2002

SOUZA, T.R. de P. (organizadora). **Ética em Pesquisa com seres humanos**. Piracicaba: UNIMEP, 2004.

Anexo 1 - Termo de consentimento livre e esclarecido

Título do Projeto: *"Ginástica de ontem e de hoje: uma abordagem históri-co-cultural sob a ótica da Formação Profissional em Educação Física".*

Responsável pelo Projeto – *Orientadora: Dra. Roberta Gaio*

Eu _____, porta-dor(a) do RG_____ e CPF _____residente na rua _____, na cidade de _____, concordo em participar da pesquisa **"Ginástica de ontem e de hoje: uma abordagem histórico-cultural sob a óti-ca da Formação Profissional em Educação Física"**, realizada sob a orientação da professora Dra. Roberta Gaio, vinculada ao projeto de Iniciação Científica da Universidade Metodista de Piracicaba, com o objetivo de estudar as con-cepções de Ginástica presentes na formação profissional em Educação Física e as convergências entre as concepções de Corporeidade e Motricidade Hu-mana e as teorias de Gênero, tomando como referencial para a análise os dis-cursos dos docentes e discentes das Instituições de Ensino Superior do Esta-do de São Paulo. O intuito é contribuir para a discussão de paradigmas que permitam enfrentar alguns dos atuais questionamentos que estão postos acerca das relações sociais de poder que estruturam o cotidiano de vida e de produção do conhecimento na área da Educação Física. O tipo de pesquisa caracteri-za-se como pesquisa bibliográfica, documental e descritiva de opinião, basea-da em Rudio (2003), tendo como ponto fundamental a análise interpretativa dos discursos de docentes e discentes sobre a Ginástica e a relação com Gêne-ro. A quantidade de material identificado e cadastrado dará um parâmetro das possibilidades de leituras e análise, além do material coletado junto aos docentes e discentes de Educação Física, que completará a investigação quan-to à Ginástica de ontem e de hoje e sua relação histórico-cultural com o saber produzido no bojo dos Cursos de formação profissional relacionado às teorias de Gênero. O projeto prevê também a elaboração de artigos, visando à identificação da contribuição das teorias de Gênero para a atual produção de conhecimento na área da Educação Física e Ginástica e como desdobramentos espera-se a interlocução com outras áreas de saber, na perspectiva da interdisciplinaridade.

Declaro estar ciente de que a identificação dos participantes será mantida em segredo e as informações prestadas serão utilizadas somente para fins de pesquisa científica, podendo ocorrer publicações sobre o assunto, e que a pesquisa não oferece desconforto e riscos.

Entendo que o estudo fornecerá um registro de dados científicos sobre Formação Profissional em Educação Física, Ginástica, Gênero e Corporeidade, resultando em benefícios indiretos para os profissionais da área em questão e população que vivencia a Educação Física em espaços escolares e não escolares.

Declaro que sou participante voluntário, com liberdade para recusar a participação no projeto de pesquisa em qualquer fase, entendo o valor da mesma para a área de Educação Física e estou ciente que estarei recebendo o relatório final da investigação através da pesquisadora responsável.

Para quaisquer dúvidas, entrar em contato com:
Roberta Cortez Gaio
rgaio@unimep.br
fone: 9127-1695

Data: ___/___/_____
Assinatura do participante:_____

Anexo 2 - Modelo de pré-projeto para disciplina de TCC I

TRABALHO DE CONCLUSÃO DE CURSO
Data da entrega: 00/00/2006

Aluno(a):_____

Orientador(a):

_____

Tema ou Título da monografia: _____

_____

Justificativas da Pesquisa, sob as perspectivas:
➢ Social

_____
_____
_____
_____
_____
_____
_____
_____

➢ Institucional

_____
_____
_____
_____

➤ Científica (área de saber)

➤ Individual (história de vida do pesquisador)

Relatório Parcial: data da entrega 00/00/2006
Deve conter os itens:
CAPA
CONTRACAPA (Orientador e Título)
OBJETIVOS
JUSTIFICATIVA
METODOLOGIA
REFERÊNCIAS BIBLIOGRÁFICAS (no mínimo 2 citações)

TRABALHO DE CONCLUSÃO DE CURSO I

CRONOGRAMA DE ATIVIDADES

ITENS/MESES	2	3	4	5	6			8	9	10	11	12
Escolha do tema, elaboração do problema e definição do orientador ou orientadora	X	X	X									
Justificativas da Pesquisa				X								
Realização da Pesquisa Bibliográfica	X	X	X	X	X							
Retomada do material de pesquisa e encaminhamentos								X	X	X		
Construção do Texto-Síntese									X	X	X	
Construção da matriz teórica	X	X	X	X	X			X	X	X	X	X
Relatório Parcial					X							
Apresentação oral do Relatório Parcial					X							
Entrega da monografia											X	
Apresentação do trabalho no seminário de monografia												X

Anexo 3 - Ficha de Acompanhamento de Aluno ou Aluna na Orientação de TCC

Aluno:	
Título:	
Professor-Orientador:	Local de Orientação:

Evolução:

Dia/Mês/Ano	Hora-Início	Hora-Final	Total Horas	Visto Professor	Visto Aluno
___/___/___	____:____	____:____	____:____		

Pontos abordados durante o atendimento:

Data da próxima orientação:
Tarefas a cumprir:

Evolução:

Dia/Mês/Ano	Hora-Início	Hora-Final	Total Horas	Visto Professor	Visto Aluno
___/___/___	____:____	____:____	____:____		

Pontos abordados durante o atendimento:

Data da próxima orientação:
Tarefas a cumprir:

Evolução:

Dia/Mês/Ano	Hora-Início	Hora-Final	Total Horas	Visto Professor	Visto Aluno
___/___/___	___:___	___:___	___:___		

Pontos abordados durante o atendimento:

Data da próxima orientação:
Tarefas a cumprir:

Evolução:

Dia/Mês/Ano	Hora-Início	Hora-Final	Total Horas	Visto Professor	Visto Aluno
___/___/___	___:___	___:___	___:___		

Pontos abordados durante o atendimento:

Data da próxima orientação:
Tarefas a cumprir:

Visto Coordenador: _____ DATA ___/___/____

ORIENTAÇÃO DE TRABALHO DE CONCLUSÃO DE CURSO

Eu _____, aluno do 7º semestre do Curso de Educação Física da Unimep, venho requerer orientação para o Trabalho de Conclusão de Curso do Sr(a). Prof(a). _____
_____.

Informo que meu tema é _____
_____,
e me disponho a seguir as regras estabelecidas pelo Grupo de Trabalho de Conclusão de Curso.

Atenciosamente,

Parecer do Orientador:

_____
_____
_____
_____
_____
_____
_____

CURSO DE EDUCAÇÃO FÍSICA

Aluno:

Tema:

ETAPAS DO DESENVOLVIMENTO DO TRABALHO

MÊS	DIA	HORAS DE ORIENTAÇÃO	FASES DO TRABALHO	ASSINATURA DO ORIENTADOR

Anexo 4 - Modelo de declaração pessoal de ética em pesquisa

DECLARAÇÃO

Eu,_____
autor da monografia intitulada_____
_____,
orientado(a) pelo professor (a)_____,
declaro que o trabalho em referência é de minha total autoria. Declaro, ainda, estar ciente de que se houver qualquer trecho do texto em questão que possa ser considerado plágio (cópia de trecho de livros, artigos, revistas, dissertações, teses, internet etc., sem a referida citação), ou se o mesmo puder ser considerado "comprado" (no Brasil, de acordo dom o Código Penal 184, Lei no 9.610/98, a transferência dos direitos de autoria e a violação dos direitos de autor é crime), o corpo docente responsável pela sua avaliação poderá não aceitá-lo como monografia de final de curso das Faculdades Integradas Einstein de Limeira e, por conseguinte, considerar-me reprovado na disciplina de TCC II (Trabalho de Conclusão de Curso II).

Campinas, ___ de_____de 2006.

_____

RA_____
RG._____

Anexo 5 - Modelo de Formulário de Avaliação de Monografias

Nome do Avaliador:

Dados do Trabalho:
Título:

Orientador:

Critérios para Avaliação	Pontuação	
Título (traduz o conteúdo do trabalho)	0 a 10	
Introdução (é pertinente)	0 a 10	
Material e métodos (são adequados ao trabalho)	0 a 10	
Resultados (está bem clara e aborda o assunto)	0 a 10	
Discussão (está de acordo com os resultados apresentados)	0 a 10	
Objetivo (os objetivos propostos foram alcançados)	0 a 10	
Referências	0 a 10	
Relevância para a área de conhecimento	0 a 10	
Aplicabilidade dos resultados obtidos nos setores pertinentes	0 a 10	
Outros (clareza, redação científica, formato, ortografia, ...)	0 a 10	
	TOTAL	

O trabalho pode ser indicado para publicação em uma revista científica?
( ) sim   ( ) não   ( ) com restrições

Observações quanto aos recursos utilizados na apresentação oral do trabalho e na composição do pôster:

Dados do Avaliador

Nome completo:
Instituição:
Endereço para correspondência:
Cidade:
Titulação:
Especialidade:

_____

Assinatura
Data: ____/____/2006

Anexo 6

UNIVERSIDADE METODISTA DE PIRACICABA
FACULDADE DE CIÊNCIAS DA SAÚDE
CURSO DE EDUCAÇÃO FÍSICA

REGULAMENTO DO TRABALHO DE CONCLUSÃO DE CURSO

PIRACICABA - 2006

I. DAS DISPOSIÇÕES PRELIMINARES

1.1. O presente Regulamento tem por finalidade normatizar as atividades referentes ao Trabalho de Conclusão de Curso de Educação Física – FACIS, indispensável para colação de grau.

1.2. O Trabalho de Conclusão de Curso consiste em uma pesquisa individual orientada, relatada sob a forma de uma monografia, seja em Performance Humana ou Corporeidade, Pedagogia do Movimento e Lazer, no âmbito do Curso de Educação Física.

1.3. O desenvolvimento do Trabalho de Conclusão de Curso ocorre durante o oferecimento das disciplinas TCC I e TCC II, alocadas nos 7º e 8º semestres respectivamente.

1.4. O Trabalho de Conclusão de Curso deve ser apresentado em pôster e comunicação oral no Seminário de Monografias, que ocorre, de acordo com calendário do ano, no fim do segundo semestre.

II. OBJETIVOS

2.1. O Trabalho de Conclusão de Curso em Educação Física da Faculdade de Ciências da Saúde da UNIMEP tem como objetivo proporcionar ao aluno um trabalho de caráter científico em Educação Física nas perspectivas da Performance Humana e/ou Corporeidade, Pedagogia do Movimento e Lazer.

2.2. O trabalho de Conclusão de Curso deve proporcionar aos alunos de Educação Física a oportunidade de, através de produção orientada, conjugar teoria e prática, demonstrando competência técnica, ética e política.

2.3. O desenvolvimento do Trabalho de Conclusão de Curso tem como função capacitar os alunos na elaboração e implementação de projetos, na utilização ou elaboração de instrumentos de análise, nos procedimentos à consulta bibliográfica especializada, na busca de referenciais alternativos, no empreendimento de coletas de dados empíricos, no confronto de fontes e dados, na produção de textos acadêmicos, no desenrolar do processo e na finalização do produto e na implementação de abordagens interdisciplinares.

2.4. O Trabalho de Conclusão de Curso em Educação Física tem o propósito de estimular a investigação científica na graduação, tendo em vista a preparação profissional para uma sociedade do conhecimento, partindo de atitudes reflexivas e autônomas dos alunos dos semestres finais.

3. DOS PRÉ-REQUISITOS

3.1. O aluno deve cursar, com aproveitamento, disciplinas que lhe proporcionem conhecimento suficiente nas áreas básica, geral e específica, como condição para desenvolver a Monografia.

3.2. São pré-requisitos para a elaboração e apresentação da Monografia as seguintes disciplinas: Introdução ao Método Científico e TCC I.

3.3. É pré-requisito para a elaboração e apresentação da Monografia no 8º semestre, a elaboração e apresentação do pré-projeto de monografia, aceito por um(a) professor(a) orientador(a) no 7º semestre na disciplina de TCC I.

4. DA MONOGRAFIA

4.1. O desenvolvimento da atividade de monografia consiste em duas fases:

- 1ª Fase – TCC I – Elaboração do Projeto (7º semestre):

- escolha do tema e do(a) professor(a) orientador(a),

- pesquisa bibliográfica compatível com o tema;

- apresentação oral do projeto de pesquisa (tema, problema, objetivo e justificativa);

- apresentação de relatório parcial;
- avaliação semestral.

2ª Fase – TCC II – Desenvolvimento da Monografia (8º semestre)
- elaboração final da matriz teórica;
- execução da pesquisa de campo;
- digitação da monografia;
- entrega de 2 vias da monografia;
- defesa perante banca examinadora no Seminário de TCC;
- entrega da monografia corrigida – versão final.

5. DO TEMA

5.1. Para elaboração do trabalho, o aluno deve optar por uma das seguintes áreas da Educação Física:
- Performance Humana
- Coorporeidade
- Pedagogia do Movimento
- Lazer

5.2. Caso o(a) aluno(a) queira optar por tema que não se enquadre em nenhuma das áreas previstas neste regulamento, deve encaminhar proposta acompanhada da indicação do(a) professor(a) orientador(a) à Coordenadoria de TCC, que emite parecer a respeito.

5.3. Em função do tema deve ser definida a escolha do(a) professor(a) orientador(a), com auxílio da Coordenadoria de TCC.

6. DA RESPONSABILIDADE DO(A) ALUNO(A)

6.1. Considera-se aluno(a) em fase de realização das atividades de monografia aquele regularmente matriculado na disciplina respectiva (TCC I ou TCC II), pertencente ao currículo do Curso de Graduação em Educação Física.

6.2. O(A) aluno(a) durante o desenvolvimento das atividades de monografia deve:

6.2.1. cumprir um mínimo de 68 horas durante o ano na atividade de monografia (TCC I eTCC II), devendo estar incluído nessas horas o trabalho de pesquisa em biblioteca, entrevista, redação, dentre outros;

6.2.2. escolher o tema e o(a) orientador(a), após efetivação da matrícula na disciplina de TCC I, comunicando à Coordenadoria de TCC.

6.2.3. freqüentar as reuniões convocadas e agendadas pelo Coordenador(a) de TCC ou pelo seu(sua) orientador(a);

6.2.4. manter contatos semanais com o(a) professor(a) orientador(a) para discussão e aprimoramento de sua pesquisa, devendo justificar eventuais faltas;

6.2.5. cumprir calendário divulgado pelo(a) coordenador(a) de TCC para entrega de projetos, relatórios parciais e versão final da monografia;

6.2.6. apresentar ao(à) orientador(a) um cronograma de atividade para ser encaminhado à Coordenadoria da TCC (TCC I e II);

6.2.7. elaborar a versão final de sua monografia, de acordo com o presente Regulamento, as instruções de seu orientador, a supervisão da Coordenadoria de TCC e as Normas técnicas de um trabalho científico (ABNT);

6.2.8. apresentar a versão final de sua monografia em 2 (duas) vias, devidamente assinadas pelo seu(sua) orientador(a) conforme calendário apresentado pela Coordenadoria de TCC;

6.2.9. comparecer em dia, hora e local determinados para apresentar sua monografia em pôster e defendê-la em comunicação oral;

6.2.10. cumprir e fazer cumprir este Regulamento.

7. DA RESPONSABILIDADE DO(A) ORIENTADOR(A)

7.1. A orientação da monografia pode ser feita por:

• Professor(a) que seja, no mínimo, mestrando(a) e que ministre disciplina no Curso de Educação Física da UNIMEP-FACIS;

• Professor(a) no mínimo mestrando(a), lotado(a) em outra Faculdade, que ministre aula em outros cursos da UNIMEP e com estreita relação com a área de Educação Física;

• Alunos(as) do Curso de Mestrado em Educação Física da UNIMEP, com a devida autorização de seu(sua) professor(a) orientador(a), como atividade supervisionada;

• Professor(a) de outra instituição, comprovada a titulação mínima de mestre e experiência de pesquisa na área, com entrega do *curriculum lattes*.

7.2. São atribuições do orientador(a):

• Orientar os alunos em dias e horários pré-definitos em comum acordo com o orientando;

• Acompanhar o desempenho do aluno, segundo critérios de avaliação definidos no item "Dos Critérios de Avaliação";

• Apresentar uma avaliação final por semestre, para o Coordenador de TCC, referente ao desempenho do aluno;

• Participar com o Coordenador de TCC da indicação da banca examinadora;

• Participar das reuniões convocadas pela Coordenação de TCC;

• Participar, caso deseje, de banca examinadora no Seminário de Monografia.

8. DA RESPONSABILIDADE DO(A) COORDENADOR(A)

8.1. As atividades de monografia são coordenadas pela Coordenadoria de TCC sob a direção/supervisão do(a) Coordenador(a) e do Conselho do Curso de Educação Física.

8.2. Compete ao(à) Coordenador(a) de TCC:

8.2.1. ministrar as disciplinas de TCC I e II nos períodos diurno e noturno;

8.2.2. elaborar, semestralmente, o calendário de todas as atividades relativas às atividades de monografia, nos períodos diurno e noturno;

8.2.3. atender os(as) professores(as) orientadores(as) e os(as) alunos(as) matriculados nas disciplinas TCC I e II, nos períodos diurno e noturno;

8.2.4. convocar, sempre que necessário, reuniões com os(as) professores(as) orientadores(as) e os(as) alunos(as) matriculados nas disciplinas TCC I e II;

8.2.5. indicar professores(as) orientadores(as) para o desenvolvimento das atividades de monografias, desenvolvidas nas disciplinas de TCC I e II;

8.2.6. designar, constituir e organizar as bancas examinadoras e conseqüentemente o Seminário de TCC;

8.2.7. organizar plantões de TCC para atendimento aos(às) alunos(as) que estão matriculados nas disciplinas TCC I e II;

8.2.8. acompanhar e finalizar o processo de avaliação nas disciplinas TCC I e II, inclusive tendo a responsabilidade, junto à Secretaria Acadêmica pela lista final de freqüência e notas das disciplinas TCC I e II;

8.2.9. manter o Conselho de Educação Física informado sobre o andamento das atividades de monografia, entregando ao final de cada semestre um relatório de avaliação qualitativa das atividades desenvolvidas em cada fase;

8.2.10. criar e coordenar um Comitê de Ética do Curso de Educação Física para analisar os projetos que propõem pesquisa de campo com seres humanos, para análise e parecer dos mesmos, aprovando ou reprovando a efetivação dos projetos em relação à metodologia proposta;

8.2.11. elaborar e construir material – anais ou revista contendo artigos das monografias selecionadas para publicação dos períodos diurno e noturno das áreas de Performance Humana e Corporeidade, Pedagogia do Movimento e Lazer;

8.2.12. cumprir e fazer cumprir este Regulamento.

9. DA BANCA EXAMINADORA

9.1. A monografia será defendida pelo(a) aluno(a) perante uma banca examinadora composta por dois profissionais de Educação Física ou áreas afins, designados pela Coordenadoria de TCC, no Seminário que acontecerá sempre no segundo semestre;

9.2. Pode fazer parte da banca os professores e professoras da graduação e pós-graduação em Educação Física da UNIMEP; professores e professoras de outros cursos da UNIMEP, quando têm relação científica com o tema da Monografia; mestrando em Educação Física da UNIMEP, quando autorizado pelos(as) respectivos(as) orientadores(as); professores e professoras de outras instituições, quando convidados pela Coordenadoria de TCC, em função do tema a ser abordado na monografia;

9.3. Cada professor ou professora convidada deverá no mínimo participar de duas bancas, a serem definidas pela Coordenadoria de TCC;

9.4. As bancas acontecerão nos dias do Seminário de Monografias, sempre no final do segundo semestre, em dois dias, sendo 4 salas no primeiro dia para as monografias do Núcleo de Performance Humana e 4 salas no segundo dia para as monografias do Núcleo de Corporeidade, Pedagogia do Movimento e Lazer;

9.5. A banca examinadora deverá analisar os trabalhos de acordo com ficha elaborada pela Coordenadoria de TCC, a qual será previamente entregue junto com a monografia, num prazo de 30 dias para leitura e parecer.

10. DOS CRITÉRIOS DE AVALIAÇÃO

10.1. São considerados elementos de avaliação:

10.1.1. As apreciações registradas pela Coordenadoria de TCC durante o processo de ensino nas disciplinas de TCC I e II respectivamente;

10.1.2. As apreciações registradas pelo(a) professor(a) orientador(a) durante os semestres, respectivamente (disciplinas TCC I e II);

10.1.3. Apresentação do trabalho final: projeto (TCC I) e pôster e comunicação oral (TCC II);

10.1.4. Análise e parecer da banca examinadora, após defesa pública, no Seminário de TCC.

11. DAS DISPOSIÇÕES GERAIS

11.1. Qualquer modalidade de fraude comprovada é considerada falta grave sujeita à reprovação sumária, sem prejuízo das sanções disciplinares previstas no Regimento Geral da UNIMEP;

11.2. Compete ao Conselho do Curso de Educação Física decidir, em primeira instância, sobre os recursos interpostos referentes à matéria deste Regulamento;

11.3. Este Regulamento pode ser alterado por sugestão e/ou necessidade imperiosa de novas adaptações, visando ao seu aprimoramento e deve ser submetido à apreciação e posterior votação do Conselho do Curso de Educação Física e das demais instâncias competentes para sua apreciação na Universidade;

11.4. Este Regulamento integra o currículo do Curso de Educação Física como anexo, e entra em vigor na data de sua aprovação pelo Conselho Universitário – CONSUN, revogadas as demais disposições existentes sobre a matéria no âmbito do Curso de Educação Física.

Currículo resumido dos autores e das autoras

Célia Margutti do Amaral Gurgel – Graduada em Ciências Sociais pela Faculdade de Filosofia, Ciências e Letras de Rio Claro, mestre em Sociologia Rural pela Escola Superior de Agricultura "Luiz de Queiroz" – Esalq/USP e doutora em Educação/Metodologia do Ensino de Ciências pela Universidade Estadual de Campinas – Unicamp. Professora aposentada pela Universidade Metodista de Piracicaba, é convidada do Programa de Pós-Graduação em Educação/Unimep.

Denis Terezani – Licenciando e mestre em Educação Física pela Universidade Metodista de Piracicaba, membro do Grupo de Pesquisa em Lazer – GPL/Unimep/CNPq; é professor das Universidades Metodistas de Mairiporã e Piracicaba, ambas no Estado de São Paulo, realizando estudos na área de Lazer, Esportes da Natureza e Manifestações Culturais Brasileiras, em especial, o Carnaval.

Eline T.R. Porto – Licenciada em Educação Física pela Universidade Metodista de Piracicaba e Comunicação Social pela PUC de Campinas, mestre e doutora pela FEF/Unicamp. É docente da graduação e pós-gradução em Educação Física na Unimep, coordena o Centro de Qualidade de Vida/Unimep e é membro do Núcleo de Pesquisa em Corporeidade e Pedagogia do Movimento/Unimep-CNPq. Autora do livro *A corporeidade do cego: novos olhares* (Editora Menon/Unimep) e de vários capítulos de livros e artigos científicos.

Enrico Fuini Puggina – Doutorando da Escola de Educação Física e Esporte (Eefe) da Universidade de São Paulo – USP.

Flávia Fiorante – Licencianda e mestre em Educação Física pela Universidade Metodista de Piracicaba; é professora das Faculdades Integradas Einstein – Limeira/SP e Faculdade de Educação Física de Vinhedo/SP. Membro do Núcleo de Pesquisa em Corporeidade e Pedagogia do Movimento/Unimep-CNPq realiza estudos na área de Corporeidade e Educação Física Escolar.

Ida Carneiro Martins – Graduada em Educação Física pela PUC Campinas, mestre em Educação Física pela Unicamp e doutoranda em Educação pela Unimep. Coordena os Cursos de Graduação, modalidades Licenciatura e Bacharelado da Universidade Metodista de Piracicaba. É membro do Núcleo de Pesquisa em Corporeidade e Pedagogia do Movimento – Nucorp – Unimep/CNPq, desenvolvendo pesquisas nos seguintes temas: Motricidade Humana, Educação, Educação Física e Teoria dos Jogos e das Brincadeiras.

Ídico Luiz Pellegrinotti – Licenciado em Educação Física, mestre em Ciências – Biologia, doutor em Ciências Anatômicas, professor da graduação e pós-graduação em Educação Física da Universidade Metodista de Piracicaba, coordenador do Grupo de Pesquisa em Ciências da Performance Humana da Unimep/CNPq e organizador do livro *Performance Humana: Saúde e esportes*, da Editora Deccmed – São Paulo.

Maria de Fátima Gonçalves Moreira Tálamo – Bacharel em Lingüística pela Universidade Estadual de Campinas/SP, graduada em Letras – Português pela Faculdade de Filosofia Nossa Senhora Medianeira, mestre em Ciências da Comunicação pela Universidade Estadual de São Paulo, doutora em Ciências da Comunicação pela Universidade Estadual de São Paulo. É professora da Graduação e Pós-Graduação da Pontifícia Universidade Católica de Campinas/SP.

Maria Teresa Eclér Mantoan – Pedagoga, mestre e doutora em Educação pela Faculdade de Educação da Universidade Estadual de Campinas – Unicamp; professora dos cursos de graduação e de pós-graduação da Faculdade de Educação/Unicamp; coordenadora do Laboratório de Estudos e Pesquisas em Ensino e Diversidade – Leped/Unicamp.

Michele Carbinatto – Licenciada em Educação Física pela Universidade Estadual de Campinas e mestre em Educação Física pela Universidade Metodista de Piracicaba. É professora do Colégio Salesiano Dom Bosco, da Faculdade de Vinhedo e pesquisadora da Universidade Metodista de Piracicaba – Membro do Grupo de Pesquisa em Corporeidade e Pedagogia do Movimento – Nucorp – Unimep/CNPq, realizando trabalhos com os seguintes temas: Corporeidade e Ensino, Formação Profissional, Educação Física Escolar, Complexidade e Transdisciplinariedade.

Nelson Carvalho Marcellino – Bacharel e licenciado em Ciências Sociais, pela PUC Campinas, mestre em Filosofia da Educação, pela PUC Campinas, doutor em Educação pela UNICAMP, livre-docente em Estudos do Lazer na área. As interrelações do lazer na sociedade, pela Unicamp. Líder do Grupo de Pesquisas em Lazer-GPL, da Unimep, onde atua nos cursos de graduação e mestrado em Educação Física, da Faculdade de Ciências da Saúde. É pesquisador do CNPq.

Rafael Herling Lambertucci – Doutorando do Instituto de Ciências Biomédicas (ICB) da Universidade de São Paulo – USP.

Regina Simões – Licenciada em Educação Física, mestre em Educação, doutora em Educação Física, professora da graduação e pós-graduação em Educação Física da Universidade Metodista de Piracicaba, Coordenadora do Grupo de Estudos e Pesquisa em Corporeidade e Pedagogia do Movimento da Unimep/CNPq e autora do livro *Corporeidade do idoso*, da Editora Unimep – Piracicaba.

Roberta Gaio – Licenciada em Educação Física, especialista em Ginástica Rítmica, mestre em Educação – Educação Motora, doutora em Educação, professora da graduação em Educação Física da Pontifícia Universidade Católica de Campinas. Autora dos livros *Ginástica Rítmica "Popular": uma proposta educacional* e *Para além do corpo deficiente: histórias de vida*, ambos da Editora Fontoura – Jundiaí, e organizadora dos livros: *Caminhos pedagógicos da Educação Especial*, da Editora Vozes, e *A ginástica em questão: corpo e movimento*, da Editora Tecmedd.

Roberto Brito de Carvalho – Bacharel em Ciências Econômicas pela PUC Campinas, mestrando em Ciências da Informação pela PUC Campinas, professor da graduação da PUC Campinas, ministrando disciplinas vinculadas à economia e finanças nos cursos de Turismo, Ciências Econômicas, Administração, Química Tecnológica, Ciência da Informação, Publicidade e Propaganda. É professora em tempo integral nessa instituição, desenvolvendo o projeto de extensão "Redes de Municípios interativos: Região Metropolitana de Campinas e circuito turístico de Ciência e Tecnologia".

Rosa Gitana Krob Meneghetti – Graduada em Pedagogia pela Urcamp/RS, mestre em Psicologia Social pela Umesp/SP, Doutora em Educação pela Unimep/SP e organizadora do livro: *Caminhos pedagógicos da Educação Especial*, da Editora Vozes. Coordenadora do Setor de Avaliação Institucional da Universidade Metodista de Piracicaba.

Rui Curi – Doutor e livre-docente em Ciências – Fisiologia Humana pela Universidade Estadual de São Paulo; atua na área de Fisiologia, com ênfase em fisiologia de órgãos e sistemas. É professor titular do Departamento de Fisiologia e Biofísica (ICB) da Universidade de São Paulo – USP.

Silvia Cristina Crepaldi Alves – Bacharelado e licenciatura em Ciências Biológicas, Universidade Estadual de Londrina, mestrado em Ciências Biológicas, Área de Concentração: Fisiologia e Biofísica, Universidade Estadual de Campinas, doutorado em Ciências Biológicas, Área de Concentração: Fisiologia e Biofísica, Universidade Estadual de Campinas, Unicamp; pós-doutorado em Fisiologia e Biofísica, Universidade Estadual de Campinas, Unicamp; docente do Curso de Graduação em Educação Física, coordenadora do Núcleo de Performance Humana, credenciada no Programa de Mestrado em Educação Física; docente do Grupo de Área em Ciências Biomédicas; Faculdade de Ciências da Saúde; Universidade Metodista de Piracicaba, Piracicaba, SP.

Simone Sendin Moreira Guimarães – Bióloga, mestre em Educação pela Unimep e doutoranda em Educação Escolar pela Unesp de Araraquara. É professora das Faculdades Integradas Einstein de Limeira e da Faculdade de Vinhedo.

Tania Cristina Pithon-Curi – Graduada em Educação Física pela Universidade de Educação e Cultura do ABC/SP, mestre em Nutrição pela Universidade Federal de São Paulo, doutora em Ciências pela Universidade Estadual de São Paulo e pós-doutorado em Ciências pela Uniformed Services University of the Health and Science – Bethesda – Washington – USA. É professora coordenadora da Pós-graduação da Universidade Cruzeiro do Sul – Unicsul.

Tânia Mara Vieira Sampaio – Graduada em Pedagogia e doutora em Ciências da Religião pela Universidade Metodista de Piracicaba. É professora da Graduação e Pós-Graduação/Mestrado em Educação Física na Universidade Metodista de Piracicaba, membro do Grupo de Pesquisa em Lazer – GPL/Unimep/CNPq, realiza pesquisas na linha de Corporeidade e Lazer.

Terezinha Petrucia da Nóbrega – Licenciada em Educação Física e em Filosofia, pela Universidade Federal do Rio Grande do Norte/UFRN. Especialista em Dança pela Universidade e Faculdades Integradas do ABC/Unifec/SP, mestre em Educação pela UFRN e doutora em Educação pela Universidade Metodista de Piracicaba. Professora do departamento de Educação Física e do Programa de Pós-Graduação em Educação da UFRN, vice-coordenadora do Grupo de Pesquisa Corpo e Cultura de Movimento (Gepec) e coordenadora de Cursos e Pesquisas do Paidéia – Núcleo de formação continuada para professores de Arte e Educação Física (UFRN/ Ministério da Educação).

Wagner Wey Moreira – Licenciado em Educação Física e mestre em Educação – Filosofia pela Unimep, doutor em Educação – Psicologia Educacional pela Unicamp e livre-docente em Educação Física – Unicamp. Autor e organizador de vários livros, dentre os quais: *Educação Física e Esportes: perspectivas para o século XXI*; *Qualidade de Vida: complexidade e educação*; *Século XXI: a era do corpo ativo*. Coordenador do Núcleo de Pesquisa Corporeidade e Pedagogia do Movimento – Nucorpo, do Programa de Mestrado em Educação Física da Universidade Metodista de Piracicaba – Unimep.

CULTURAL

- Administração
- Antropologia
- Biografias
- Comunicação
- Dinâmicas e Jogos
- Ecologia e Meio-Ambiente
- Educação e Pedagogia
- Filosofia
- História
- Letras e Literatura
- Obras de referência
- Política
- Psicologia
- Saúde e Nutrição
- Serviço Social e Trabalho
- Sociologia

CATEQUÉTICO PASTORAL

Catequese
- Geral
- Crisma
- Primeira Eucaristia

Pastoral
- Geral
- Sacramental
- Familiar
- Social
- Ensino Religioso Escolar

TEOLÓGICO ESPIRITUAL

- Biografias
- Devocionários
- Espiritualidade e Mística
- Espiritualidade Mariana
- Franciscanismo
- Autoconhecimento
- Liturgia
- Obras de referência
- Sagrada Escritura e Livros Apócrifos

Teologia
- Bíblica
- Histórica
- Prática
- Sistemática

REVISTAS

- Concilium
- Estudos Bíblicos
- Grande Sinal
- REB (Revista Eclesiástica Brasileira)
- RIBLA (Revista de Interpretação Bíblica Latino-Americana)
- SEDOC (Serviço de Documentação)

VOZES NOBILIS

O novo segmento de publicações da Editora Vozes.

PRODUTOS SAZONAIS

- Folhinha do Sagrado Coração de Jesus
- Calendário de Mesa do Sagrado Coração de Jesus
- Almanaque Santo Antônio
- Agendinha
- Diário Vozes
- Meditações para o dia-a-dia
- Guia do Dizimista

CADASTRE-SE

www.vozes.com.br

EDITORA VOZES LTDA.
a Frei Luís, 100 – Centro – Cep 25.689-900 – Petrópolis, RJ – Tel.: (24) 2233-9000 – Fax: (24) 2231-4676 – E-mail: vendas@vozes.com.br

UNIDADES NO BRASIL: Aparecida, SP – Belo Horizonte, MG – Boa Vista, RR – Brasília, DF – Campinas, SP – Campos dos Goytacazes, RJ – Cuiabá, MT – Curitiba, PR – Florianópolis, SC – Fortaleza, CE – Goiânia, GO – Juiz de Fora, MG – Londrina, PR – Manaus, AM – Natal, RN – Petrópolis, RJ – Porto Alegre, RS – Recife, PE – Rio de Janeiro, RJ – Salvador, BA – São Luís, MA – São Paulo, SP
UNIDADE NO EXTERIOR: Lisboa – Portugal